グローバル・ロジスティクスの基礎

魚住 和宏・石原 伸志・合田 浩之・石原 祐介　編著

成山堂書店

本書の内容の一部あるいは全部を無断で電子化を含む複写複製（コピー）及び他書への転載は，法律で認められた場合を除いて著作権者及び出版社の権利の侵害となります。成山堂書店は著作権者から上記に係る権利の管理について委託を受けていますので，その場合はあらかじめ成山堂書店（03-3357-5861）に許諾を求めてください。なお，代行業者等の第三者による電子データ化及び電子書籍化は，いかなる場合も認められません。

はじめに

　本書の特徴は、国内物流および国際物流、グローバル・ロジスティクス、サプライチェーン（供給網）等がこの一冊で同時に学べることである。現在、国際ビジネスに従事している方々、国際物流を勉学中の方々等がグローバル・ロジスティクスやサプライチェーンを管理するサプライチェーンマネジメント（SCM）を実践していく上で必要とされる一連の知識をこの一冊で身に付けられるように具体的な事例や実体験も加味し、体系的にまとめている。

　本書では、まず、国内・国際に関する物流やロジスティクス、サプライチェーンなどの定義や発展の経緯について、具体的事例を含めて詳細に説明している。物流には「国際物流」と「国内物流」があるが、その主たる違いは、①輸出入通関の有無、②輸送方法と輸送日数、③国際物流では国内物流より豊富で幅広い知識が求められていること、等である。国内物流にはなく、国際物流で求められる幅広い知識とは、貿易実務、海上・航空輸送、通関、海外の物流インフラや経済状況、FTA（自由貿易協定）・EPA（経済連携協定）、国際条約、海外の法令・商慣習、産業・業界別物流事情、情報システム、語学力などであるが、語学力を除き、本書で可能な限り取り上げたつもりである。

　物流とロジスティクスおよびサプライチェーンの最も大きな違いは、物流のビジネスモデルは輸配送・保管・荷役など汎用性がある一方、ロジスティクスやサプライチェーンは企業ごとに最適な原材料調達・生産・マーケティング・物流等の組合わせを設計する「戦略論」であることから、その構築から管理・運営は、産業別・企業別・国（地域）別に異なり、すべて手づくり（オーダーメイド）になることである。そこで本書では、ASEAN・中国・米国・欧州の物流の現況について現役の駐在員が詳細に報告し、さらに、食品・衣料品・家電・自動車などの産業別のロジスティクスについてもそれぞれの分野の専門家が詳しく解説している。

　また、ロジスティクスやサプライチェーンは高度な物流を活用して調達から消費者に至るプロセス全体の最適化を図るものであるが、これらを構築・管理・運営していく際のキーワードは「人材育成」と「管理会計の仕組み」である。

　筆者が常日頃不満に思っていることは、国内物流に関する書籍類は多々あるが、国際物流やグローバル・ロジスティクスに関する実務書は、インターネッ

トや書店等で探してみても、貿易実務関連を除くとほとんどないことである。これが、本書の出版を思い立った理由のひとつでもあるが、執筆に関しては、以下の点に注意を払った。

① 国際物流業務やグローバル・ロジスティクス、SCM等に従事する際に必要となる知識全般が管理会計を含め、この一冊で体系的に学べること。
② 執筆陣は、現在第一線で活躍中の国際物流やロジスティクスの研究者および実務従事者であること。
③ グローバル・ロジスティクスやサプライチェーンの現況を的確に理解するために、基礎（定義）、現在に至るまでの経緯（歴史）を含めて、理論だけでなく具体的な事例や経験も含めて、わかりやすく解説すること。
④ 読者は国際物流やグローバル・ロジスティクスの実務経験5～6年の社会人や現在、それらを勉学中の学生や初学者を対象とすること。

話は変わるが、連日、マスコミや雑誌などで「物流危機」や「サプライチェーンの重要性」が報じられている。また、国土交通省が発表した「第六次総合施策大綱」（2021年度〜2025年度）の中では、物流危機を乗り切る手立ての一環として「高度物流人材の育成」が提唱されている。

一方で荷主企業は、コロナ禍でのサプライチェーンの寸断を経験し、グローバルサプライチェーンの強靱化に取り組み、物流事業者はサードパーティ・ロジスティクス（3PL）等の機能を強化して荷主のサプライチェーンを支えるサービスを提供することで差別化する動きを見せている。それがために今では「企業の優劣はロジスティクス、またはサプライチェーンの優劣で決まる」とまで言われている。

この場合にキーワードとなるのは、やはり「高度なロジスティクスの構築」および「人材育成」である。政府は2024年2月に「総合物流効率化法」を閣議決定し、特定荷主企業3,000社にロジスティクスやサプライチェーンの統括責任者であるCLO（Chief Logistics Officer）の設置を義務付けている。政府としてもロジスティクスやサプライチェーンをいかに重視するようになっているかがわかる。しかし、CLOひとりでは何もできない。実務に精通したロジスティクス人材の育成が各企業において急務である。その点においても本書は、CLOおよびCLOの片腕となるべき方々が、国内・海外の物流やロジスティクスを学び、自社のグローバル・ロジスティクスやサプライチェーンの一層の強靱化

に取り組み始めるのに最適な入門書である、と自負している。

　本書が日本国全体で、ロジスティクス人材育成の機運が高まる一端・一灯になれば執筆者一同にとってこの上ない喜びである。

2024 年 9 月

編者を代表して
魚住 和宏

目　次

はじめに　*i*

第1章　貿易とグローバル・ロジスティクス —————— 1

1.1　貿易の基本的な仕組み ……………………………………… 3
1.2　貿易とグローバル・ロジスティクスを巡る変化 …………… 11
1.3　日本の貿易環境の変化と国際物流 …………………………… 14
1.4　コンテナ船の超大型化がもたらすサプライチェーンの変化 … 20

第2章　国際物流とグローバル・ロジスティクス —————— 22

2.1　物流、ロジスティクス、サプライチェーンの違い ………… 22
2.2　わが国の物流発展の歴史 ……………………………………… 26
2.3　物流の発展過程別の考え方 …………………………………… 28
2.4　物流およびロジスティクスに対する考え方 ………………… 31
2.5　スマイルカーブにみる物流の位置付け ……………………… 32
2.6　海上コンテナがグローバル・ロジスティクスに与えた影響 … 33
2.7　海上コンテナの定義 …………………………………………… 35
2.8　海上コンテナの種類とディメンション ……………………… 36
2.9　国際物流と国内物流の違い …………………………………… 38
2.10　CLOとロジスティクスの将来 ……………………………… 39

第3章　海上輸送 —————— 41

3.1　海上輸送の概要 ………………………………………………… 41
3.2　海上輸送の仕組み ……………………………………………… 47
3.3　船荷証券と海上運送状（電子化を含む）…………………… 51
3.4　海上輸送に関する国際条約・国内法 ………………………… 54
3.5　コンテナターミナルの概況 …………………………………… 59

第4章 主要コンテナ航路の現状 ──── 64
4.1 北米、欧州、アジア域内航路 ……………………………… 64
4.2 コンテナ船の将来 ……………………………………………… 66

第5章 航空輸送 ──── 71
5.1 航空輸送の概要 ………………………………………………… 71
5.2 航空輸送の仕組み ……………………………………………… 76
5.3 航空運送状と運送約款 ………………………………………… 80
5.4 航空輸送に関する国際条約 …………………………………… 90

第6章 フレイト・フォワーダーとグローバル・ロジスティクス ──── 94
6.1 フレイト・フォワーダーの歴史 ……………………………… 94
6.2 フォワーダーと貨物利用運送（NVOCC）事業法 ………… 98
6.3 フォワーダーの業務 …………………………………………… 101
6.4 最近の物流コスト削減に対する考え方 ……………………… 104
6.5 荷主企業とフォワーダー（物流事業者）の同期化 ………… 107

第7章 フレイト・フォワーダーと国際複合一貫輸送 ──── 110
7.1 国際複合一貫輸送 ……………………………………………… 110
7.2 国際複合運送の仕組み ………………………………………… 111
7.3 国際複合運送証券の責任体系 ………………………………… 111
7.4 国際複合運送に関する主な国際条約 ………………………… 112
7.5 わが国からの国際複合一貫輸送 ……………………………… 118

第8章 各国・地域の物流事情 ──── 128
8.1 GMS域内の物流事情 …………………………………………… 128
8.2 中国の交通物流 ………………………………………………… 139
8.3 米国の国内貨物運送 …………………………………………… 147
8.4 欧州の物流事情 ………………………………………………… 153

第9章 サードパーティ・ロジスティクス ―― 161

- 9.1 サードパーティ・ロジスティクスとは何か ………… 161
- 9.2 わが国の3PL普及の背景 ………… 163
- 9.3 3PLに対する基本的な考え方 ………… 164
- 9.4 3PLの発展過程とその業務内容 ………… 167
- 9.5 3PLのメリットとデメリット ………… 169
- 9.6 3PL導入時の課題と考え方 ………… 170
- 9.7 3PL契約書の作成事例 ………… 172
- 9.8 わが国の物流を巡る今後の課題 ………… 173
- 9.9 3PLの将来 ………… 174

第10章 グローバルサプライチェーンの強靭化 ―― 175

- 10.1 混沌とする世界経済 ………… 176
- 10.2 日本企業の現状と課題 ………… 180
- 10.3 グローバルサプライチェーンの強靭化策 ………… 181
- 10.4 グローバルサプライチェーン強靭化に向けて ………… 198

第11章 物流事業者とサービス・マーケティング ―― 200

- 11.1 マーケティングの定義 ………… 200
- 11.2 マーケティングとは何か ………… 201
- 11.3 マーケティング・コンセプト ………… 202
- 11.4 マーケティングの発展経緯 ………… 206
- 11.5 荷主と物流事業者の考え方の違い ………… 208
- 11.6 サービス財の特徴の違い ………… 209
- 11.7 サービス・マーケティングの考え方 ………… 210
- 11.8 SWOT分析 ………… 213
- 11.9 サービス・マーケティングの目的 ………… 217

第12章 標準化のグローバル展開とデジタル化動向 ―― 218

- 12.1 標準化のグローバル展開 ………… 219
- 12.2 国際間貨物輸送のデジタル化動向 ………… 229

第13章　グローバル・ロジスティクスにおける管理会計の重要性 ——— 239

13.1　企業価値を高めるためのロジスティクス管理 ………………… 239
13.2　在庫管理のポイント ……………………………………………… 254
13.3　原材料調達管理手法 ……………………………………………… 259
13.4　管理会計の重要性 ………………………………………………… 263

第14章　産業別グローバル・ロジスティクス ——— 266

14.1　食品産業 …………………………………………………………… 266
14.2　衣料品（アパレル）産業 ………………………………………… 274
14.3　PC・家電産業のサプライチェーン ……………………………… 282
14.4　自動車産業のロジスティクス …………………………………… 291

第15章　FTA・EPAとグローバル・ロジスティクス ——— 298

15.1　FTA・EPAとは何か ……………………………………………… 298
15.2　わが国のFTA・EPAの締結状況 ………………………………… 300
15.3　FTA・EPAの特恵関税 …………………………………………… 305
15.4　輸入通関と原産地証明 …………………………………………… 308
15.5　円滑な国際物流のために ………………………………………… 313

索　　引　　315
執筆者略歴　322

第 1 章　貿易とグローバル・ロジスティクス

　貿易取引とは何か。それは、国と国との間で商品やサービスを取引することである。「商品の取引」といえば誰でもイメージしやすいと思うが、サービスを国間で取引するとは、どういうことか。貿易を初めて学ぶ人にはあまりピンとこないだろう。世界貿易機関（WTO：World Trade Organization）では、WTO 協定のひとつである、サービスの貿易に関する一般協定（GATS：General Agreement on Trade in Services）で下記の 4 つのモードを定めている。
① 　第 1 モード：越境取引―企業間の技術供与、国間の電子商取引、電話でのコンサルティング等
② 　第 2 モード：国外消費―観光等海外での消費
③ 　第 3 モード：現地拠点を通じたサービス提供―金融、物流等
④ 　第 4 モード：人の移動を伴うサービス提供―技術者の派遣による保守・メンテナンス、海外アーティスト・スポーツ選手招へい等による娯楽等

　これらを「サービス貿易」とよび、サービスを提供する側がいわば「輸出側」で、サービスを受ける側が「輸入側」となる。実はサービス貿易の額は意外に大きく、国連貿易開発会議（UNCTAD：United Nations Conference on Trade and Development）の 2022 年のデータによると、輸出にあたる「収入」は 7.1 兆ドル、輸入にあたる「支出」は 6.6 兆ドルで合計 13.7 兆ドルとなっている。商品貿易は、輸出と輸入それぞれが 24.9 兆ドルと 25.6 兆ドル、合計が 50.5 兆ドルなので両者を合わせた総額 64.2 兆ドルに対するサービス貿易の比率は 21.3％となる[1]。

　では、「商品貿易」と「サービス貿易」の違いは何か。取引するものの形があるかないか以外では、「商品貿易」には必ず航空輸送、海上輸送、陸上輸送など国際物流を伴い、「サービス貿易」は国際物流を伴わないということである。

　一方、グローバル・ロジスティクスとは、企業が調達、生産、販売、物流などのいわゆるロジスティクス活動を複数国間で跨いで展開することである。当然、原材料の調達にも製品の販売にも貿易は関係し、国際物流も同様である。したがって、製造業や流通業などいわゆる荷主企業は、輸出者にも輸入者にも

---

[1] UNCTAD 2022 年度データより計算。

なり得るし、国際物流の手配者にもなり得るということである。

輸出者と輸入者の作業は、図1-1のようになる。

① 貿易取引が成立した時点で、船便、航空便の予約をし、貨物を港や飛行場等の「保税地域」に輸送する（ドレージ）。
② 輸出通関を経て貨物は船や航空機に搭載されて輸入地まで運ばれる。
③ 輸入地の港や空港の保税地域で貨物の輸入通関手続、関税・消費税等の納税を行い、輸入許可後、最終目的地まで貨物を輸送する。

これら航空輸送や海上輸送、さらに輸出地、輸入地での輸送等の国際物流の手配や通関手続、さらには貨物海上保険の付保を輸出者が行うか輸入者が行うかは両者の「決め」であるが、商品の貿易取引、そしてグローバル・ロジスティクスには、これらの業務は必ずついて回るものである。少々くどくなったが、このように、商品貿易と国際物流そしてグローバル・ロジスティクスは不可分、切っても切れない関係にあるといえる。いわば国際物流はグローバル・ロジスティクスと商品貿易を支えるインフラである。

本章では貿易と国際物流を含むグローバル・ロジスティクスの関係性について深く考察していく。

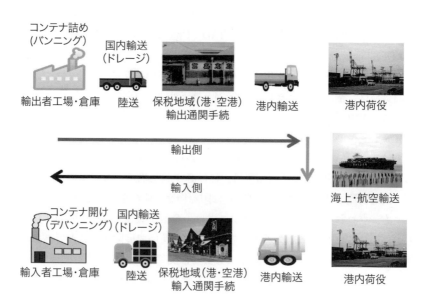

図1-1　貿易取引におけるモノの流れ（一例）
（出所：筆者作成）

1.1 貿易の基本的な仕組み

1.1.1 貿易とは何か

まず、貿易の仕組みについて簡単に解説する。「貿易」とは「国境を越えた物品やサービスの売買活動」である。顔が見えない、言葉もうまく通じない相手から、現物確認も十分にできない商品を、物理的な距離を越えて、時間をかけて手に入れることである。当然、貿易取引にはリスクが付き物である。言語の違いによるミスコミュニケーション、通貨の違いによる為替変動リスク、商習慣の違い、法律や規制の違い、商品の輸送距離および輸送時間が長いことによる輸出者の代金回収リスク等、これらすべてがリスクである。これらのリスクを克服するために、長い年月をかけさまざまな手法が編み出されてきた。

その代表格が「信用状」（L/C：Letter of Credit）、「船荷証券」（B/L：Bill of Lading）、「為替手形」（Documentary Bill of Exchange）等である。「信用状」は、輸入者側の取引銀行（信用状発行銀行）が、輸入者に代わって輸出者に対して支払いを保証するという証書であり、これを用いる取引が「信用状取引」である。輸出者は信用状発行銀行が指定するさまざまな書類を揃えて輸出者側の銀行（信用状取引では「買取銀行」とよばれる）に持ち込むと、書類を買い取るという形で代金を立替え払いしてくれる。輸出者の代金回収リスクや資金負担を軽減する、輸出者にとって非常に有難い取引形態である。しかし、輸入者にとっては手数料がかかる、輸入者の信用度によっては信用状発行銀行から担保を要求されることもあるなど、決して有難い取引形態ではない。

「船荷証券」は、船会社が貨物を輸出者から受け取った証しとして輸出者に対して発行する書類である。貨物の受取証であると同時にこれが輸出者から輸入者に送られ、輸入者が貨物を引き取る際の貨物引換証となるという性格をもつ有価証券である。

「為替手形」は、輸出者が代金の回収を行う際に作成し、手形の名宛人である輸入者に対し、代金を輸出者の指定銀行に支払うように指図する手形であり、これも有価証券である。「為替手形」には2種類あり、ひとつが手形を受け取る際に代金決済する「一覧払手形」（At Sight Bill）と、もうひとつが手形を受け取って一定期間支払猶予期限がある「期限付手形」（Usance Bill）である。いずれにせよ輸入者は、代金決済する、あるいは代金決済を約束することによって「船荷証券」などの船積書類を入手することができ、船会社から貨物を受け

取れるようになる。輸出者の代金回収を担保するための仕組みである。まさに顔の見えない遠くにいる相手と貨物や代金を確実にやりとりするために作られたスキームであるが、いまだに原則として紙のやりとりが前提である。これらに限らず、貿易取引は紙のやりとりが非常に多いのが特徴である。

　これだけインターネットが普及し、瞬時に書類をデータ化してEメール添付で送れ、また、通貨までもデジタル化されローコストで送金できる時代にもかかわらず、貿易は、いささか時代遅れになっている感は否定できない。現在、「船荷証券」や「信用状」等を含め、貿易書類の電子化プラットフォームの開発が各国で急ピッチに進められており、貿易取引のプロセスが大きく変わるのも目の前である。

1.1.2　貿易の基本構造とプロセス
（1）貿易の2つの主体「売り手（輸出者）」と「買い手（輸入者）」

　貿易取引には「売り手」と「買い手」という2つの主体が存在する。貿易取引を行う場合、この両者でどのように「リスク（危険負担）」と「コスト（費用負担）」を分担するか決めなくてはならないし、輸出者はその結果を輸出価格に反映させる。初めて取引する相手とでも、これら「危険負担」と「費用負担」の仕方について理解に齟齬が出ないようにするための、いわば国際標準語が、インコタームズ（Incoterms：International Commercial Terms）である。「危険負担」について少し補足すると、「輸送中の事故が起きた場合の損害の負担」をどちらが負うのかということである。

　インコタームズは貿易の標準的な取引条件を成文化、パターン化して、CIF、FOBのようにローマ字3文字で表現したものである。民間企業の世界的なビジネス機構である国際商業会議所（ICC：International Chamber of Commerce）が貿易関係者の利便のために1936年に初めて制定した。以後、10年ごとに改訂されており、最新版は2020年版である。したがって、これは、法律でも国際条約でもないので、使う／使わない／何年版を使うかは、輸出者と輸入者の判断となる。なお、インコタームズは下記の2グループ11種類ある。

　① いかなる単数または複数の輸送手段にも適した規則
（陸上・海上・航空 いずれの輸送モードにも対応）
　1）EXW（Ex Works）：工場渡し条件
　2）FCA（Free Carrier）：運送人渡し条件

3）CPT（Carriage Paid To）：輸送費込み条件
　4）CIP（Carriage and Insurance Paid To）：輸送費・保険料込み条件
　5）DAP（Delivered at Place）：仕向地持込渡し条件
　6）DPU（Delivered at Place Unloaded）：荷卸し込み持込渡し条件
　7）DDP（Delivered Duty Paid）：関税込み持込渡し条件
②　海上および内陸水路輸送のための規則（海上輸送のみに対応）
　1）FAS（Free alongside Ship）：船側渡し条件
　2）FOB（Free on Board）：本船渡し条件
　3）CFR（Cost and Freight）：運賃込み条件
　4）CIF（Cost Insurance and Freight）：運賃・保険料込み条件

　詳細は貿易実務の解説書に譲り、本書では割愛するが、注意していただきたい点をいくつか述べる。1つは、①6）DPU（Delivered at Place Unloaded）「荷卸し込み持込渡し条件」は、2020年版にそれまでのDAT（Delivered at Terminal）「ターミナル渡し条件」と入れ替わる形で導入されたことである。DPUにおいて、「費用負担」は輸入者の指定地までの輸送費が輸出者負担であり、「危険負担」も輸入者の指定地まで輸出者が負うことは、①5）のDAP（Delivered at Place）「仕向地持込渡し条件」と同じだが、DAPは「車上渡し」でトラックから貨物を卸す費用の「荷卸し費用」が輸入者負担なのに対し、DPUは「荷卸し費用」も輸出者が負担する。

　2つ目は、①にも②にもCで始まる条件があるが、このCの意味は異なるということである。CPT、CIPのCはcarriageで「輸送費」を表す。ただ、この「輸送費」は海上運賃や航空運賃だけでなく輸入者の指定場所までの運賃すべてを含む。一方、CFR、CIFのFreightの示す「運賃」は、海上運賃だけである。これは大きな違いで、輸入申告価格は、海上運賃と保険料を含むCIF価格が基本なのでCPT、CIPでの取引の場合は、輸入港から輸入者の指定地までの運賃は輸入申告価格に含める必要はない（図1-2）。

　3つ目は、それらの「危険負担」の移転場所についてである。FOB、CFR、CIFは輸出地で貨物を本船上に置いた時点で「危険負担」は輸入者に移転する。一方、FCA、CPT、CIPは貨物を輸出地の指定場所（コンテナヤード等）でFCAの場合は輸入者が、CIP、CPTの場合は輸出者が起用した運送人（船会社が契約しているコンテナヤードオペレーター等）に貨物を渡した時点で「危険負担」が輸入者に移転する。たとえば、コンテナがコンテナヤードに置かれた

▼ FCA、CPT、CIP 危険負担、費用負担の分岐点の対比表

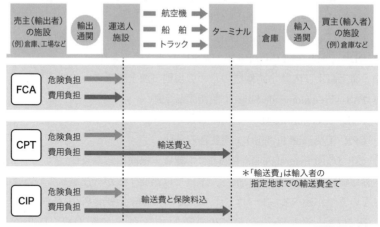

▼ FAS、FOB、CFR、CIF 危険負担、費用負担の分岐点の対比表

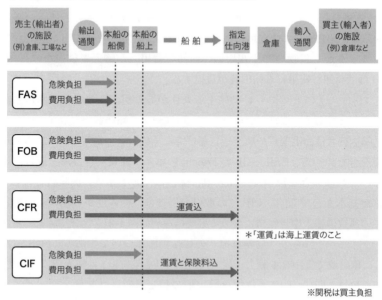

図 1-2　FCA・CPT・CIP と FAS・FOB・CFR・CIF の違い
（出所：パソナ「みんなの仕事 Lab」掲載図より筆者改変）

状態のときに高潮でコンテナが流されたなどの事故の場合には、FOB、CFR、CIF で契約している場合にはまだ「危険負担」は輸出者の責任なので、輸出者がその損害を負うことになるが、FCA、CPT、CIP で契約している場合には、輸出者がコンテナヤードオペレーターにコンテナを引き渡した時点ですでに「危険負担」は輸入者に移転しているので輸入者がその損害の処理にあたることになる。

　CPT、CIP、FCA と CFR、CIF、FOB の違いをよく理解していない実務者が多いので要注意である。特に気になるのが海上コンテナ輸送でもいまだに CFR、CIF、FOB 等が使われているケースが多いことである。海上コンテナ輸送の場合には在来船と異なり貨物はコンテナヤードで運送人に引き渡され、「本船に貨物を置いた時点」までは輸出者は見届けることができない。したがって、海上コンテナ輸送では CPT、CIP、FCA を使う方が相応しいのである。ICC は海上コンテナ輸送の普及に鑑み 1980 年版のインコタームズから CPT、CIP、FCA を登場させていて海上コンテナ輸送の場合にはそれらを使うことを推奨している。実務家はその意味をよく理解する必要がある。これは、海上コンテナ輸送の発明という国際物流のイノベーションが貿易取引のスキームに大きな影響を与えたひとつの事例である。

1.1.3　貿易取引における4つのステップ

　貿易取引を始めるには大まかに 4 つのステップがある。
　第 1 ステップが、売り手側が買い手側に商品の売り込みをかける「提案・売り込み」(Proposal) である。商品カタログや価格表をやりとりする。
　第 2 ステップが、「提案・売り込み」を受け、買い手側が売り手側に詳細の情報を求める、そして供給の可否を打診する「引き合い」(Inquiry) である。また、買い手が新たな供給ソースを探すため、いきなり売り手の候補先に「引き合い」を出す場合もある。この場合は、大まかな購入予定量、必要な品質レベルなどを相手に伝える。これらのステップを経てお互いに取引開始に向けて前向きであることが確認できると、第 3 ステップの「申し込み」(Offer) となる。売買契約締結に必要な具体的な条件を詰めていく。取引対象となる商品の規格、品質を決め、取引数量、納期（発注から納品までのリードタイム）、支払条件、前述した費用負担や危険負担の範囲などを決め、価格提示となる。
　注意しなくてはならないのが、価格はそれ以外の条件が決まって初めて提示

できるということである。当然ながら売り手にとって負担が大きくなれば価格は高くなる。日本企業は概して品質要求レベルが高い一方で価格面でも条件が厳しい。これは供給側から最も嫌われるパターンで「買い負け」するリスクが高くなる。このことは荷主企業のサプライチェーンマネジメント（SCM：Supply chain Management）（第2章で詳述）やロジスティクスの管理者、とりわけ調達業務の管理者はしっかり肝に銘じておく必要がある。

申し込みは1回で成立することは少なく何度かやりとりするが、売り手、買い手が提示した申し込みを一方が承諾し、契約を成立させる意思表示を示すことが第4ステップの「承諾」（Acceptance）となる。「申し込み」「承諾」といったプロセスでは取引条件や価格等の有効期限はいつまでなのか、取引はどの段階で成立したとみなすのか、ということについて双方の理解に齟齬が出ないようにするのが貿易取引の場合は特に重要である。そこで国際間の物品の売買契約のプロセスや売り手と買い手の権利・義務などを定めた国際間の条約がある。1988年に発効された「国際物品売買契約に関する国際連合条約」（CISG：United Nations Convention on Contracts for the International Sale of Goods）、いわゆる「ウィーン売買条約」である。2024年5月現在で日本を含む97か国が締約している[1]。

1.1.4　戦後の自由貿易体制の誕生と今日的課題
（1）世界貿易機関（WTO）体制の誕生

1929年の世界恐慌以降、世界がブロック経済へと向かったことが第二次世界大戦につながったという反省から経済的相互依存体制を構築するために、戦勝国を中心に1947年、「関税及び貿易に関する一般協定」（GATT：General Agreement on Tariffs and Trade）が締結された。経済的な相互依存関係を作れば戦争することはないだろうという考えである。GATTへの原加盟国は、米国、英国、フランス、オランダ、ベルギー、オーストラリア、ベルギー、ルクセンブルク、キューバの9か国である。8回にわたる締約国による多国間交渉（ラウンド）の後、1994年のウルグアイ・ラウンドの交渉結果を推進する機関として1995年に世界貿易機関（WTO）が設立された。GATTは、WTOの協定のひとつとして引き継がれた。

WTOには「自由」「無差別」「多国的通商体制」という3つの基本原則がある。「自由」の原則には、関税を低減し自由貿易を推進するということと、数量制

限の原則禁止が含まれている。近年、電気自動車の電池に使用される希少金属や穀物等の輸出制限がたびたび物議を醸し出しているが、理由として持ち出されるのが「安全保障上の問題」である。これには「食料安全保障」も含まれる。この「安全保障上の問題」の乱用をいかに防ぐかはWTO体制の今日的課題であると思われる。「無差別」の原則には「最恵国待遇」(MFN：Most Favoured Nation Treatment) と「内国民待遇」(National Treatment) の2つの考え方が含まれている。最恵国待遇とは、最も有利な貿易条件が全加盟国に平等に与えられなければいけないというものである。関税率はWTO加盟国すべて一律ということで、これを「WTO協定税率」あるいは「MFN税率」とよぶ。ただし、後述する自由貿易協定（FTA：Free Trade Agreement）と発展途上国向けの「特恵関税」は例外と位置付けられている。内国民待遇は輸入品を国産品と差別的な扱いをしてはいけない、というものである。

WTOは物品貿易だけでなく金融、情報通信、知的財産、サービス貿易も含めて包括的に国際通商ルールを決める場であり、加盟国間の紛争解決の場としての機能をもっている。しかし、加盟国が増えるに従って合意形成が困難になり、149か国が参加した2001年のドーハ・ラウンドは、農産物の関税撤廃を巡る交渉から先進国と新興国が対立し頓挫してしまい、以降、ラウンド交渉は開催されていない。

(2) FTAの広がりと新しい課題

WTOの多国間協議が機能しなくなるにつれ広がってきたのが、特定の国同士で物品貿易、サービス貿易の障壁の撤廃、関税の引き下げ、非関税障壁の撤廃、知的財産保護や電子商取引のルールの標準化等を推進するFTAである。米国、カナダ、メキシコの3か国で1994年に発効した「北米自由貿易協定」（NAFTA：North American Free Trade Agreement）（現在は、米国・メキシコ・カナダ協定（USMCA）に置き換えられている）がいわば「走り」であるが、日本貿易振興機構（JETRO）によると、2023年6月30日現在で発効済みのものだけで全世界で391件を数える[2]。

日本は、現在19のFTAを結んでおり日本企業のサプライチェーンと関係が深いASEAN（東南アジア諸国連合）絡みのものが多いのが特徴である[2]。FTA

2　日米貿易協定は特定の品目の関税削減・撤廃に限定したものなのでFTAに含めていない。

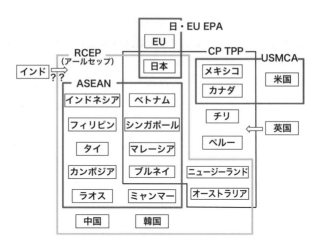

図 1-3　日本が締結している主なFTA
(出所：筆者作成)

はお互いに市場を開放することから、日本は農産物保護のため、当初あまりFTAには積極的でなかったが米国に説得され環太平洋パートナーシップ協定（TPP：Trans-Pacific Partnership agreement）に参加して以降、TPPでの農産物の合意事項をベンチマークとすることで積極的なFTA外交を行っている。米国がTPPから離脱して以降は日本が自由貿易の旗手の役割を担い、TPPを米国以外の11か国で合意に持ち込み、環太平洋パートナーシップに関する包括的及び先進的な協定（CPTPP：Comprehensive and Progressive TPP）として締結させた（図1-3）。

(3) 自由貿易の広がりの一方で直面する課題

日本は、「地域的な包括的経済連携協定」（RCEP：Regional Comprehensive Economic Partnership）締結で初めて中国、韓国とFTAを締結した。図1-3に示すように、これで主要な貿易相手国すべてとFTAを締結したことになる。

日本企業のサプライチェーンも当然ながらFTA網を意識して構築され、いわば自由貿易の恩恵を享受している。しかし、自由貿易を享受してきた反面、日本は大きな課題を抱えていることは見逃せない。3点ほど述べる。

1つ目は、食糧自給率の低さである。農林水産省のデータによると令和3年の食糧自給率はカロリーベースで38％、生産額ベースで63％である[3]。

両者で大きな差があるが、これは主にとうもろこしや大豆など輸入されている家畜の飼料を自給率にカウントするかどうかが大きな要素である。いずれにせよ日本は飼料用穀物やパンやパスタの原料の小麦は需要の大半を輸入に依存しているのが現状である。

2つ目はエネルギー自給率の低さである。資源エネルギー庁のデータによると2020年度の日本のエネルギー自給率はわずか11.3％である[4]。

東日本大震災以降、原子力発電所の稼働がほとんど停止しているという状況があるにせよ、日本のような地震国が原発に向いているとはとても思えず、再生可能エネルギーへのシフトは急務である。

3つ目は、気候変動による影響である。気候変動による干ばつや洪水、山火事の頻発は、今後の世界の食糧生産に大きな影を落としており、日本の食糧確保についても安閑としていられない状況である。

これらに米国と中国の対立の先鋭化、ロシアのウクライナ侵略、北朝鮮核・ミサイル開発、イラン核開発、ミャンマー軍事クーデター、そして中国による台湾を軍事的に併合する可能性（台湾有事）、イスラエル・パレスチナの紛争などの政治的緊張が金融制裁、経済制裁等につながり自由貿易が阻害される、あるいは企業のサプライチェーンが分断されるリスクが大きくなってきている。輸出入に依存することが大きなリスクになってきているのである。「カネさえ払えばいつでも買える」時代はもはや終わったと認識すべきである。

1.2 貿易とグローバル・ロジスティクスを巡る変化

貿易の基本プロセスや国際物流の仕組みが、中長期的な時間軸でどう変化しているかについて述べる。

1.2.1 技術革新の影響
（1）高速化（船の高速化、モノの動きの高速化）

貿易や国際物流の分野の技術革新でまず挙げなくてはならないのが、船の高速化による輸送時間の短縮である。これによって海上輸送において商品を届けるまでの所要時間が短縮されている。一方、日本の場合、主要な貿易相手国が欧米からアジアにシフトしてきている要素も見逃せない。財務省貿易統計によると日本の輸出入の合計額における米国とEUの比率は2000年当時、約40％であったものが2021年には24％まで低下し、逆に中国、韓国、ASEAN等の

アジアの比率が40％から53％まで増加している[5]。要するに「貿易相手国の近距離化」と「アジアシフト」という現象が進行しているのである。さらにはSCMの普及によるリードタイム圧縮の動きもモノの動きの高速化を後押ししている要素であると思われる。

（2）船荷証券の危機

　船の高速化によって起きているのが「船荷証券（B/L：Bill of Lading）の危機」である。日本と中国・韓国との貿易では出航日から西日本であれば翌々日、東日本では3日後には船が着くため、航空書留便で船荷証券他船積書類を送ると書類が届く前に船が到着してしまう。つまり貨物が届いているのに船荷証券が届かないので貨物が引き取れない、という状況が起きる、これが「船荷証券の危機」とよばれている現象である。これを克服するために行われている主な手法は2つあり、ひとつは「サレンダードB/L」（Surrendered B/L）である。

　船会社が輸出者宛に発行した3通のB/Lを輸出者の要請に基づき回収し、「Surrendered」（回収済み）のスタンプを押して1通だけ輸出者に戻す。輸出者はこれをFAXかpdfファイル化したものをEメール添付して輸入者に送る。船会社には輸出地側からサレンダードB/Lで運用する旨が伝わっているので輸入者はそれで貨物を引き取ることができる、という運用である。

　もうひとつが「海上運送状」（SWB：Sea Waybill）である。これはいわば「記名式」の船荷証券、あるいは「航空運送状」（AWB：Air Waybill）の海上輸送版で有価証券ではないため、輸出者は海上運送状を船会社から受け取るとやはりFAXかEメールで輸入者に送る。輸入者は貨物到着通知（Arrival Notice）などで荷受人であることを証明して貨物を引き取る。サレンダードB/Lは法的な裏付けは何もないただの「便法」だが、海上運送状はICCの「荷為替信用状に関する統一規則および慣例」UCP600において「流通性のない海上運送状」と規定されているので、海運業界では海上運送状での運用を推奨している。

　船の高速化という国際物流の変化が貿易の中心がアジアにシフトしていることと相まって、貿易のプロセスを変化させている事例のひとつである。

（3）海上コンテナ輸送の発明と普及

　20世紀以降における国際物流の世界での最も大きな技術革新は、何といっ

ても海上コンテナ輸送の発明であろう。米国で大手海運会社シーランドが1956年にコンテナ船事業を始め、ベトナム戦争を追い風に急拡大し、その後、他社も参入し、海上コンテナ輸送が1960年代に一気に広がった。20フィート(ft)、40フィート等国際的に標準化されたコンテナを使用し、輸出者、輸入者の拠点間をシームレスに結ぶ国際海上コンテナ輸送は国際間輸送の効率を飛躍的に向上させた。それまでの「在来船」による輸送では、港の岸壁から岸壁までの輸送だったのが、コンテナヤードからコンテナヤードまで（CY to CY）と海運会社の責任範囲が広がり、輸出者と輸入者の拠点をつなぐドア・トゥ・ドア一貫輸送サービスを可能にした。さらには、1980年版のインコタームズにCPT（輸送費込み条件）、CIP（輸送費・保険料込み条件）、FCA（運送人渡し条件）が追加され、インコタームズの使い方まで変化させたのである。

1.2.2 貿易パターンの高度化
（1）国際物流の一貫化・シームレス化の影響

　国際物流の進化が貿易パターンをも進化させている。国際海上コンテナ輸送の普及によって国際物流の一貫化、シームレス化が可能になった。在来船が中心だったころの貿易では貿易条件（インコタームズ）が何であろうが仕出港（輸出港）と仕向港（輸入港）が貨物の受け渡しの基準になっていたが、国際海上コンテナ輸送の普及は、各港のコンテナヤード間の輸送サービスにとどまらず売り手と買い手それぞれの拠点間の輸送（ドア・トゥ・ドア一貫輸送）を可能にした。また、SCMの深化によって売り手の工場の生産ラインでの払い出しから買い手の工場の生産ライン投入までの精緻なオペレーションも行われるようになっている。「ジャストインタイム」（JIT：Just In Time）である。最近では不測の事態に備え、ある程度在庫を保有して運営するジャストインケース(Just In Case)へのシフトが見られる。荷主には適正在庫水準をどこに置くかという視点も加わり、貿易パターンは高度化しており、荷主の国際物流を支えるグローバルフォワーダーの業務も、単純にモノを運ぶ以外の機能で差別化しなくてはいけない時代になってきている。

（2）アジアを中心とした中間財（原材料、部品、中間品等）貿易の拡大
　1985年9月に先進5か国（日本、英国、米国、フランス、西ドイツ）によっ

て行われた「プラザ合意」[3]により急速に円高ドル安が進み、日本の輸出企業は競争力を失い、現地生産化を余儀なくされた。その結果、生産工程の国際間分業が行われるようになり、最終製品の貿易だけでなく、原材料、部品、中間品等のいわゆる中間財の貿易も盛んになっている。たとえば、日本から糸やボタンなどを中国に輸出し、中国で縫製した衣料品をシンガポールに輸出し、在庫し、需要に応じて ASEAN 各国に輸出するといったスキームである。こういった国際間分業の場合、貿易実務としては、数々の貿易取引を適切に行うことが重要であるとともに、SCM 的には、効率的な国際輸送サービスを駆使した競争力のあるグローバルサプライチェーンを構築することが求められる。

1.3　日本の貿易環境の変化と国際物流

1.3.1　世界貿易における日本の相対的地位の低下

戦後の日本の経済構造は、石油、天然ガス等のエネルギーや鉄鉱石を輸入し、自動車などの機械製品を輸出するという加工貿易で発展してきた。日本の強みは、資源産出国から大量に資源を輸入し、強い購買力を発揮し、一方で高い技術力で生産した製品を欧米の消費市場に輸出するというモデルだった。したがって、日本は「資源輸入大国」であり、「モノづくり大国」であり、「海運大国」だった。しかし、現在ではまだ「モノづくり大国」としての地位はかろうじて維持しているものの、残念ながら「資源輸入大国」、「海運大国」としての地位は低下してしまった。

図 1-4 に 2000 年から 2022 年までの主要国の海上コンテナの取扱数（上）と全世界合計に対するシェア（下）を示した。数量的には日本もこの間 1,310 万 TEU[4] から 2,251 万 TEU に約 1.7 倍に増えてはいるものの、中国は 6.6 倍、韓国は 3.2 倍、インドは 8 倍、ベトナムが 17 倍にも増えている。特筆すべきはやはり中国の取扱数が 2022 年には 2 億 6,900 万 TEU と 2 位の米国の 6,200 万 TEU の何と 4 倍とダントツで、世界シェアも 32％に達していることである。

逆に日本のシェアは 2000 年には 5.8％だったが 2021 年にはわずか 2.6％ま

---

[3] プラザ合意とは、1985 年 9 月 22 日米国のドル高を是正するために、ニューヨークのプラザホテルで開催された先進 5 ヵ国（米国・日本・英国・フランス・西ドイツ）の蔵相・中央銀行総裁会議である。このプラザ合意を機に急激な円高が始まり、多くの製造業が生産拠点を ASEAN に移転、国内の産業の空洞化が始まった。

[4] TEU：Twenty-foot Equivalent Unit。20 フィート（ft）コンテナ換算でのコンテナ数。コンテナを数える際の単位として使われる。

1.3 日本の貿易環境の変化と国際物流　　　　　　　　　15

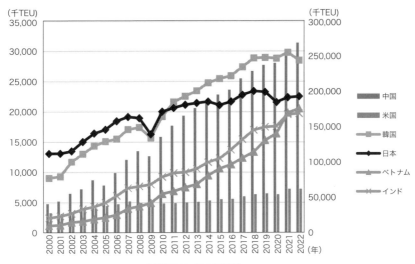

主要国コンテナ取扱数
右軸：中国、米国　左軸：その他

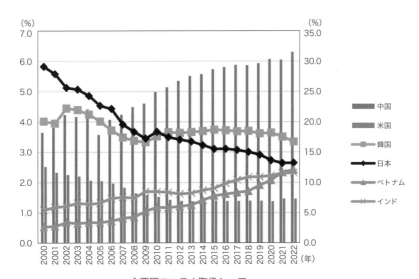

主要国コンテナ取扱シェア
右軸：中国、米国　左軸：その他

図1-4　主要国海上コンテナ取扱数とシェア
（出所：国連貿易開発会議データから筆者作成）

で落ち込んでいる。日本は、海運に関しては完全に存在感を失い「その他大勢」になってしまっていることがわかる。韓国は世界シェアに関しては2000年の4.0％から2022年には3.3％と若干落としているが2022年の取扱数では2,850万TEUと日本全体をはるかに凌駕し、このうち2,208万TEU、率にして77％が釜山港1港で取扱われている。

一方、日本は2022年の2,252万TEUのうち、「国際戦略港湾」である京浜港（東京港、横浜港、川崎港）では802万TEU、阪神港（大阪港、神戸港）では528万TEUを扱っているが合計で1,330万TEUと実質的に5港合計しても59％に過ぎない。日本の場合、地方港を含め分散していることがわかる。

日本は2010年に「国際戦略港湾構想」を打ち出し、釜山港に対抗し、京浜港、阪神港に重点投資し、欧米からの基幹航路を誘致し、わが国への寄港の維持・拡大を目指しているが、この数字を見る限り、投資対効果はかなり疑問である。

1.3.2　世界のコンテナの荷動き（2022年）

図1-5は世界のコンテナの動きを示している。世界のコンテナ輸送量は1億8,467万TEU、そのうち、東アジア（含む中国、東南アジア、日本等）域内と

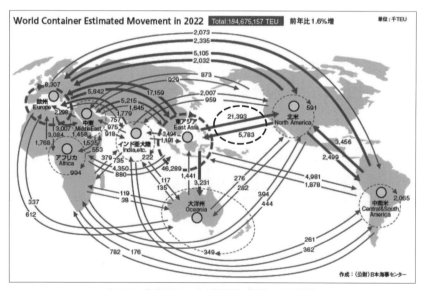

図1-5　世界のコンテナ輸送量（単位：千TEU）
（出所：日本海事広報協会「Shipping Now 2023-2024」に筆者加筆）

図1-6　フィリピンのマニラ北港　　　　図1-7　ベトナムのラックフェン国際港
　　　（出所：筆者撮影）　　　　　　　　　　（出所：筆者撮影）

発着が1億2,477万TEUと約67％を占め圧倒的な存在感を示している。

また、東アジア域内が4,628万TEUと欧米との往復合計を上回るコンテナ数が動いている。まさにアジアが、生産拠点としてだけでなく消費地として位置付けが高まっていることが読み取れる。北米とアジア間の貿易では北米行きが2,139万TEUに対し、アジア行きは578万TEUと極端な片荷構造で、船会社のコンテナの需給管理上、大きな課題である。この片荷構造が、コロナ禍での米国のいち早い経済回復と輸入拡大によってさらに極端になり、コンテナの北米偏在とアジアでの極端なコンテナ不足という現象を引き起こしたのである。

1.3.3　日本の貿易構造の変化

ここから日本の貿易構造の変化を分析する。図1-8に財務省貿易統計を使って1995年から2021年までの主な貿易相手国との輸出入額の推移を示した。上が輸出、下が輸入である。まず輸出だが2021年は、全体としては83.1兆円と前年比21.5％と大幅な増加となっていて素晴らしい数字に見えるが、実は2021年は、エネルギー価格と穀物価格の上昇で世界貿易が26％増えているので驚くにはあたらない。米国、中国、韓国、ASEAN向けすべてで大幅に増えている。2021年のそれぞれの国と地域向けの数字だが、中国が18.0兆円で21.6％、ASEANが12.5兆円で15.0％で両者を合計すると36.6％を占める。米国が14.8兆円で17.8％、韓国が5.8兆円で6.9％なのでこの主要6か国地域で日本の輸出の61.3％を占めていることになる。1995年から2021年までの長期

トレンドでは、米国向けが横ばいか微減傾向になっているのに対して、ASEAN向け、中国向けが堅調に伸びているのがわかる。

一方、輸入はやはり2020年はコロナの影響で落ち込んだものの、2021年は輸入全体では84.8兆円で前年比約25％増である。中国向けは20.3兆円で24.0％、ASEANは12.5兆円で14.7％と両方を合計すると38.7％を占める。

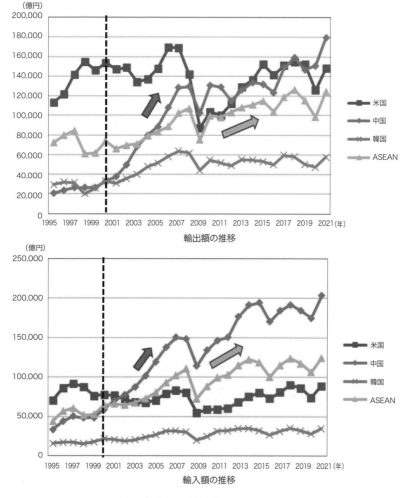

図1-8 日本の対主要国輸出入額推移（1995〜2021年）
（出所：財務省貿易統計[5]より筆者作成）

米国が10.5％で韓国は4.2％、この4か国地域は輸入では53.4％を占めるという構造である。輸入も中国とASEANの伸びが非常に大きいことがわかる。

図1-9はそれらの数字を使って1995年からの日本の輸出入合計におけるそれぞれの国と地域のシェア推移を計算したものである。米国のシェアが過去26年で25％レベルから14％程度に大きく低下し、入れ替わるように中国は7％台から23％まで上昇していることがわかる。

ASEANは15％レベルで安定しており、中国、ASEAN合計は1995年当時、23.4％だったのが、2021年には38％を占めるようになっている。

1.2でも言及したが、明らかな「アジアシフト」である。しかし、中国とは、台湾有事の可能性という地政学的リスクがあり、また米中の緊張状態のあおりを受けて政治的に微妙な関係にあって、日本企業が中国ビジネスを今後もいままでどおり継続できるかは不透明である。原材料調達を中国に過度に依存している企業はサプライチェーンの見直しが必要と思われる。しかし、ラオス、ミャンマー、カンボジアを除くASEANの先進7か国とは、米国のバイデン大統領が提唱している「インド太平洋経済枠組み」（IPEF：Indo-Pacific Economic Framework」の取組みとしてさらなるサプライチェーンの強化を図っていくのは間違いなく、日本の貿易およびサプライチェーンのASEANそして今後はインドも含めた「アジアシフト」はさらに鮮明になると思われる。したがって、

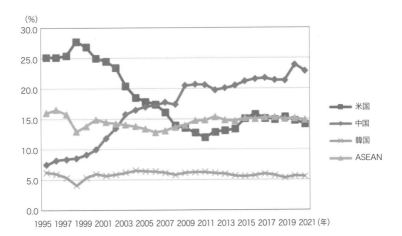

図1-9　日本の貿易総額における主要国のシェア推移（1995〜2021年）
(出所：財務省貿易統計[5]より筆者作成)

筆者は、国際物流も今後は、欧米との基幹航路よりもアジア域内の近距離輸送の重要性が増すと考えている。

1.4　コンテナ船の超大型化がもたらすサプライチェーンの変化

　国際海上コンテナ輸送の発明と普及は、ドア・トゥ・ドア一貫輸送を可能にし、よりシームレスな国際物流や効率的なサプライチェーン構築に貢献している。また、FCA、CPT、CIP等新たな貿易条件（インコタームズ）が導入され、貿易プロセスにも大きな影響を与えている。また、船の高速化と貿易の近距離化によってサレンダードB/Lや海上運送状が使われることが多くなり船荷証券の使用機会が減少している。これも国際物流の変化が貿易に与えた大きな影響のひとつである。このように貿易と国際物流は相互に影響し合って進化してきているのである。

　一方で、国際物流の今後を考える点において忘れてはいけないのが、「コンテナ船の超大型化」という現象である。国土交通省の資料によると、2013年頃から14,000TEU積み以上の超大型コンテナ船の導入が始まり、その後増加の一途をたどっており、2021年には全世界で2,085隻のコンテナ船が新規導入され、そのうち307隻が14,000TEU積み以上、さらに、そのうち150隻が17,000TEU積み以上となっている[6]。最近では日系の外航コンテナ定期船会社ONE（Ocean Network Express）も世界最大級の24,000TEU積みのコンテナ船6隻を順次導入すると発表した[7]。

　しかし、24,000TEU積みどころか15,000TEU積みクラスでも、受け入れるには16～18m位の岸壁水深のバースが必要で、そのレベルのバースは日本では横浜港と神戸港にひとつずつあるだけである。24,000TEU積みクラスになると岸壁水深は23m、ガントリークレーンもアウトリーチ（クレーンのアームの長さ）が65m以上の、より大型なものが必要となる。そんなコンテナターミナルは日本ではひとつもなく、世界でも限られている。コンテナ船の大型化は貨物の重量当たりの燃料消費効率は向上するので船会社にとってはメリットがある。ただし、それは高い積載率を維持できた場合である。高積載率を実現するために船会社はひとつのサービスループ（航路）での寄港地を増やす。2Mアライアンス[5]が運航する「TP8」というサービスを例に取ると「青島～寧

---

[5]　世界最大のコンテナ船会社MSC（スイス）と同2位のマースク（デンマーク）の2大船会社が形成するアライアンス。なお、2Mは2025年1月末で提携契約を終了する予定である。

波〜上海〜釜山〜ロングビーチ〜オークランド〜東京〜青島」というルートである。これでは当然リードタイムが長くなり、また、船会社は燃費をさらに向上させるために「減速航行」を行っている。これらは荷主にとって何のメリットもない。筆者はこのコンテナ船の「超大型化」は、さらなるサプライチェーンと貿易取引の近距離化、さらにいえば、サプライチェーンの「地産地消化」、「エリア産エリア消化」を促進すると考えている。いわば船会社は自分の首を自分で締めているということである。引き続き動向を注視していきたい。

【参考文献】
1) 国際連合，
https://treaties.un.org/Pages/ViewDetails.aspx?src=IND&mtdsg_no=X-10&chapter=10&clang=_en#EndDec （2024年7月10日確認）
2) JETRO、2023年版ジェトロ世界貿易投資報告、第Ⅲ章第3節「世界と日本のFTAの現状」
https://www.jetro.go.jp/ext_images/world/gtir/2023/no3-3.pdf （2024年5月23日確認）
3) 農林水産省（2023）「日本の食糧を学ぶ‒知るから始める食料自給率の話」, aff, 2
https://www.maff.go.jp/j/pr/aff/2302/pdf/aff2302-all.pdf （2024年7月10日確認）
農林水産省，令和3年度食料自給率・食料自給力指標について，
https://www.maff.go.jp/j/press/kanbo/anpo/220805.html （2024年7月10日確認）
4) 経済産業省 資源エネルギー庁ホームページ「日本のエネルギー2022年度版：エネルギーの今を知る10の質問」
https://www.enecho.meti.go.jp/about/pamphlet/energy2022/ （2024年5月23日確認）
5) 財務省貿易統計 最近の輸出入動向「貿易相手国上位10か国の推移（輸出入総額：年ベース）」
https://www.customs.go.jp/toukei/suii/html/data/y3.pdf （2024年5月23日確認）
6) 国土交通省港湾局「港湾、海運を取り巻く状況」
https://www.mlit.go.jp/kowan/content/001585458.pdf （2024年5月23日確認）
7) ONE Japan「2万4000 TEU型コンテナ船"ONE INNOVATION"が竣工」2023.6.
https://jp.one-line.com/ja/news/ocean-network-express-takes-bold-step-towards-sustainable-shipping-24000-teu-container-ship （2024年5月23日確認）
8) 田中則仁 編著（2021）『アジアのグローバル経済とビジネス』文眞堂
9) 小林潔司・古市正彦 編著（2017）『グローバルロジスティクスと貿易』ウェイツ
10) 日本貿易実務検定協会 編（2021）『図解 貿易実務ハンドブック ベーシック版 第7版』日本能率協会マネジメントセンター
11) 石原伸志・松岡正仁（2019）『輸出入通関実務マニュアル』成山堂書店

第2章　国際物流とグローバル・ロジスティクス

2.1　物流、ロジスティクス、サプライチェーンの違い

　日頃の業務や報道・雑誌などで、物流、ロジスティクス、サプライチェーンの重要性が頻繁に報道されているが、日常業務のなかでは、「物流」（Physical Distribution）、「ロジスティクス」（Logistics）、「サプライチェーンマネジメント」（SCM：Supply chain Management）、「サプライチェーン」（SC：Supply chain）の本来の定義（意味）を理解せずに、「物流」または「ロジスティクス」と同意語だと考えている人は意外に多い。しかし、これら用語の本来の定義や発展の歴史を知らないまま勝手な思い込みで商談等に臨むと、相互の間に齟齬が生じ、後日思わぬトラブルを引き起こす恐れもある。

　言葉遊びに注力するつもりはないが、読者各々の立場（荷主企業、物流事業者、消費者等）から、これらの用語の本来の意味と、発展過程を正しく理解した上で、臨機応変に応用していくことが重要である。

　物流やロジスティクス等に関する用語解説や定義については、多くの著名な先生方や関係団体などが発表しているが、本章では、最もオーソドックスな日本工業規格（JIS）の定義をベースに説明する。

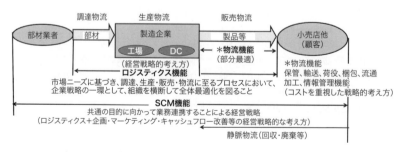

図 2-1　物流・ロジスティクス・SCM の範囲

2.1.1 物流（Physical Distribution）

　JIS によると、物流とは、「物資を供給者から需要者へ、時間的及び空間的に移動する過程の活動。一般的には、包装、輸送、保管、荷役、流通加工及びそれらに関連する情報の諸機能を総合的に管理する活動」と定義[1]されている。対象領域を特定して、調達物流、生産物流、販売物流、回収・廃棄物流（静脈物流）、消費者物流とよばれることもある。

　すなわち、物流とは、本来生産（供給）と消費（需要）の間にある空間（場所）的懸隔を埋める「輸送機能」と、時間的懸隔を埋める「保管機能」が二大要素である。さらに、輸送と保管機能に付随する「荷役」、さらに、「包装」（梱包）、「流通加工」、これらを管理する「情報システム」があり、これらの機能が物流の六大構成要素と称されている。

　ところで、わが国の物流の発展の歴史は次節の 2.2 で説明するが、わが国で物流が注目されるようになったのは 1970 年代以降である。その当時から、物流機能の最適化と称して、輸送、保管、荷役などに関わるコスト削減と在庫および拠点（倉庫）整備などが図られた。その一方でこれらのビジネスモデルの特徴は「汎用性」があることである。

　また、物流には、「国内物流」と「国際物流」があるが、「国際物流」とは、本来 2 国間に跨って展開される国際輸送を中心とした物流活動のことである。これに対して、多国間に跨って展開される経済活動のことは「グローバル・ロジスティクス」と称するのが正しいように思われる。しかし、実務界等では、海外で展開される物流活動（輸送・保管流通加工等）すべてについて、「国際物流＝グローバル・ロジスティクス」と同意語として使われているのが実態である。

　また、物流は戦術論、ロジスティクスは戦略論であることから、厳密にいえば物流＝ロジスティクスという考え方は間違いといえよう。

2.1.2 ロジスティクス（Logistics）

　JIS によると、ロジスティクスとは、「物流の諸機能を高度化し、調達、生産、販売、回収などの分野を統合して、需要と供給との適正化を図るとともに顧客満足を向上させ、併せて環境保全、安全対策などをはじめとした社会的課題へ

---

[1] 日本工業標準調査会（2006）「JIS Z 0111：2006 物流用語」日本規格協会

の対応を目指す戦略的な経営管理」のことであると定義[1]されている。

つまり、ロジスティクスとは、経営戦略の一環として、マーケティング戦略、すなわち4P戦略（Product・Price・Place・Promotion）や顧客サービスの向上（欠品防止等）などと、CSR（企業の社会的責任）に基づいて、企業内の組織（企画／開発・調達・生産・営業（販売）・物流・マーケティング部他）を横断して諸情報を共有しながら、高度な物流システムを通して、調達から顧客に至るプロセスの全体最適化を図ることである。また、ロジスティクスの目的は、顧客サービスの向上によって、売上（利益）の増大を図ることである。

したがって、ロジスティクス戦略を遂行する基本的な手段（戦術）が高度な物流である。なぜならマーケティングや取引契約だけでは物資は流動しないからである。

2.1.3 サプライチェーンマネジメント（SCM）

JISによると、サプライチェーンマネジメント（SCM）とは「資材供給から生産、流通、販売に至る物又はサービスの供給連鎖をネットワークで結び、販売情報、需要情報などを部門間又は企業間でリアルタイムに共有することによって、経営業務全体のスピード及び効率を高めながら顧客満足を実現する経営コンセプト」と定義[2]されている。

ロジスティクスが物流に力点をおいて、企業内の組織を横断して、情報等を共有しながら、調達・生産・販売・消費に至るプロセス全体の最適化を図ることであるのに対して、SCMは市場調査などに基づくマーケティング戦略を起点にして、企画／開発・調達・生産・販売戦略を起点にして、同じ目的をもった企業同士で情報を共有しながら、企業を跨ったチェーン全体の最適化によって、利益の最大化を図ることである。

つまり、ロジスティクスが「物流に力点をおいて、ロジスティクスプロセス全体を最適化することで利益の増大を図ること」であるのに対して、SCMは、「マーケティング・企画／開発・調達管理・生産・販売・消費に至るプロセスの情報をチェーン間の企業同士で共有化し、かつ一体化および最適化を図る一方で、生産停止等のリスク管理（SCMの寸断等）を重視することで、売上・利益の最大化を図ろうとすること」である。したがって、SCMを補完する機

---

[2] 日本工業標準調査会（2001）「JIS Z 8141：2001」日本規格協会

能が「ロジスティクス」であり、ロジスティクスを実践する重要な手段が「物流」であるといえよう。

2.1.4　サプライチェーン（SC）

　サプライチェーン（SC）に関する確たる定義はないが、経済産業省によると、「商品の企画・開発から、原材料や部品などの調達、生産、在庫管理、配送、販売、消費までのプロセス全体を指し、商品が最終消費者に届くまでの「供給の連鎖」である」と定義[3]されている。

　だが、この定義は従来のロジスティクスの定義に単なる「供給連鎖」という用語を加筆しただけであり、SCMやロジスティクスとの相違がよくわからない。また、報道等を見る限り、実際には、「単なる「供給連鎖」のことを「SC」と称しているに過ぎない。そこで、中田信哉神奈川大学名誉教授は、従来のロジスティクス機能に供給連鎖活動を加味した本経済活動をロジスティクスの発展形として、SCMとの中間に「サプライチェーン・ロジスティクス」があると提唱している。まさに的確な表現であるといえよう。

2.1.5　バリューチェーン（VC）

　SCMの発展形にバリューチェーン（VC：Value Chain）がある。VCとは、サプライチェーンの各過程（段階）ごとに、新たな経済的価値が付加されていく、「価値の供給連鎖」のことであり、特に商社が好んで使っているケースが多いようである。繊維産業を事例にVCを説明すると以下のような流れとなる。

綿花 ⇒ 綿糸（紡績）⇒ 生地織・編み ⇒ 染色・捺染 ⇒ 縫製（製品）⇒ 検針・検品 ⇒ 出荷準備 ⇒ 輸出通関・船積み ⇒ 海上・航空輸送 ⇒ 輸入通関 ⇒ 顧客までの輸送（納入）

　SCとの違いは、SCが「単なる物資の供給連鎖」であるのに対して、VCは、チェーンのプロセスの段階ごとに、新たな価値を付加することで経済的価値を高めていく「価値の供給連鎖」になっていることである。さらに、SCMとの違いは、SCMはマーケティング戦略を起点にして、企業間で情報を共有しながら調達・生産・販売・物流プロセス全体の最適化を図る水平分業型であるのに対して、VCでは、たとえば商社をトップにしてチェーンごとに新たな経済

---

[3]　経済産業省（2021）「通商白書2021」

価値を付加していく垂直統合型のサプライチェーンであるといえよう。

ところで、商社の特徴は、「FILM」と称する「資金力（Finance）・情報収集力（Information）・ロジスティクス構築力（Logistics）・マーケティング力（Marketing）」を一体化させたサービスを提供することで、川上の開拓から川下の顧客までのプロダクトサイクル全体を一括コントロールすることで利益の増大を図ろうとしている。

さらに、商社は、豊富な資金力と優れた人材をバックに、ベトナム・インドネシア・ミャンマー・タイ等では自ら開発した工業団地に日系製造業を誘致して、物流事業者には真似のできない調達・生産・販売（消費者までの販売を含め）・国際物流・通関機能などを武器にVCによる一括した経済活動の受注を目指している。

2.2　わが国の物流発展の歴史

1945年の終戦以降の物流発展の歴史は、戦後の日本経済発展の歴史と緊密に関係している。そのために、物流史を知ることは重要である。

終戦から1950年代は供給（物資）不足のために市場に並べさえすれば売れる時代であったため、小規模な輸送が中心で、物流の仕組みなど不要な時代であった。わが国で物流が注目されるようになったのは、所得倍増計画等によって日本経済が高度成長期に入った1960年代初頭以降である。1960年代の急速な経済発展に伴う「大量生産大量消費」の時代を迎えたのである。

当時のメーカーは、「いいモノさえ造れば売れる」との思いから、流通チャネルや販売価格はメーカーがコントロールする「マーケットアウト」という考え方が主流であった。この頃の流通概念は、「生産と消費の一体化（商物一体化）」であったために、道路や倉庫、港湾設備などはいまだ脆弱なままであった。

そこで、通産省（現、経済産業省）は、米国の輸送や保管機能などを重視した物流システムを研究するために調査団を派遣、1964年産業構造審議会流通部会のなかに物的流通委員会を設置し、米国スタイルの物流システムの構築を図ろうとした。

しかし、その当時、「物流」という言葉はまだなく、「物的流通」（Physical Distribution）と称されていた。やがて、この「物的流通」がいつの間にか短縮されて、「物流」と呼ばれるようになったのである。「物流」という用語は日本で生まれた造語である。

また、林周二教授（東京大学）が『流通革命』（1962年）を著し、流通の重要性を唱えている。ちなみに、本著は、今でも考えさせられる古典的名著であり、一読の価値がある。

この当時、脆弱な道路網・保管施設、港湾整備・荷役機器の合理化（パレットやフォークリフト等）が一気に推進されたが、その背景には1964年の東京オリンピック、1970年の大阪万国博覧会があった。

さらに、わが国で物流費削減の重要性が注目されるようになったのは、第四次中東戦争（1973年）によって燃料費が高騰しそれに伴って景気が後退した1970年代初頭である。

当時、コスト削減が注目されるようになった背景には、米国のピーター・ドラッカーが1962年に「流通（物流）は最後の暗黒大陸」と唱え、西沢脩教授（早稲田大学）が「知られざる第三の利潤源」[4]と物流費削減の重要性を提唱したことがある。ちなみに、第一の利潤源は売上げの増大、第二の利潤源は製造・仕入れ原価を下げることである。

そこで、物流費の削減が利益に直結することに気が付いた荷主企業（メーカー他）は社内の物流部門を従来の「コストセンター」から「プロフィットセンター」へと見直すようになり、物流子会社を設立して、物流の一元管理とコスト削減を図ろうとした。

1980年代になると、市場の成熟化と多様化する顧客ニーズに伴い、欠品の回避や過剰在庫を削減するために、多品種少量生産（トヨタの混流生産）や多頻度少量納入（コンビニエンスストア）、JIT（Just In Time）納入などによるコスト削減が注目されるようになった。

1990年代になると、湾岸戦争（1990年）の際に、米軍により「短期間でイラク軍を撃退できたのはロジスティクスの勝利だ」との報告[5]がなされたことから、実務界でも経営戦略の一環として、「ビジネス・ロジスティクス」（Business Logistics）と称して、ロジスティクスの考え方が注目されるようになった。

折しも、当時の日本経済は、バブル崩壊（1991年11月）による景気の低迷、

---

[4] 1970年出版の『流通費』（光文社）のなかで、企業内物流費は「見えざる第三の利潤源」とする「物流氷山説」を唱えた。

[5] 湾岸戦争に関しては1992年に米国で"Moving Mountain"という題名で出版され、日本語版は同年に佐々淳行監修『山動く─湾岸戦争に学ぶ経営戦略』（同文書院インターナショナル）が出版されている。

1985年9月のプラザ合意に起因する生産拠点のASEAN域内への移転に伴う「産業の空洞化」の進化とグローバリゼーションの拡大による競争の激化、物流二法（貨物自動車運送事業法と貨物運送取扱事業法）の規制緩和（1990年12月施行）等もあり、物流に代わる新たなコスト削減と顧客サービスによる顧客満足（CS：Customer Satisfaction）の向上と差別化を図る新たな手段として、ロジスティクスとサードパーティ・ロジスティクス（3PL）が注目されるようになった（3PLについては第9章参照）。

さらに、2011年3月11日に発生した東日本大震災と同年秋にタイで発生した大洪水による「SCMの寸断」によってやむなく操業が停止したことから、SCMの見直しがなされ、強靱なSCMの構築を目指して、SCMの可視化や調達拠点の分散化などが図られた。

ところで、SCMという用語は1983年に当時不況で喘いでいた米国のアパレル産業を建て直すために、米国のコンサルタント会社ブーズ・アレン・ハミルトン社が提唱し、1993年にSCOR（Supplychain Operations Reference）が開発されている。

直近では、2019年末中国武漢で発生した新型コロナウイルス（以下、新型コロナ）の感染拡大に起因する空コンテナ不足と海上・航空運賃の暴騰、港湾のロックアウト、沖待ち船の増大等によって国際物流に大混乱をきたし、SCが寸断したことで、企業の経済活動が停止した。これにより、連日、報道、新聞、雑誌等でSCの重要性が強調されている次第である。

2.3　物流の発展過程別の考え方

中田信哉名誉教授（神奈川大学）は、物流の発展過程を次のS0〜S4の5段階に分けている。

① S0：物流管理導入以前の時代（終戦〜1950年代）

S0段階の特徴は、倉庫、輸配送、在庫手配などについてが、工場・営業・倉庫拠点ごとにバラバラに行われている個別管理の状態にあることである。このため、在庫の過不足・偏在などが頻繁に発生する。

また、現場の作業効率が悪いため、誤出荷や納期遅れなどのミスも頻繁に発生、輸配送の線は細く輻輳している状況にある。

② S1：後処理型物流の時代（1950〜1960年代）

S1段階の特徴は、企業内の調達・生産・仕入れ／販売部門などの活動ごと

に発生した物流を後処理している状態である。すなわち、物流発生源としては、生産した（仕入れた）から保管しろ、販売したから顧客の要望通りに届けろ、といった各部門からの個別要求（制約）を全面的に受けている状態である。したがって、この段階では、配送方法や時間、在庫管理等に関する判断は物流部門ではできないため、物流管理は限られた領域内に制限されてくる。

たとえば、この段階の主な取組みとしては、物流ネットワークの効率化（物流拠点の集約、物流機器の導入、作業システムの構築等）で、物量の削減による物流活動の効率化が優先される。

貨物の減量を図るためには、在庫管理（在庫の適正配置と確実な補充）が必要だが、在庫管理を行うための絶対条件である「出荷動向」に関する情報が適宜把握できないため、この段階では、欠品・在庫の過多・偏在を起こしやすい。

③　S2：物流システムの時代（1970～1980年代）

S2段階の特徴は、見込み等による無駄な在庫移動をなくすことで、移動回数を必要最小限にとどめるための在庫管理の仕組みを構築することである。そのためには、倉庫等からの出荷動向に基づく適正在庫の配置と補充の仕組みをつくり、市場動向に合わせた在庫移動が条件となる。ちなみに、在庫補充を検討する際に把握すべきポイントは、在庫日数（在庫回転率）・出荷対応日数／リードタイムの日数である。

在庫の削減を図るために、JIT納入、多頻度少量納入など、さまざまな工夫が凝らされている。

④　S3：ロジスティクスの時代（1990～2000年代）

S3段階の特徴は、2.1で記したように、企業内の縦割組織を改革して、各部門が所有する情報（企画／開発・マーケティング・顧客、物流等）を共有して、必要な商品を、必要な時に、必要な数だけ供給することで、顧客サービスの向上と差別化を図り、利益を増大させることである。

わが国でロジスティクスが注目されるようになった背景については、2.2で記したが、バブル崩壊、プラザ合意に起因する産業の空洞化の進化、物流二法の規制緩和に加え、企業の社会的責任（CSR：Corporate Social Responsibility）への注目がある。

1990年代になると、企業はCSRとコスト削減による顧客サービスの向上に基づく経営戦略が問われるようになり、調達から回収を含めた流通であるプロダクトライフサイクル（PLC）をひとつのチェーンとみなして、チェーン全体

を包括的に考える必要性が生まれてきた。そして、その包括的な商品の流れのなかで、在庫や拠点を一元化してマネジメント（管理）しようとするロジスティクスが注目されるようになった次第である。

中田によると、「ロジスティクス論とは、『財の価値を発現させ、顧客ニーズを満たし、顧客満足（CS）が得られるように、より効率的・効果的、かつ安全・確実・迅速に達成する手段・方法を、理論と実践の両面から戦略的に構築しようとするもの』である」と説明しているが、この考え方をみると、マーケティングが基本になっているように思われる。

では、従来の物流とロジスティクスは具体的にどこが違うのだろうか。従来の物流では、輸送や保管活動の単なるコスト削減や効率化に力点をおいているが、体系的管理を行うには限界がある。そこで、殻を破り、パラダイムシフトを図るために、物流に経営戦略性を付加して一体化させた概念である「ロジスティクス」が生まれてきたといえよう。物流は「戦術論」であり、ロジスティクスは「戦略論」なのである。

しかし、昨今の物流業界を見ていると、「物流＝ロジスティクス」と考えている人があまりにも多いようである。立場の違いによる考え方の相違は理解できるが、荷主企業は「ロジスティクス」、物流事業者は「物流」という観点から捉えていくことが妥当であると思われる。

⑤　S4：サプライチェーンマネジメント（SCM）の時代（2010年代～）

S4段階の特徴は、同じ目的をもった企業同志が連携して、情報の共有を通して、市場の需要動向（需要予測）に合わせて、商品を供給するシステムのことで、売上（利益）の最大化を図ることにある。

すなわち、SCMはマーケティング戦略を起点にして、需要予測に基づく調達・生産・販売計画と実績に合わせて、最適な時に、最適な量だけ調達、生産、供給、物流を行うこと（PSI：Production・Sales・Inventory、製・販・物の一体化）によって、過剰在庫の発生や欠品による販売機会ロスを極小に抑え、キャッシュフロー効果を高めることである。

これらを実現するためには、一企業の枠を超えて、商品の供給連鎖上にある企業同士が情報を共有して、供給連鎖（サプライチェーン）全体の管理・効率化を図ることが必要になるが、IT の発達に伴う情報システムの進化により、プロセス全体の管理・運営がしやすくなっている。

それでは、ロジスティクスとSCMの違いはどこにあるのだろうか。

中田は、「ロジスティクスは、『あくまでも物流という経済機能をベース』にしているのに対して、SCM は、『企業経営全体のマネジメントを考えること』である」、と説明している。

つまり、SCM は、本来商品の企画／開発から廃棄に至るまでのプロダクトライフサイクルが基本にあって、そのなかでの経営目的である投資効率やキャッシュフローの改善等を求めたものである。具体的には、SCM 管理の核は商品（または在庫管理）であり、そのために、ロジスティクスが SCM を補完する立場から重要な役割を果たす、と説明している。

しかし、東日本大震災で罹災した部品工場の操業停止に伴い、日本・米国・英国などの自動車組立工場も操業が停止（SCM の寸断）したことを受け、企業の経済活動を止めないための SCM の強靭化が図られており、SCM 本来の役割から大分広がってきている。

⑥　S5：サプライチェーン（SC ロジスティクス）の時代（2020 年〜）

2019 年末中国武漢で発生した新型コロナの世界的な感染拡大によって、国際物流が大混乱をきたし、部品・製品などの供給不足や遅延等による企業活動が停止した。そこで、昨今は「サプライチェーン」と称して、企業の社会的経済活動を止めないための「円滑かつ強靭な供給連鎖網の構築」に注力した「サプライチェーン・ロジスティクス」が注目されている次第である。

2.4　物流およびロジスティクスに対する考え方

物流およびロジスティクスに関して、注意すべき点は以下のとおりである。

①　ロジスティクスは「戦略論」であり、物流は「戦術論」であることから、物流の延長線がロジスティクスではない。また、ロジスティクスを支える手段が物流であること。

②　物流は汎用性（レディメイド型）があるが、ロジスティクスは企業別・品目別・業種別・国／地域別に考える必要があることから手造り（オーダーメイド）となること。

③　ロジスティクスの仕組みを考えるときは、物流だけでなく、マーケティング戦略、調達から顧客に至るまでのプロセス全体の最適化で考えること。

④　ロジスティクスは組織を超えて情報を共有し、可視化すること。

⑤　ロジスティクスは、KPI で管理・分析し、PDCA（Plan・Do・Check・Action）サイクルで考えること。

⑥　物流は、点ではなく、面で考えること。
⑦　物流コストは、輸送・保管（在庫）・荷役費だけでなく、商品や原材料の陳腐化率、金利、リードタイム等も加味して考えること。
⑧　国際物流は日本目線でなく、グローバルな視点から考えること。
⑨　グローバル・ロジスティクスの構築では、積極的な3PL事業者との連携が重要であること。
⑩　コスト削減には、働き方改革の視点から、DX等を積極的に活用して、物流・労働の生産性の効率化と持続性を図ること。
⑪　積極的に情報収集活動を行うこと。
⑫　CS（顧客満足）だけでなく、FS（従業員満足）も図ることが重要であること。
⑬物流コストは目先の直接物流費だけでなく、商品の陳腐化率、金利、輸送時間、在庫期間なども加味して考えること。

2.5　スマイルカーブにみる物流の位置付け

　台湾のEMS（Electronics Manufacturing Service）メーカーであるエイサーの創業者であるスタン・シーは、製造業（パソコン業界）のVCについてスマイルカーブを使って説明している[6]。

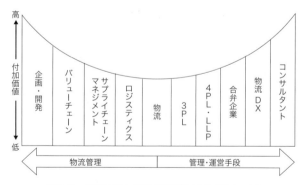

図2-2　物流管理と手段に関するスマイルカーブ

---

[6]　スタン・シーは、スマイルカーブの縦軸を付加価値、横軸をVCにして、量産（OEM生産）を基準（最も付加価値が低い）にして、川上から川下に向かって、研究・企画・開発⇒素材・備生産⇒加工・組立（モジュール）⇒量産（OEM生産）⇒販売⇒アフターサービスの付加価値の関係について説明している。ちなみに、VCとは、「価値の供給連鎖」のことである。

そこで、ここでは、物流システムの領域とこれらを管理・運営手段との関係を「物流版スマイルカーブ」を使って説明する（図2-2参照）。
　物流システムの活動領域が物流⇒ロジスティクス⇒SCロジスティクス⇒SCM⇒VCへと発展する一方、その管理・運営手段も物流⇒3PL⇒4PL（Fourth Party Logistics）・LLP（Lead Logistics Provider）[7]⇒合弁企業の設立⇒物流DXへと発展していくにつれ付加価値も高まっていく（3PL、4PL・LLPについては、第9章参照）。
　スマイルカーブでは、活動領域および管理・手段の両分野で最も価値が低い「物流」を起点にして、川上を物流領域、川下は物流管理・運営手段としている。
　物流領域と管理・運営の両分野で最も活動領域が狭く、管理・運営も比較的容易であることから、最も付加価値が低いのが「物流」である。なぜなら、輸送機器や保管施設を有してさえいれば、誰でも容易に参入可能だからである。また、川上・川下の両分野で付加価値が最も高いのは、システム構築および管理・運営に際して、豊富な経験とノウハウが求められる「企画・開発」と「コンサルタント」である。

2.6　海上コンテナがグローバル・ロジスティクスに与えた影響

　四方が海に囲まれているわが国発着の輸出入貨物の輸送方法は、「海上または航空輸送」に限られているが、貨物輸送量の99.7％が海上輸送で、航空輸送はわずか0.3％に過ぎない。ただし、貿易額でみると、海上輸送は70～75％、航空輸送は25～30％で、俗に軽薄短小で高価品が航空輸送されていることがわかる。また、国土交通省によると、2020年の海上貨物のコンテナ化率は、輸出36.2％、輸入18.1％である。この数字をみると、日本発着貨物の多くは、タンカーや自動車専用船、鉄鉱石船などの専用船で輸出入がなされていることがわかる。
　市場の成熟化による顧客の多様化とプロダクトライフサイクルの短小化、企業のグローバル化による競争が激化するなかで、荷主企業がグローバル・ロジスティクス（国際物流）やグローバル・サプライチェーンに求めていることは、「受注・調達・生産・市場投入（販売）までのリードタイムの短縮」と「コス

---

[7]　"3PL"という用語は、米国のコンサルタント会社の登録商標であることから、欧州等では"LLP"を使っている。3PLと4PL・LLPの違いは、3PLは3PL事業者＋実物流事業者であるのに対し、4PL・LLPでは、4PL・LLP事業者＋実物流事業者・3PL事業者の組み合わせとなっていることである。

トの削減」、「安全かつ円滑な国際物流の構築」である。だが、この国際物流を急速に発展させた大きな要因のひとつが「コンテナリゼーションの開発」である。ちなみに、コンテナリゼーションとは、「コンテナと称するスチール製の容器に、形や大きさの異なる貨物を収納して、そのままの状態で貨物を輸送する方法のこと」である。

さらに、コンテナを海上輸送する専用船がコンテナ船で、1960年代後半から1970年代にかけてのわずか十数年の間に、世界の定期船航路が瞬く間にコンテナ化されていった。また、在来船（時速13～15ノット[8]）と比べて、コンテナ船の速度は23～25ノットと速かったことから、横浜からロサンゼルスまでの航海日数はわずか9日（在来船は14日）であった。なお、コンテナリゼーションのメリットは以下のとおりである。

① ガントリークレーンによる本船荷役は、風雨に関係ないため、定曜日の入出港（Weekly Service）が可能となり、滞船時間が大幅に短縮されたこと。その結果、在庫量（および在庫金利）が削減された。
② 海・陸複合一貫輸送を利用したドア・トゥ・ドア一貫輸送によるコスト削減。
③ 貨物をコンテナに収納して、ドア・トゥ・ドア一貫輸送することでの個々の貨物梱包、保管、荷役、輸送費等の削減。
④ 輸送途上でのハンドリング回数が減少したことでの貨物損傷、破損および盗難の減少（ひいては貨物保険料の削減）。
⑤ 輸送途上での温・湿度、荷姿等を考慮し、貨物に応じたコンテナを利用することでの最適・良好な貨物状態を保持したままの最終仕向地までの輸送。
⑥ 税関等への書類手続きの簡素化および費用の削減。
⑦ 越境時の通関手続きや貨物検査の簡素化。
⑧ 海上運賃の総体的な低減化。

つまり、今日円滑・安全かつ合理的な国際物流を支えている背景には、安定した本船の定曜日サービスの確立、および本船が高速化され輸送日数が大幅に短縮されたために物流コストが削減されたことがある。コンテナリゼーションの普及に伴い、国際複合輸送が発展したことで原材料や製品などの在庫量、倉

---

[8] 1ノットは1.852km

2.7 海上コンテナの定義

コンテナ船　　　　　　カーゴフレイター　747-400

ガントリークレーン　　　コンテナを載せたトレーラー

図 2-3　コンテナリゼーションにかかわる輸送手段と荷役機器

庫保管料、在庫金利、陳腐化率等も軽減されたのである。

ちなみに、迅速・適確、かつ低廉な費用による円滑な物流とは、必要な時に、必要な物を、必要な数だけ提供する、いわゆるJITへ対応することで、コンテナリゼーションの発達によって、安定したグローバルな物流の構築が容易になった、といえよう。

また、コンテナリゼーションが画期的に発展した要因としては、コンテナ・ディメンションがISO（International Organization for Standardization）によって国際標準化されたことである。いまでは、コストを削減する手段とのひとつとして、梱包規格をコンテナ規格に合わせるなど、製品の企画・設計段階にまで国際標準化が影響を与えている。

たとえば、パソコン業界の事例として、コンテナ・ディメンションに合わせて製品梱包を10%縮小したところ、コンテナの積載率がアップしたことで、海上運賃や保管料、輸入関税などが削減され、総額で物流費が33%削減されたとの報告もある。

2.7　海上コンテナの定義

ISOによる海上コンテナの定義は以下のとおりである。
① 長期間反復使用に耐えうる十分な強度を有していること。

② 輸送途中で、内部の貨物の詰替えをしなくても、各輸送モード（鉄道・船舶・トラックなど）に跨がって輸送できるように特別に設計されていること。
③ ひとつの輸送モードから、他の輸送モードへの積替えを容易にする装置を備えていること。
④ 貨物の詰込み（バンニングまたはバン詰め）、および取出し（デバンニングまたはバン出し）が容易であるように設計されていること。
⑤ コンテナの内容積が $1m^3$ 以上であること。

なお、コンテナを牽引する輸送車両であるトラクター（ヘッド）はコンテナには含まれないが、コンテナを乗せて輸送するシャーシ（トレーラー）はコンテナの一部とみなされている。また、実務界では、「コンテナ」と「バン」を同意語として使っている。「バン」は米国で、「コンテナ」は欧州で使われている用語である。

2.8 海上コンテナの種類とディメンション

海上コンテナ輸送では、貨物の性質・種類・形状、輸送途上の温・湿度の変化、コンテナからへの貨物の詰込み・取出しといった荷役の便宜を考慮して、さまざまな種類のコンテナが用意されている。その代表的なドライコンテナと冷凍コンテナとそのディメンションについて説明する（コンテナに関する詳細は第3章を参照）。

（1）ドライコンテナ（Dry Container）

ドライコンテナは、温・湿度の調節を必要としない常温貨物を対象にしたコンテナで、現在、ISOが認証している20フィートコンテナ（重量貨物が対象）と40フィートコンテナ（一般貨物が最も普及しているコンテナ）がある。

一般的なドライコンテナの材質はスチール製で、大半は中国で生産されている。同コンテナの標準ディメンションは下記表2-2のとおりである。

また、ISOは2005年に45フィートコンテナ（ロングドライコンテナ）も新たに標準規格に追加認証している。ちなみに、45フィートコンテナの標準ディメンションは、H：9ft6inch×W：8ft×L：45ft（積載可能容量 $85.6m^3$、Gross Weight30,480kgs）となっている。

したがって、45フィートコンテナは、40フィートコンテナ（H：8ft6inch）

の1.27倍、ハイキューブコンテナ（H：9ft6inch）の1.12倍の貨物の積載が可能である。ただし、わが国では、宮城県（2011年3月）と宮崎県（2013年3月）がそれぞれ「45フィートコンテナ物流特区」に、三重県が2013年7月に「み

表2-1　貨物別のコンテナ使用事例

貨　　物	使用コンテナ
雑　　貨 精良貨物 自動車 高価貨物 危険物	Dry Container
裸貨物	Dry Container（Inner Bag 使用）
重量貨物	Open top Container Flat Bet Container
腐敗性貨物 冷凍・冷蔵貨物 花卉・果物・植物	Reefer Container
ばら積み貨物	Bulk Container
繊維製品	Hangar Container
液体貨物	Tank Container（SOCが多い）

（出所：筆者作成）

表2-2　スチール製ドライコンテナの標準ディメンション

		20ft (8'6" Hight)	40ft (8'6" Hight)	40ft High Cube (9'6" Hight)
外法寸法	長さ	6,058mm	12,192mm	12,192mm
	幅	2,438mm	2,438mm	2,438mm
	高さ	2,591mm	2,591mm	2,896mm
内法寸法	長さ	5,899mm	12,033mm	12,033mm
	幅	2,352mm	2,352mm	2,352mm
	高さ	2,386mm	2,386mm	2,691mm
内容量		33.1m^3	67.5m^3	76.2m^3
扉開口寸法	幅	2,340mm	2,340mm	2,340mm
	高さ	2,272mm	2,272mm	2,577mm
自重 (Tare Weight)		2,200kgs	3,740kgs	3,920kgs
最大積荷重量 (Pay Load)		21,780kgs	26,740kgs	26,560kgs
最大総重量 (Gross Weight)		24,000kgs	30,480kgs	30,480kgs

（注）上記ディメンションは標準値であり、コンテナによって数cmの違いがある。

えグリーン物流産業振興特区」に認定されており、特例として45フィートコンテナの国内走行が可能になっているが、それ以外の地域は、道路交通法の関係から原則走行できない。

（2）冷凍コンテナ（Reefer Container）
　冷凍コンテナとは、高い断熱性をもち、冷凍ユニットが内蔵されている特殊コンテナで、－30℃～＋30℃（コンテナによって異なる）範囲での温度調節が可能である。また、業界によって定義が異なるために、確たる区分はないが、通常－20℃以下をフローズン（冷凍）貨物、－5℃～5℃をチルド（冷蔵）貨物トン（t）と称しているようである（10℃以下を冷蔵とよぶ業界もある）。
　冷凍・冷蔵対象貨物は、肉、野菜、果実、魚介類などの生鮮食品、花卉、薬品、化学品など多岐にわたっており、高級アイスクリーム輸送用の－35℃、冷凍マグロ輸送用の－60℃まで温度調節ができるコンテナもある。
　さらに、CA（Controlled Atmosphere）コンテナは、コンテナ内の温度の0.1℃単位での調節が可能な一方、コンテナ内の空気組成をセンサーで低酸素・高二酸化炭素状態に人工的にコントロールする。これにより、輸送中の青果物などの呼吸、成長、成熟作用を低下させ、冬眠状態にして、低温輸送することで品質劣化のスピードを遅らせて乾燥を防ぎ、長期間鮮度を保持でき、通常の冷凍コンテナの場合よりも長距離輸送が可能となった。
　さらに、高電圧によってコンテナ内に殺菌効果のあるオゾンを発生させることで、カビの発生を抑制させ、放電時の振動で凍結させずに、－2℃まで冷却、凍結による劣化を防止して、鮮度を保持しながら輸送できるコンテナもある。
　なお、冷凍コンテナの標準ディメンションは表2-3のとおりである。

2.9　国際物流と国内物流の違い

国際物流と国内物流の違いは以下のとおりである。
① 　国際物流と国内物流の最大の違いは「輸出入通関の有無」である。
② 　国際物流では、貿易実務、海上・航空輸送、海外の物流事情、相手国の社会インフラ・通関事情、FTA・EPA、商習慣、語学力などの幅広い知識が必要である。
③ 　国内輸送ではトラック輸送を中心にして鉄道・内航船が主に使われるが、わが国発着の国際輸送はコンテナ船と航空輸送である。

表 2-3　スチール製冷凍コンテナの標準ディメンション

		20ft (8'6" Hight)	40ft (8'6" Hight)	40ft High Cube (9'6" Hight)
外法寸法	長さ	6,058mm	12,192mm	12,192mm
	幅	2,438mm	2,438mm	2,438mm
	高さ	2,591mm	2,591mm	2,896mm
内法寸法	長さ	5,486mm	11,565mm	11,669mm
	幅	2,270mm	2,264mm	2,286mm
	高さ	2,234mm	2,204mm	2,508mm
内容量		27.8m^3	57.7m^3	66.9m^3
扉開口寸法	幅	2,270mm	2,258mm	2,286mm
	高さ	2,198mm	2,168mm	2,437mm
自重 (Tare Weight)		2,750kgs	4,100kgs	4,600kgs
最大積荷重量 (Pay Load)		21,250kgs	26,380kgs	25,880kgs
最大総重量 (Gross Weight)		24,000kgs	30,480kgs	30,480kgs

(注1) 上記ディメンションは標準であり、コンテナによって数 cm の違いがある。
(注2) 温度は通常＋25℃〜－25℃（コンテナによって異なる）で、設定は可能である。
(注3) コンテナの種類については、第3章海上輸送 3.1.3 コンテナを参照されたい。

④　国内輸送では、1〜3日あれば、日本全国どこでも輸配送可能だが、国際輸送では、通関を含めて、最短でも3〜7日かかる。

⑤　多国間に跨って展開される国際物流では、国ごとに言語、法制度、商慣習、ネット環境等が異なるため、より複雑で高いレベルのノウハウが求められる。

物流の構成要素である輸送と情報システムを除けば、保管、荷役、流通加工、梱包について、底流にある基本的な考え方は、国内物流と国際物流とで遜色はないといえよう。

2.10　CLO とロジスティクスの将来

本章では、物流からロジスティクス、SCM、SC に至るまでのポイントを体系的に説明してきた。さらに、国際物流を考えるうえでの基本であるコンテナリゼーションについても説明した。

ところで、ロジスティクスの起点は「物流」である一方、SCM はマーケティングを起点にしている。いずれも調達・生産・販売・物流（PSI）を一体化させて、売上・利益の最大化を目指すもので、「物流活動」がキーワードになっ

ている。物流活動の目的は、「コスト削減」、「リードタイムの短縮」および「円滑な物流の構築」である。

　日常の業務や報道等のなかで、「物流、ロジスティクス、SCM が同意語として使われている」と記したが、これらの本来の語意の違いさえ正しく理解していれば、その後の使い方はもちろん自由である。しかし、本来の語意とその発展過程、違いを考えると、荷主企業は「ロジスティクスまたは SCM」、物流事業者は「物流」という用語を使用するのが妥当であると考える。

　さらに、最近、働き方改革の視点から提唱されているのが、「持続的な物流（労働）生産性の向上と効率化」によるコスト削減である。また、トラックやコンテナの積載効率の向上を図るための梱包の縮小や規格化、パレットの標準化、コンテナラウンドユース、コンテナヤード（CY）や倉庫・配送センターでの待機時間を低減するための IT による経済的価値を付加することが結果としてコスト削減につながってくる。また、円滑な物流を構築するためには、強靭な SCM を構築することが必要である。

　さらに、国土交通省は、物流の生産性と効率性を高めるために改訂物流総合効率化法（物効法）案を 2024 年 2 月 13 日に閣議決定して、特定荷主企業 3,000 社に CLO（Chief Logistics Officer）の設置を義務付けようとしている（2024 年 3 月末現在）。

　CLO とは、企業経営者の立場から経営戦略に基づいて、ロジスティクスと物流システムおよび物流資源などを一元的に垂直統合管理する最高責任者のことである。

　欧米では CLO の概念はすでに定着しているが、わが国においては残念ながら、企業アンケートをみると、CLO を単に「物流部長」と考えている企業が多いようである。

　今後ますますグローバル化する日本の企業が、世界の企業に負けない国際競争力を強化していくためにも、従来の生産・販売部門だけを重視するのではなく、CLO によるロジスティクスとマーケティングの統合管理が重要になってこよう。

　最後に、これからの企業の優劣を決める重要な要因として、「優れたロジスティクスや SCM の確立」とそれを支える「高度な物流システムの確立」が不可欠である、と記しておきたい。

第3章　海上輸送

3.1　海上輸送の概要

3.1.1　なぜ船を使うのか

海運、すなわち海上輸送とは、船舶を利用した貨物輸送をいう。海上輸送は、航空輸送に比べ速度こそ遅いものの、スケジュール通りに航海が完了して、予告された日時に貨物が到着するのであれば、実務上問題はない。だから、一度に大量の貨物を廉価に輸送することが可能であるがために利用される輸送手段である。

日本では幸か不幸か、外国との国境線が陸地には一切存在せず、すべての国境線が「海に引かれている」。だから、「貿易にて船を使うのは海を越える以上、やむを得ないから」と誤解している向きがあるが、それは間違いである。海外では、地続きの2地点を結ぶ輸送であってさえも、船の輸送特性を享受したいために、人工的に開削した運河や内陸河川にて船を利用する事例は少なくない。

3.1.2　用船による輸送と個品運送、船の種類

「一度に大量の貨物を廉価に輸送する」という船のもつ優位性を考えれば、一人の荷主が、船を丸ごと1隻借り切る形態の輸送（用船、チャーター）が合理的である。エネルギー資源（原油・液化天然ガス・石炭）・鉱物資源（鉄鉱石）や穀物（小麦・とうもろこし・大豆）、石油製品、あるいは各種の液状貨物といったものの輸送は、用船による輸送がもっぱら行われており、海運貨物の量としても大部分を占める。そういう貨物を輸送する船は、ばら積み貨物船（バルカー）、各種タンカー（原油・石油製品・ケ

図3-1　パナマ運河を通航するコンテナ船[1]
（出所：Ocean Network Express）

---

[1] https://www.facebook.com/photo/?fbid=1442076132963837&set=pcb.1442076162963834

ミカル・液化天然ガス・液化石油ガス）といった形で、貨物の姿に合わせて多様に発展した各種の専用船と化している。

　しかしながら、一般消費財・工業製品（およびその部品・資材・部材・中間製品。ただし石油製品・完成自動車を除く）は、その取引ロットは、資源や穀物類と異なりとても小さい。ゆえに、1種類の貨物だけで船を満船にするといえば、極めて小型の船でなければ、そのようなことはできない。また、一般消費財や工業製品の類は、その荷姿も千差万別である。だから、国際海上コンテナという、「形状が国際標準化された容器」に貨物を収納して海上輸送をする。船会社が集貨（＝荷主への営業）の努力をして、大きな船を満船にして、大きな船としてのスケールメリットを実現させて低廉な運賃を実現するのである[2]。

　その場合、コンテナ船は、ひとつの船におびただしい数の荷主の貨物が相乗りされる船となる。そのような輸送形態を（用船による輸送との対比で）個品運送という。

　用船の場合は、荷主が占有支配する企業岸壁に、荷主の指定した時間に船が吸い寄せられる。他方、個品運送の場合は、船会社が占有している埠頭に、船会社の指定した日時に合わせて、貨物の方が吸い寄せられるという違いがある。

　ところで、自動車船は、船舶工学上は「専用船」であるのだが、海上運送の商業実務では、個品運送の枠組みで貨物輸送が運送人（船会社）に引き受けられている。それは、まだコンテナ船が生まれる前は、自動車は定期船（在来船）で運ばれていて、自動車船は定期船（在来船）に対する臨時船として仕立てられたという経緯があるからである。

　ゆえに、自動車船は、自動車組立メーカー1社が1隻の自動車船全部に、自社で製造した完成車（新車）を船会社に積ませるときに、寄港地や入出港の日時を船会社に調整させるといった実務が多々みられる。それにもかかわらず、自動車船の船隊整備については、あくまでも船会社の自己の計算でなされるのであって、自動車組立メーカーは、長期の積荷保証をするということはない。具体的にどの船を配船するか、ということについても、船会社の裁量に委ねられていて、個々の船が、特定の自動車組立メーカーに契約によって紐付けされているわけではない。

---

[2]　国土交通省海事局『数字で見る海事2023』の図表1－20からは、2022年平均の邦船社（外航・全世界）の平均運賃はkg当たり16円と計算できる。他方、ANAホールディングスは、決算説明資料にて同じ2022年平均の国際航空貨物の運賃は、kg当たり382円と発表している。

3.1.3 コンテナ
(1) コンテナの規格

外航海運で用いられる国際海上コンテナは、その規格が国際標準化されている。船会社がどこの国の会社であれ、コンテナ船に搭載するコンテナは、船会社によってカラーリングが異なることはあっても、大きさ（大小の種類はある）や、荷役機器（クレーンなど）が「つかむ箇所」は、どれもこれも同じである。だから、世界中どこの港でも、港のクレーンがコンテナをスムーズに揚げ積みできるし、トラックや鉄道貨車への積み替えもスムーズにできる。

さて、その国際標準化されているコンテナの寸法（外のり）[3]であるが、コンテナの横幅の長さはすべて8フィート6インチ（2.5908m）となっている。また、コンテナの奥行きの長さは、大別2種類で、20フィート（6.096m）と40フィート（12.192m）に分かれる[4]。最近の貿易実務では、40フィートのコンテナが志向されるようになっており、徐々に20フィートのコンテナは用いられなくなりつつある。

コンテナ船の輸送能力を示す単位として、20フィートのコンテナに換算して何個積めるか、という意味でTEU（Twenty-foot Equivalent Unit、ただしフルでよぶことはほとんどない）という単位を海事・貿易関係者は用いる[5]。

コンテナの高さについては、奥行き20フィートのコンテナが8フィート6インチ（2.5908m）のみ、奥行き40フィートのコンテナは、高さが8フィート6インチと、9フィート6インチ（2.8956m）の2種類ある。後者は「ハイキューブ」のコンテナとよび分けられる。ハイキューブコンテナは、貨物の積載量が多くなるが、日本国内の道路では通行できない箇所が多く存在することには注意すべきである。

(2) コンテナの種類

コンテナは、よく使われるタイプのものとして、ドライコンテナ、リーファー

---

[3] 内のりや積載可能な重量については、個々のコンテナで微妙に違うので、必要に応じて船会社に確認することが望ましい。

[4] 少数であるが、奥行き45フィートのコンテナが、ドライコンテナに限って存在（俗に「ロングドライ」コンテナとよぶ）し、日本を除くアジア諸国と北米で利用されている。

[5] 一般のメディアでは、コンテナ××個積み、といった表現を好み、TEUという言葉を使わない。なお40フィートコンテナを基準としたFEU（Forty-foot Equivalent Unit）という単位もあるにはあるが、こちらは、コンテナ運賃について、たとえばFEU当たりいくらか、といった使い方しかなされていない。

コンテナ（冷凍コンテナ）がある。その他に、運用されている数としては「とても少ない」特殊コンテナとして、オープントップコンテナ・フラットラックコンテナ・タンクコンテナ[6]が存在する（図3-2、3-3）。

（3）コンテナ船

　今日のコンテナ船は、もっぱらコンテナのみを積む船（フルコンテナ船）がほとんどとなった[11]。コンテナ船は一般的には荷役機器を船に具備していない。コンテナの揚げ積みは、港に用意されているクレーンに委ねるのである。しかし、わずかながら荷役機器をもつコンテナ船も存在しないわけではないが、実務上は無視してよい。

図3-2　ドライコンテナ（左）とリーファーコンテナ（中）[7] オープントップコンテナ[8]（右）
（出所：左・中 SITC、右 ©北九州市港湾空港局）

図3-3　ブレークバルク貨物輸送[9]（左）とフラットラックコンテナ（中）、タンクコンテナ[10]（右）
（出所：左 Ocean Network Express、右 郵船商事）

---

[6]　タンクコンテナは、船会社が用意するコンテナはあまり多くなく、荷主が自分で所有するかリースするかして確保していて、貨物ももっぱら同一種類の貨物を積み込むといった運用がなされていることがほとんどである。

[7]　https://sitc.co.jp/vessel/container

[8]　https://kitaqport.jp/jap/photo/index4.html

[9]　https://www.facebook.com/photo/?fbid=624373273058390&set=pcb.624373329725051

[10]　https://www.nyk-trading.com/business/distribution_materials/

[11]　今から30年くらい前までは、港湾整備が進んでいない開発途上国向けに、一般貨物とともにコンテナも積むことが可能な在来船が存在し、コンテナしか積まないコンテナ船に対し、セミコンテナ船とよび分けていた。いまではセミコンテナ船という言葉はほとんど使われてない。

コンテナ自体は、コンテナ船以外の船、たとえばRORO船などにも搭載が可能である。また多目的船と称するクレーンを搭載した船も少数存在し、これは、RORO貨物・コンテナ貨物も搭載できる。

むしろ、コンテナ船のなかでの種類について知識を増やすならば、船型（輸送能力）と配船される海域との関係についてであろう。

① 約1,000TEU型（ジャパンマックス）[12]

この船型より大きくなると、多くの日本の港に入出港する際、水先人を載せることを強制される。これを避けるために日中航路などのアジア域内航路にて、この船型が用いられる。

② 約1,800TEU型（バンコクマックス）

全長172 m、幅28.4 mのサイズでタイのバンコク港に入港できる最大船型である[13]。ゆえにアジア域内航路で使われるサイズである。

③ 約5,000～8,000TEU型

2016（平成28）年6月にパナマ運河が拡幅されるまでは、このあたりの船型が、拡幅される前のパナマ運河を通航できる最大船型であった。本書執筆時点では、隻数こそ多いものの、急速に経済的な陳腐化が進んでいる船型でもある。

なお、現時点では5,000TEUクラスの船が、アジア域内でも貨物量が多く港湾の制限もない北東アジアとシンガポールを結ぶような区間に投入されていることがある。アジア域内の「現時点での」事実上の最大船型といえよう。

④ 1万4,000TEU型

現時点でパナマ運河を通航できる最大船型である。ゆえに、アジア～北米東岸航路など、主にパナマ運河を通航する航路に用いられる。また、比較的長距離の南北航路（北半球の先進国と南半球の諸国を結ぶ航路）に用いられることも少なくない。

1万4,000TEUを超えた船は、基本的にアジア～欧州航路か、アジア～北米西岸航路に配船される。なお、本書執筆時点での最大船型は2万4,000TEU型である（図3-4）。

---

[12] 旭洋造船株式会社（山口県下関市）が得意とする船型である。

[13] 常石造船株式会社（広島県福山市）には、フィリピンのセブ島における関係会社の造船所にて、この全長と喫水を維持しながら1,900TEUの積載を可能とするコンテナ船の建造実績がある[1)]。

図 3-4　ONE Innovation 24,000TEU 型のコンテナ船 [14]
（出所：Ocean Network Express）

（4）在来船と RORO 輸送

　コンテナに収まらない「長い」（長尺）、「大きい」「重い」（重量物）貨物については、在来船や「フラットラックコンテナ」を用いたブレークバルク貨物としてコンテナ船に船積みする、と考える向きが少なくないだろう。

　しかしながら、在来貨物船で、いまでも輸送される貨物は、アジア近海向けの鉄鋼製品（そのような輸送に供される在来船を「近海船」とよぶ）（図3-5）くらいである。

　在来船は、世界的には重量物船（図3-6）として独自の進化を遂げ、各種プラント類や、海洋石油ガス開発のための巨大構造物、洋上風力発電のブレード

図 3-5　近海船と鉄鋼製品 [15]
（出所：川崎近海汽船）

---

[14] https://www.facebook.com/photo?fbid=635261031969614&set=pcb.635261141969603

[15] https://www.kawakin.co.jp/service/overseas/

図 3-6　重量物船

やタワーといった極めて長尺にして、重量のとても重い貨物を運ぶ船に化けている。

なお、普通の定期船（在来船）で運んでいたような長い・大きい・重い貨物については、自動車船（RORO 船）で海上輸送するという手段があることを、本書では強調したい。自動車船（RORO 船）は、自動車・建設機械・農業機械といった自走できる車輪付きの貨物、またはトレーラーのシャーシ（およびシャーシに搭載された貨物）のみしか積み込むことができないように思われがちだが、実際にはマーフィートレーラーを用いて積み付けることが可能である。これにより、工作機械や鉄道車両などが自動車船（RORO 船）にて輸送されている。

3.2　海上輸送の仕組み

3.2.1　コンテナ輸送と RORO 輸送

ここでは、「用船」（チャーター）、すなわち船を丸ごと 1 隻借り切る形の輸送ではなく、個品輸送であるコンテナ輸送と RORO 輸送について説明する[16]。

（1）コンテナ輸送

コンテナ船による貨物輸送は、荷主（荷送人）が、自らコンテナを所有する（あるいはリースする）ことがない限り、荷送人が、コンテナを手配するところから始まる。以下にその手順を示す。

① 荷送人が船会社からコンテナを借り、船会社の支配する小型の配送拠点

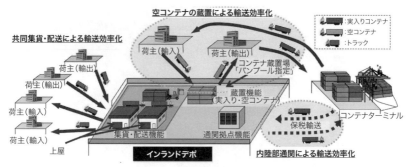

図3-7 コンテナ輸送の概念図
(出所：国土交通省)

「デポ」(バンプール)にトレーラーを雇って空のコンテナを引き取りに行く。

② 荷送人は、コンテナに貨物を搭載(バンニング)して扉を封印し、実入り(貨物が搭載された)となったコンテナを、船会社の指定するコンテナヤード(CY)[17]に、荷送人が手配したトレーラーで搬入する。

③ コンテナヤードを運営するターミナルオペレーターは、荷送人から受けとった実入りコンテナを本船が着桟するまでヤード内に保管し、本船が到着すると、順次、実入りコンテナを積み込む。

④ 船が、コンテナ貨物の揚げ港に到着すると、その港のターミナルオペレーターは、船が運んできた実入りコンテナを陸揚げし、荷受人が引き取りにくるまでヤード内に保管する。

⑤ 荷受人は、トレーラーを用車して、実入りコンテナをコンテナヤードから搬出する。

⑥ コンテナから輸入貨物を取り出して(デバンニング)、空になったコンテナを運送人に返却する(船会社の指定するデポに搬入する)。

---

[16] しかし、海運貨物の量・船会社にとっての商売の重要性という意味では、用船―ばら積み貨物船の乾貨物や各種タンカーによる液体貨物のばら積み輸送の方がはるかに大きい存在であるということは、読者の頭の片隅にでも入れておいて欲しい。

[17] ひとつのコンテナを満載できない小口の貨物(LCL貨物)については、他の小口の貨物と混載することにより、1本のコンテナを満載にする(＝FCL貨物に仕立てる)。かつては、船会社が混載作業を自ら行っており、そのような作業場所をコンテナフレイトステーション(CFS)とよび、船会社の占有するCYの近隣に存在していた。今日では、そのようなLCL貨物を船会社が直接引き受けることは極めて少ない。船会社ではないフレイト・フォワーダーや、混載業者が引き受けている。ゆえにCFSの運営も船会社ではなくフレイト・フォワーダーや混載業者が引き受けている。

（2）RORO 船

　自動車船の出現以前、定期船がコンテナ化される前の 1965 〜 1970 年頃までは、自動車は定期船貨物として、定期船で運ばれていた（図3-8 左）。自動車船で運搬するようになった現在でも、貨物の揚げ積みは船会社が手配し（総積み・総揚げ）、運賃はバースターム（揚げ積み代込み）となっている（図3-8 右）。

　もっとも、自動車の船積みが行われるターミナルは、必ずしも公共の岸壁とは限らず、自動車会社の企業岸壁となっている場合もある。

　船会社は、1980 年代から、背高車やトラック、バスなどを運べるように、自動車船の船内に何段もある甲板を昇降できるようにしたり（リフタブルデッ

図 3-8　在来船での自動車輸送 [18]（左）と自動車船で鉄道車両を輸送する様子 [19]（右）
（出所：左 © 商船三井、右 川崎汽船）

図 3-9　岸壁に停泊する自動車船
（出所：名古屋港管理組合）

---

[18] https://www.mol-service.com/ja/blog/auto_carrier_express

[19] https://www.kline.co.jp/ja/service/car/about.html

キ）、船に自動車が自走して入る「ランプ」（連結路）の強度を強くして、建設機械などの重車両も積み込みを可能にしたりなどしていった。こうして自動車船は、結果として長尺や重量の重い貨物を積み取ることが可能となり、船会社によっては、非自動車貨物の積み取りも積極的に引き受けるようになった。

3.2.2 運　　賃

　昨今では、コンテナ船による貨物輸送も、市場原理に基づいた運賃で引き受けられることが当たり前となっている。市場原理に基づくとは、船腹の需要（荷動き量）と供給（船腹の供給量）で、船の運賃が基本的[20]に決まり、運賃が常に変動するということである[21]。

　ある航路で荷動き量を超えて船腹供給がなされ、運賃が下落すると、必ず別の航路の運賃にも影響を与える。他の航路で船腹が余剰となった場合は、船会社は、荷動きの多い「別の航路」に船を配船変えするからである。逆に、荷動き量に対して船腹量が不足し、運賃が上昇している航路には、別の航路で就航していた船が配船されてくる[22]。要するに、航路ごとの荷況の変化に応じて、船は航路を越えて、融通無碍に融通（＝配船）されるのである[23]。

　仮に全世界的に船が余剰ということになれば、最近の船会社では、割と簡単に船を係船して需給調整をするようになっている[24]。

　コンテナ運賃の変動に対しては、荷送人は、一定の船積み貨物量との引換に、

---

[20] コンテナ船の場合は、船の需給のみならず、コンテナの需給も運賃に作用することがある。輸出の荷主（荷送人）へ供給されるコンテナの圧倒的多数は、輸入の荷主（荷受人）から運送人（船会社）へ返却された空コンテナであることがほとんどであるから、どこかの港で船会社への空コンテナの返却が遅れるような事象が大規模に生じると、荷送人へのコンテナ供給が困難になることがある（2021年から2022年にかけての世界的なコンテナ運賃の高騰は、米国内でのトラック運転手や港湾労働者の不足－新型コロナ感染症の蔓延が、影響していた）。

[21] コンテナ船の運賃（過去から現在までの推移）については、日本海事センターのウェブサイトにおける「海上荷動きの動向一覧」の「コンテナ運賃動向」[2)]にて公開されている。

[22] このように航路を越えて、船会社が自由自在に配船調整を行えるようになったのは、各航路に盤踞していた運賃カルテル（同盟）が消滅したからである。古い貿易実務の本には、定期船の各航路に同盟が存在していること、同盟の簡単な仕組みなどが説明されているが、これらの記述は完全に過去のものになっているので、参照してはならない。

[23] 船会社では、あるコンテナ航路に新たに大型船を投入した場合、それまで利用していたコンテナ船（相対的に小型となった）を別の航路に転じることを「カスケードダウン」とよんでいる。

[24] コンテナ船の全世界での係船量（隻数・輸送能力）は、月に2度、フランスの海事シンクタンクアルファライナーが発表しており、日本の海事メディア（たとえば、『海事プレス』）が確実に報道しているので、その係船量の推移を注視していると、先々のコンテナ運賃が下がるのか、上がるのか、が予測できる。

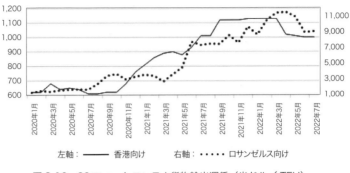

図3-10　20フィートコンテナ貨物輸出運賃（米ドル／TEU）
（出所：日本海事センター）

船会社と長期契約（半年、1年、複数年契約など）を結ぶこと（＝実物の先物取引を行うこと）によってリスクを回避することが可能である[25]。2021年から2022年にかけて北米の港湾で大量の滞貨が発生したことで、北米航路の運賃は暴騰したが、それはアジア域内航路の運賃にも波及した（図3-10）。

3.3　船荷証券と海上運送状（電子化を含む）

運送人は、荷送人の請求に応じて各種運送書類を発行する。近年では書類の電子化もはじまっている。以下詳述する。

3.3.1　船荷証券

運送人が、荷送人の請求に応じて発行する船荷証券（B/L：Bill of Lading）は、さまざまな機能と意味をもつが、各国の法制にて「有価証券」と認められている。有価証券とは、財産的価値のある権利を表彰する証券であって、その権利の移転、行使が証券をもってなされることを要するものをいう。

　船荷証券は伝統的に、荷送人が船荷証券を裏書譲渡することによって、①荷主が貿易金融を享受すること（信用状（L/C：Letter of Credit）とセットで使わ

---

[25] 太古から船腹需給に応じて運賃が変動することが当たり前であった不定期船（ばら積み貨物船）やタンカーの世界では、実物を伴わないペーパー取引での運賃先物取引が広範に普及している。そして先物取引の相場と、現物取引における不定期船・タンカーの運賃市場の相場は、相互に連動するようになっている。そのような不定期船やタンカーのようにペーパーでの先物取引には、信頼できる実物運賃指標（インデックス）が確立することが不可欠である。日本の産業人にはそういう意識は希薄であるが、上海航運交易所におけるコンテナ船運賃のインデックスは、コンテナ船運賃の（ペーパーによる）先物取引という将来の可能性を見据えていると考えられている。

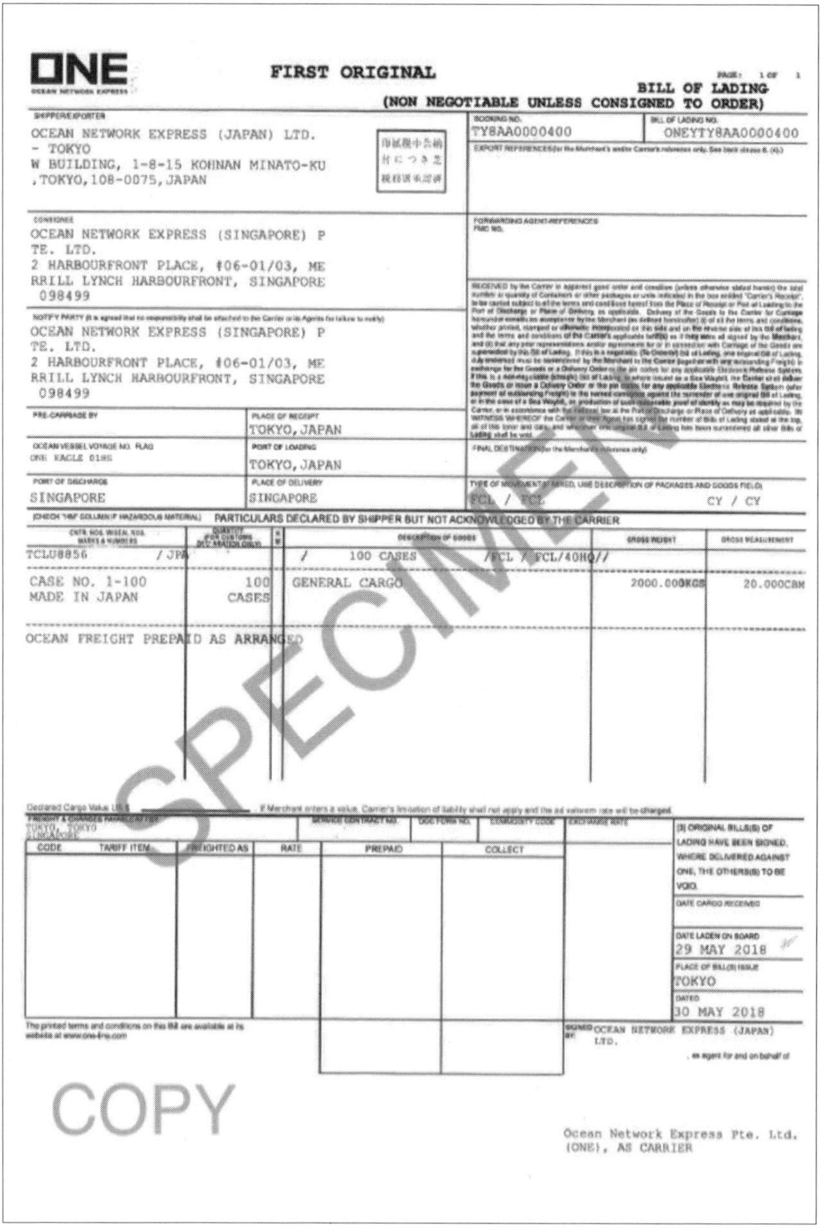

ONE
OCEAN NETWORK EXPRESS

FIRST ORIGINAL

PAGE: 1 OF 1

BILL OF LADING
(NON NEGOTIABLE UNLESS CONSIGNED TO ORDER)

SHIPPER/EXPORTER
OCEAN NETWORK EXPRESS (JAPAN) LTD.
- TOKYO
W BUILDING, 1-8-15 KOHNAN MINATO-KU
,TOKYO,108-0075,JAPAN

BOOKING NO.
TY8AA0000400

BILL OF LADING NO.
ONEYTY8AA0000400

CONSIGNEE
OCEAN NETWORK EXPRESS (SINGAPORE) P
TE. LTD.
2 HARBOURFRONT PLACE, #06-01/03, ME
RRILL LYNCH HARBOURFRONT, SINGAPORE
098499

FORWARDING AGENT-REFERENCES

NOTIFY PARTY
OCEAN NETWORK EXPRESS (SINGAPORE) P
TE. LTD.
2 HARBOURFRONT PLACE, #06-01/03, ME
RRILL LYNCH HARBOURFRONT, SINGAPORE
098499

PRE-CARRIAGE BY

PLACE OF RECEIPT
TOKYO, JAPAN

OCEAN VESSEL VOYAGE NO. FLAG
ONE EAGLE 018S

PORT OF LOADING
TOKYO, JAPAN

FINAL DESTINATION

PORT OF DISCHARGE
SINGAPORE

PLACE OF DELIVERY
SINGAPORE

FCL / FCL CY / CY

PARTICULARS DECLARED BY SHIPPER BUT NOT ACKNOWLEDGED BY THE CARRIER

TCLU8856 / JPA / 100 CASES /FCL / FCL/40HQ//

CASE NO. 1-100
MADE IN JAPAN
100 CASES
GENERAL CARGO
2000.000KGS
20.000CBM

OCEAN FREIGHT PREPAID AS ARRANGED

SPECIMEN

CODE | TARIFF ITEM | FREIGHTED AS | RATE | PREPAID | COLLECT

(3) ORIGINAL BILL(S) OF LADING HAVE BEEN SIGNED, WHERE DELIVERED AGAINST ONE, THE OTHERS(S) TO BE VOID.

DATE CARGO RECEIVED

DATE LADEN ON BOARD
29 MAY 2018

PLACE OF BILL(S) ISSUE
TOKYO

DATED
30 MAY 2018

SIGNED BY: OCEAN NETWORK EXPRESS (JAPAN) LTD.
, as agent for and on behalf of

COPY

Ocean Network Express Pte. Ltd.
(ONE), AS CARRIER

図 3-11 B/L の見本
(出所：Ocean Network Express)

れることによって)、②洋上で貨物を転売することを可能としてきた。荷送人にとっては、こういうことを可能とする道具が必要だから、有価証券としての船荷証券が生成し、荷送人は、運送人に船荷証券の発行を要求するのである。

3.3.2 海上運送状

貿易において、荷送人が貿易金融や信用状の必要性を感じない場合、たとえば、①輸出貨物の代金決済が送金ベースで行われる、②貿易自体が企業内取引である、③継続的な取引で相手先が信頼できる、などといった場合、加えて、貨物の洋上転売が想定できない取引であるのならば、そもそも船荷証券、とりわけ指図式船荷証券を、荷送人は必要としないはずである。

それでも、運送人(船会社)との間で、貨物の運送人による受取証や、運送契約の証拠、あるいは、貨物の引渡しを運送人に要求するといった目的で、荷送人や荷受人が、それでもなお「紙」を必要とするならば、「有価証券ではない運送書類(紙切れ)」を運送人が発行すれば、それで十分(のはず)である。このような「有価証券ではない運送書類」として、運送人(船会社)が発行する運送書類を「海上運送状」(Sea Waybill)とよぶ。

海上運送状という名称は、航空会社が航空運送状を発行していたことにヒントを得て発行されるようになったためである。船会社が航空会社を見習ったのは、近海航路(コンテナ船や国際フェリー・RORO船)では、荷受人の手許に船荷証券が届くよりも、貨物の方が揚げ地に到着することの方が早い、という現象が常態化することが顕著になったからである。

船荷証券が発行されてしまえば、原則どおり、運送人に船荷証券が呈示されない限り、運送人は貨物を荷受人に引渡すわけにはいかない。この船荷証券よりも貨物が早く到着する現象を、貿易実務の学者は「船荷証券の危機」とよんだ。そして、船荷証券よりも貨物が早く到着する場合は、海上運送状を使うべきだと盛んに発信したが、実際のところ、大半の近海航路に関係する実務家は、船荷証券を使い続けながらこの状況に柔軟に対処してきた。とはいえ、後にみると、海上運送状もそれなりに普及したといえる。

有価証券でない書類であれば、その書類に有価証券としての性質を担保する法律の制定を待つ必要はない。当事者同士が納得すれば、当事者間で電子データでのやりとりで済ますことも、問題ないはずである。ところが、日本では商法や国際海上物品運送法などに規定が入っていないと「安心できない」「信用

できない」という実務家がそれなりに存在していた。

とはいえ、2018年に改正（2019年4月1日施行）された商法の「第3編 海商」では、第3章第4節に海上運送状の規定が設けられた。これにより、海上運送状が普及し、その電子化も進むことであろう。

3.3.3 運送書類の電子化

運送書類の電子化は、製鉄原料（鉄鉱石・石炭）を運ぶばら積み貨物船（バルカー）による輸送の実務において普及している。したがって、実務の現状や法務における注意事項は、一般的な実務解説書に委ねる[26]。

本書の読者の関心事項であるコンテナ船の実務においても、すでに電子船荷証券を荷主の請求に応じて提供している船会社（エバーグリーン、ZIM、PIL、ハパックロイド、MSCなど。各種報道による）が存在している。

業界紙の『海事プレス』の報道（2023年2月17日）によれば、2021年時点で全世界において船荷証券は4,500万枚発行されているが、電子化されたものは2.1%であるという。普及率向上の理由は、ブロックチェーン技術の発展により、従来よりも低廉な費用で提供可能となったからである。それゆえ、コンテナ船業界の貿易書類のデジタル化を進める団体、Digital Container Shipping Associationに加盟する9主要船社（MSC、マースク、CMA CGM、ハパックロイド、ONE、エバーグリーン、陽明海運、HMM、ZIM）は、2030（令和12）年に船荷証券を100%電子化するとしている。

3.4 海上輸送に関する国際条約・国内法

海上輸送においては、「海難事故を防ぐ」ことにより、人命・財貨・海洋環境を守るという最終目的をもつ「船の所有者に対する多くのルール」が、国際海事機関（IMO）により条約化され、その締約国が国内法に取り込んでいる。

IMOの諸条約とそれらに基づく各国国内法（公法）は、船主に「海上輸送における船の堪航性を維持させる」という意味で大切な前提となっているが、本節では、運送契約における「荷主」に直接関係する条約・国内法（私法）について極めて簡単に説明する。

---

[26] 松井孝之・黒澤謙一郎（2016）『設問式 船荷証券の実務的解説』成山堂書店[3]。特に、竹谷光成弁護士が執筆した設問7（49～56頁）を参照されたい。

3.4.1 法制への考え方

「市場がきちんと機能している限り」は、政府が商業活動を、法を用いて規制をする必要性・合理性はまったくない[27]。今日の外航海運市場は、その点、教科書どおりの市場原理が貫徹されている。その証拠に需要と供給に応じて、その市場価格（運賃）は、刻一刻と変動している。

本来的には海上輸送は、荷主と船会社、企業（商人）対企業（商人）は、「法学的には」対等の交渉力を有すると考えられるから、自由に交渉して運送契約の内容を双方で定めればよいことである（契約自由の原則）。そして、外航の海上輸送では、日本の内航海運と異なり、荷送人の求めにより、運送書類（多くは船荷証券、一部は海上運送状）を運送人（船会社）が発行することが常である。

船荷証券の表面・裏面に記載される運送契約の約款は、「納得して運送人の示した契約条項を受入れた」荷送人だけでなく、裏書譲渡にて船荷証券を受入れた船荷証券所持人—運送人と運送契約の交渉をしなかった当事者（自分ならそのような内容の運送契約は結ばなかった、と思うかもしれない当事者）さえも、否応なしに拘束する。それゆえに、運送人が船荷証券を発行するのであれば、法をもって約款に規制を盛り込んで、裏書譲渡にて船荷証券を受入れた船荷証券所持人の利害を保護しよう、そうして、船荷証券の裏書譲渡—転々流通するのを促進しようという考えが生じる。それゆえほとんどの国には、船荷証券の約款を「最小限」規制する法制が存在している。

3.4.2 「国内法」と「国際条約による各国法の統一」の必要性

前項で「ほとんどの国には、船荷証券の約款を最小限規制する法制が存在している」と記したが、外航の場合、運送は国境を越え、船荷証券は法域を越えて転々流通する。約款規制が国ごとに違うのは、商売においては面倒に思う人が少なくない。

---

[27] これは、ミクロ経済学の基本中の基本のことであるが、どういうわけか、日本の学生や産業人があまり理解していないところである。しかし、行政官は流石によく理解している。
市場原理がうまく機能しないのであれば、そのときはじめて、政府が市場に介入することが是認される。それは、①なんらかの独占・寡占といった、事業者による価格支配が生じる場合、②外部不経済が発生する場合（例：環境問題）、③売り手と買い手との間に情報の非対称性が生じる場合（たとえば、中古品の売買のように、商品やサービスの品質について、売り手はよくわかっているけれども、買い手はよく知らないといったような場合）だけである。

そこで、各国による船荷証券の約款規制を国際条約によって統一しようという動きが生まれ、いまから約100年前に結実した。それは、「千九百二十四年八月二十五日にブラッセルで署名された船荷証券に関するある規則の統一のための国際条約」（昭和32年条約第21号）で、「ヘーグ・ルール」と俗称されている。

この「ヘーグ・ルール」には、バージョンアップされた、「千九百六十年二月二十三日の議定書によって改正された千九百二十四年八月二十五日の船荷証券に関するある規則の統一のための国際条約を改正する議定書」（平成5年条約第3号）があり、「ヘーグ・ヴィスビー・ルール」と俗称されている。

世界の主要国で、自国に国際競争力が強い船会社が存在する国（日本もそのひとつ）のほとんどは、「ヘーグ・ヴィスビー・ルール」を採用して国内法化している。日本の法律では、「国際海上物品運送法」（昭和32年法律第172号）および「商法」（明治32年法律第48号）の第3編第3章第3節船荷証券等（757—768条[28]）が該当する。なお米国は、「ヘーグ・ルール」を国内法に取り込んでいる。

世界の主要国が「ヘーグ・ヴィスビー・ルール」、米国が「ヘーグ・ルール」を採用している理由は、運送人が発航時において堪航性を維持しているという大前提のもとで、貨物の滅失・損傷・輸送の遅延に関して航海過失免責・火災免責といった「運送人に都合のよい約款」を、船荷証券に挿入することを認めるからである。最も、この2件だけが例外で、それ以外は一切、運送人に都合のよい約款を認めない。

これは、それまで船荷証券の裏面約款についてはまったく自由だったところに、「条約で船荷証券に規制をかける」ということを、当時の条約会議で、船会社の強い国々に対して受け入れさせるべく「妥協した」部分である。ゆえに、いまとなっては、運送人にあまりに都合のよいルールであり、開発途上国（強い船会社が存在しない国々）主導で作成された「ハンブルグ・ルール」[29]では廃止している。細かいことをいえば、ハンブルグ・ルールでは、運送人が船の

---

[28] 120年ぶりの海商法大改正の一環として2019年4月1日からは、船荷証券の基本的なルールは商法（757 – 760条）で規定するようになった。

[29] 1978年の海上物品の運送に関する国際連合条約締約国（大雑把にいえば、アフリカ・中南米諸国が多い）については、日本船主責任相互保険組合のウェブサイト「海事条約締約国一覧」[4]で都度検索されたい。

堪航性を維持する義務は、ヘーグ・ヴィスビー・ルールのように発航時だけではなく、航海の全過程にて求められている。

なお、2008年に作成されたロッテルダム・ルール（未発効、後述）も、航海過失免責や火災免責は認めていない。

3.4.3 国際条約・国内法の現状
（1）船荷証券

船荷証券の約款規制を目的とした規定を、各国商法に世界で統一した形で導入しようという目的で国際条約制定の努力が重ねられたのは、前述のとおりである。国際条約は、3つのルール、「ヘーグ・ルール」「ヘーグ・ヴィスビー・ルール」「ハンブルグ・ルール」が併存した形になった。この3つのいずれにも参加しなかった国々が相応に存在し、そのような国々（日本の貿易関係者にとっての主要国としては、中国・韓国など）では、その国の商法にて船荷証券の約款規制がなされている。

（2）複合輸送のための通し船荷証券

運送人が、荷送人に対して、海上輸送と接続する陸上輸送とを「通し」で運

図3-12　複合輸送の例　タイ[30]
（出所：Ocean Network Express）

---
[30]　https://www.facebook.com/photo/?fbid=1452188975285886&set=a.358557154649079

送を引き受ける場合、そのような輸送を複合輸送という。複合輸送については、本書第 7 章で詳述しているので、本節では、必要最小限のことだけに触れる。複合輸送を引き受けた運送人は、通し船荷証券（Through B/L、日本の商法では「複合運送証券」という）を発行し、荷送人に交付する。複合輸送は、コンテナを利用することで円滑・容易に行われるようになったが、複合輸送、ひいては通し船荷証券の発行自体は、戦前の在来船時代から存在してきた。

国際連合国際商取引法委員会（UNCITRAL：United Nations Commission on International Trade Law）は、「全部又は一部が海上運送による国際物品運送契約に関する国連条約」（Convention on Contracts for the International Carriage of Goods Wholly or Partly by Sea）を作成した。この条約は 2008（平成 20）年の国連総会で承認され、2009 年にロッテルダムで調印式が行われたので、ロッテルダム・ルールと俗称されている（本書執筆時点で未発効）。

ロッテルダム・ルールは、コンテナ時代の到来に適合しているとされている。それは運送人の責任の範囲が Port to Port ではなく Door to Door となっていることからである。また電子商取引に対応した規定も盛り込んでいるとされている。なお、国内では、2019 年の商法改正で、第 3 編海商に複合運送証券の規定が設けられた（第 769 条）。

（3）海上運送状

海上運送状は、運送人が発行する運送書類であり、記名式で発行される。運送人による貨物の受取証であり、運送条件を証する書類ではあるが、有価証券ではないため裏書による流通はないし（表面に「Non-Negotiable（＝譲渡できない）」と記載されている）、貨物の引き取りの際、オリジナルを呈示する必要もない。荷受人の本人確認ができれば貨物の引き取りが可能となる。

なお、船荷証券と異なり、海上運送状は、なにか法律や条約によって生まれた道具ではなかった（2019 年になって、商法第 3 編海商に海上運送状の規定が設けられた）。海上運送状においても、裏面約款について国際統一性があることが望ましいという考えもあり得る。この期待に応じるものが、万国海法会（CMI）が用意した統一規則（CMI 統一規則）であり、多くの海上運送状は、この統一規則を取り込んでいる。

3.4.4 運送書類以外のことについての海上輸送に関するルール

運送書類―船荷証券の約款以外についても、海商法の独特の制度で、「荷主の利害」に直接関係する事項としては、共同海損というものがある。

共同海損は、「嵐に遭った船が沈みそうになったので、船長の判断で重たい荷物を捨てたところ、船と軽い荷物が助かった」ということがあった場合、「重たい荷物さん、さようなら。君は、運が悪かったね」で終わらずに、助かった貨物と船で、「犠牲になった重たい荷物」の「補償」を「助かったみんな」で共同・分担して行うということである。

この共同海損についても、古くから各国の商法（海商法）に規定が盛り込まれているが、ルールは各国共通であった方が貿易関係者にはありがたい。このルールの統一を実現する方法としては、運送契約を結ぶときは船荷証券の約款にて、損害保険契約を結ぶときは保険証書の約款にてあらかじめ書かれている「共同海損については、ヨーク・アントワープ規則（YAR：the York-Antwerp Rule）[31] に従う」という趣旨を皆が受け入れるという形を採る。船荷証券にしろ、保険証書にしろ、大抵の場合、そのような約款が含まれている。

3.5　コンテナターミナルの概況

3.5.1　コンテナターミナルオペレーションと事業の性質
（1）コンテナターミナルオペレーターとは

コンテナターミナルオペレーターとは、コンテナターミナルで、「船会社のために」「コンテナという貨物」を「取扱うという作業」を行って、その「取扱手数料」を受け取る商売を営む事業者である。

コンテナ取扱とは、おおむね、①コンテナの積み降ろし（船・貨車・トレーラー）、②コンテナの保管、③コンテナの洗浄・乾燥、④コンテナの（受け渡し時の）点検・修繕である。コンテナターミナル（という「装置産業」）は、コンテナの取扱量が、ある閾値(いきち)を超えると、非常に利益率が高くなる産業なのである。

---

[31] 本書執筆時点にて YAR は、2004 年バージョンが存在するが、そのひとつ前の 1994 年バージョンが広く利用されている。日本の現行の海商法も、大雑把にいえば、1994 年の YAR を取り込んでいる。なお、2004 年バージョンへの改訂内容の反発から、実務界は 1994 年バージョンを継続して利用してきたわけであるが、万国海法会は、実務界との長年の議論の末、2016 年に、2016 年バージョンの YAR2016 を採択した。したがって、今後は 2016 年バージョンの利用が広がると見込まれる。

世界の常識として、①コンテナターミナルのオペレーションは、民間企業が積極的に進出すべき産業であること、②それゆえ、ターミナルオペレーターは資金調達が容易であること、とされているが、これは投資家や金融機関が飛びつくからである[32]。

ただ、「コンテナターミナルは、取扱量がある閾値を超えると、非常に利益率が高くなる産業」とすると、コンテナ船社がコンテナターミナルオペレーションを手掛けることの是非、という問題が浮上した。

船会社は、コンテナ船の運航スケジュールを維持するという目的で、特定のターミナルを長期に占有（賃借）してきた。その昔は、ターミナル占有によって生じる経費は、いわば必要経費と考えられていた。船会社の港湾部門では、自社のターミナルに他船社の船の寄港を誘致するなど、港湾部門として独自に収益を上げていくことは考えられてこなかった。

仮にコンテナターミナルの稼働率を向上させるには、ターミナルでのコンテナ取扱量を増やすしかない。しかし、特定の船会社がターミナルを占有していて、自社のコンテナ貨物だけでは十分に稼働率があがらない、ということになれば、当該ターミナルに対する他船社の寄港—他船社のコンテナ貨物を誘致することになる。これは、その船会社の社内において、港湾を担当する部門は、自社のコンテナ貨物を集貨営業する部門からみれば「敵に塩を送る」と恨まれる可能性を意味したからである。

（2）コンテナの特徴が与えたコンテナターミナルオペレーションのあり方

コンテナの形、大きさなどは国際標準化されており、コンテナを支配する船会社によって箱のカラーリングが違うだけである。そのため、機械を使えば、

---

[32] これは、港湾に対する日本の人々が伝統的に思い込んできた「常識」と異なる。日本では、港湾は公共財で、民間企業が資本投下して整備するものではないし、行政が必要と判断したのならば、採算を度外視してでも整備すべきものという風に考える向きが、少なくない。

商港は、世界史上に経済発展が早かった欧州・英国では、民間商人の支配する船着き場として生まれ育ったので、商港は、そもそも商人─民間企業が幅を利かせる場なのである。

日本では、大型汽船の寄港可能な港湾を建設する資力を負担できるほどの大商人は、明治維新の頃はまだ存在しなかったものの、欧米に肩を並べる国づくりの一環として港湾を整備しようと考えた。そのため、どうしても国や大都市の公費を投入せざるを得なかったのである。ゆえに港湾といえば、主に国の財政資金で整備し、自治体が管理する公的空間という常識が日本人に形成されたのである。

なお、欧州では、都市そのものが、「商人達による自治都市」として発展した歴史があり、有力商人による参事会が、都市行政の担い手であった。ここでいう自治とは、封建領主（日本でいえば大名に相当）の権力からの自由である。だから、欧州における有力商人の地位は、封建領主と「対等」であったのである。

表 3-1　2021 年のコンテナターミナルオペレーター　取扱量順位

	社　名	本　店	万 TEU	構成比	備　考
1 位	China Cosco Shipping Ports 中遠海運港口	英領バミューダ	10,440	12.2%	実質香港企業。中国国営船社系
2 位	PSA International	シンガポール	8,660	10.1%	元シンガポール政府港湾局を民営化
3 位	APM Terminals	オランダ	8,370	9.8%	デンマーク船社マースク系
4 位	Hutchison Port Holdings	香港	8,060	9.4%	
5 位	DP World	UAE	6,950	8.1%	元々はドバイ港湾局英国船社系を買収
6 位	Terminal Investment Limited (TIL)	オランダ	5,530	6.5%	船社 MSC（スイス・実質イタリア）傘下
7 位	China Merchants Ports 招商局港口	香港	3,430	4.0%	国営・中国招商局傘下
8 位	Terminal Links	フランス	3,590	4.2%	フランス船社 CMA CGM51%，招商局港口（中国）49%
9 位	Ocean Network Express	シンガポール	1,620	1.9%	日本郵船・商船三井から承継
10 位	SSA Marine	米国	1,220	1.4%	
11 位	ICTSI	フィリピン	1,180	1.4%	
12 位	Eurogate	独ブレーメン市	1,040	1.2%	
13 位	Evergreen	台湾	970	1.1%	船社系
14 位	現代商船	韓国	950	1.1%	船社系
その他			23,690	27.6%	
世界合計			85,700	100.0%	

（出所：日本郵船『FACTBOOK I 2022』p.10 および，UNCTAD, Review of Maritime Transport 2022, table 2-10, p.49）

荷役や運搬など誰でも同じ操作で処理することができる。ヤード内に何千本・何万本と溢れるコンテナの処理にはコンピューターを用いればよい。要するにコンテナの荷役は、標準化・機械化・IT 化になじむのである。

　競争力あるオペレーションのノウハウとソフトウェアをもつターミナルオペレーターは、どこの港であっても効率のいい（＝利用者に低廉な料金を提供できる形で）コンテナの取扱いが可能なのだから、ターミナルオペレーターの本拠地・発祥の地となった港だけでなく、国内の他の港、海外の港のオペレーション業務をどんどん受託するようになる。裏を返せば、「港湾の荷役は、地場産業（≒港湾の仕事、特に荷役は、職域が「決まっている」）」＝「『よそ者を入れる、よそ者が来る』ということは、あってはならない」という考え方には、少なくとも経済合理性は認められないということが、日本以外の国々では明白なのである。

こうして1990年代後半から2000年くらい[33]になると、世界各国の港で手広くコンテナターミナルのオペレーションを手掛ける国際的な大手企業が目立つようになった。当初、「港運系」と分類されるHutchison（香港）、PSA（シンガポール）、さらに「船社系」と分類されるAPM Terminals（オランダ）、船社系で有力だったP&Oの商権を承継して大きく育ったDP World（UAE）がこれに続いた。現在では、この4社と肩を並べるような中国系企業が番付表に食い込んでいる（表3-1）。

図3-13　名古屋港・飛島コンテナターミナルにおける、自動ラバータイヤ・ガントリークレーン（ARTG）と遠隔操縦の様子（上）、コンテナの自動搬送車（下）
（出所：上 飛島コンテナ埠頭、下 名古屋港管理組合）

---

[33] 中国が改革開放で、世界経済に入ることを決意した時期であり、どちらかといえば社会主義国と親和的で、社会主義的な経済運営をしていたインドが、やはり世界経済に入ることを決意した時期である。だから、コンテナターミナルの運営ノウハウを必要とする国々（人々）が現れた。ここに、大きなコンテナターミナルオペレーターが国境を越えて商売をたくさん獲得するチャンスが到来したのである。

ところで、ターミナルにおける荷役機械・搬送機械を、コンピューターで制御して自動で動かせば、機械操作のための労働者の数は減らせる。ところが、日本の関係者には、「港湾荷役は、職人芸」という、半世紀以上も前の「コンテナ出現以前」の考えがいまも蔓延し、標準化・機械化・IT 化を無駄な投資として背を向けられてきた。その一方で、主要国主要港のコンテナターミナルの自動化は、世界的に進行している。日本で自動化が進んでいるのは、2023 年 7 月現在、愛知県（名古屋港）の飛島埠頭（図 3-13）のみである。

【参考文献】
1) 常石造船，常石造船 フィリピン拠点で初建造の新船型 1,900TEU 型コンテナ運搬船を引渡し〜バンコクマックスとして最大級のコンテナ積載量〜，2019 年 9 月 11 日，
https://www.tsuneishi.co.jp/news/release/2019/09/4587/ （2024 年 7 月 10 日確認）
2) 日本海事センター，海上荷動きの動向一覧，
https://www.jpmac.or.jp/relation/container/ （2024 年 7 月 10 日確認）
3) 松井孝之・黒澤謙一郎（2016）『設問式　船荷証券の実務的解説』成山堂書店
4) 日本船主責任相互保険組合，海事条約締約国一覧，
https://www.piclub.or.jp/search/treaty/index/ja （2024 年 7 月 10 日確認）

第4章　主要コンテナ航路の現状

4.1　北米、欧州、アジア域内航路

4.1.1　荷動きの概況

　世界のコンテナ荷動き量は、日本海事センターが、その内容を公表している。それによれば、2022年で、実入りコンテナの荷動きは、全世界で1億7,484万TEUとのことである[1]。

　そのなかで、アジア域内の荷動きは、3,982万TEU（全世界の荷動きの22.8％）となっている。ここでいうアジアとは、東アジア（日韓中・台湾・香港）・東南アジア・南アジア（インドおよびその周辺国）までであろう。アジア～北米航路の荷動きは、北米に向かう東航が2,340万TEU（13.4％）、アジアに向かう西航が675万TEU（3.9％）で、合わせて3,015万TEU（17.2％）

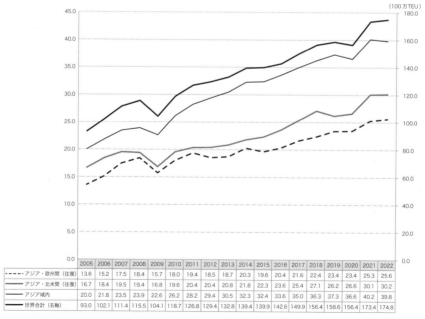

図4-1　世界のコンテナ荷動き量の推移（2005～2022年）

となる。

アジア～欧州航路については、欧州に向かう西航が、1,898万TEU（10.9％）、アジアに向かう東航が664万TEU（3.8％）で、合わせて2,562万TEU（14.7％）となる。かつては、アジア域内航路・北米航路・欧州航路を「三大航路」と呼ぶこともあったが、この三大航路の荷動きの合計は、9,559万TEUで、全世界のコンテナの海上荷動きの54.7％を占める。世界全体でいえば、残り45.3％は三大航路以外の航路で貨物が動いていることになる。

コンテナ荷動き量のデータについては、さまざまな有料データベースが存在しており、海運会社（および海運調査を手掛ける機関）は、当然のことながら、大抵のデータは購入している。特に、積み地か揚げ地のどちらかに米国がかかわっている場合は、米国の税関に提出されたマニフェスト情報をもとにした詳細なデータ（具体的な船会社・積荷主・受荷主、貨物の品目・貨物量がコンテナ本数単位でわかるもの）が市販されている[1]。

したがって、①コンテナで運ばれている貨物が、おおむねどのような品目であるのか、②アジアの国々が、コンテナ貨物の輸出入で、どのような勢力関係にあるのか、などは北米航路に限っていえば、有料ながら手に入れることができる。それ以外の航路については、各国通関統計をもとに各データ提供会社が、コンテナ本数単位の数字に加工して販売する。なお、日本海事センターでは、北米航路（国別・主要品目別）、欧州航路、アジア域内航路の大まかなデータを公表している。

アジアから北米に向かう貨物の出所としては、日本出しは、もはや数パーセント程度のシェアに過ぎず、中国本土ならびに香港から3分の2近くが積み出されている。また、北米からの輸入貨物も中国本土ならびに香港向けが3割程度のシェアを占め、1割程度の日本向けよりも量的には大きい。

4.1.2 日本を中心としたコンテナ荷動き量

日本の各港湾から、どこの国向けに、コンテナがどのくらい積み出され、どの国にコンテナがどのくらい到着しているか、などは、国土交通省が『港湾統

---

[1] そのようなデータ販売会社のひとつであるジャーナル・オブ・コマースは、同社のオンライン媒体のニュース（有料）にて毎年5月の最終週頃に、米国のコンテナ輸入荷主・コンテナ輸出荷主の上位100位のランキングを発表することが常である。
　これをみると、日本の製造業の米国法人が米国サイドで輸入する貨物量は、韓国などの同業他社の米国法人よりも輸入量が少ないこと、米国の小売大手の輸入量との比較では一桁数字が小さいことが看取できる。

計年報』にて公表している。

2021年のコンテナ貿易量を表4-1に示す。日本のコンテナ貿易は、輸出入ともにアジア域内関連（とりわけ日中航路・日本〜ASEAN方面の航路）が圧倒的な規模をもつことがみてとれる。北米・欧州航路といった長距離の航路は、双方合わせて10%程度の比重しかない。

4.2　コンテナ船の将来

近未来のコンテナ船については、船舶技術の観点から考え得る進化の方向性は、①大型化とカーボンニュートラル化、にある。また、新しい利用方法としては、②北極海航路の利用、などが考えられる。

表4-1　2021（令和3）年の日本のコンテナ貿易

（単位：万TEU、実入りのみ）

	輸出	構成比	輸入	構成比	インバランス
合計	555.7	100.0%	848.6	100.0%	292.8
アジア域内	478.5	86.1%	747.7	88.1%	269.2
うち中国	135.4	24.4%	361.2	42.6%	225.8
うち韓国	100.4	18.1%	129.5	15.3%	29.1
うち台湾	67.5	12.1%	53.0	6.2%	-14.5
うち香港	30.0	5.4%	40.2	4.7%	10.3
うちシンガポール	50.0	9.0%	39.5	4.7%	-10.5
うちタイ	33.9	6.1%	43.6	5.1%	9.8
うちマレーシア	23.9	4.3%	20.4	2.4%	-3.5
うちベトナム	21.3	3.8%	38.7	4.6%	17.4
うちインドネシア	11.0	2.0%	10.1	1.2%	-0.9
うちフィリピン	4.9	0.9%	11.3	6.9%	6.4
うちASEAN計	145.2	30.3%	163.7	19.3%	18.5
うちインド	0.0	0.0%	0.1	0.0%	0.1
欧州	22.1	4.0%	19.8	2.3%	-2.2
北米（米国・カナダ）	45.4	8.2%	65.2	7.7%	19.8
その他	9.7	1.7%	15.8	1.9%	6.1

（注）インバランス：輸出−輸入　プラスであれば日本国内に空コンテナが余る。
（出所）国土交通省『港湾統計年報』から筆者作成

4.2.1 大型化

船舶は大型化を志向するが、コンテナ船と「それ以外の船」には大きな違いがある。コンテナ船以外の船の大型化については、船を用船する荷主が支配する埠頭の大きさ・貨物の商売での「ロット」に制約されるので、船主の一方的な算盤勘定だけで大型化しても荷主に受入れられないという事実がある。

他方、コンテナ船は、船がどれだけ大きくなろうとも、荷主にとっては、貨物の量に合わせて必要なだけのコンテナの本数を揃えればよいので、船の大きさにはあまり関知しないようである。船会社が船を大型化するのであれば、それで運賃が安くなれば（＝大型化してしまったスペースを埋めるべく、船会社同士が集貨競争をはじめて、船会社が自ら運賃を下げてくるだろうから）、むしろ大歓迎である。

現時点では、コンテナ船の船型の大型化の制約条件となるのは、アジア～欧州航路における「スエズ運河」の寸法だけである。アジアと欧州の両側に巨大船が入港できる港がいくつかありさえすれば、船会社は他に困ることはない。

4.2.2 カーボンニュートラル化

国際海事機関（IMO）は 2023 年 7 月に開催された第 80 回海洋環境保護委員会（MEPC80）において、海運については 2050 年までに温暖化ガスの排出をネットでゼロとする、カーボンニュートラル化を実現することを決定した。それに対応するべく、現時点でコンテナ船では、舶用重油の燃焼による推進をやめて、以下のような燃料の変更・推進装置の変更が進められている。

(1) メタノールへの燃料転換

メタノールを燃焼して船を推進させるディーゼルエンジンは、すでに技術的に確立している。

(2) アンモニアへの燃料転換

アンモニアは、燃焼させても CO_2 の排出がない。

(3) 暫定的な LNG への燃料転換

なお、②を実現するに至るまでの暫定的・中間的な温暖化ガス排出削減方法として、LNG（液化天然ガス）に燃料転換する、ということも試みられている。重油から LNG に転換するだけで、温暖化ガスの排出が 2 割程度減少する。

さらに、近い将来、合成メタンが商業的に利用できるようになることへの期待も存在する。合成メタンとは、すでに存在している大気中の CO_2 を回収し、

これと再生可能エネルギーで製造した水素（たとえば、風力発電で得られた電気で水を電気分解して得られた水素）と合成することにより、人工的に生成するメタンガスである。こうした合成メタンであれば、燃焼させて再度、CO_2 を大気に放出しても地球全体の総量としての温暖化ガスは増えない（＝カーボンニュートラル）ということになる。

　もっとも、商業的に成り立つレベルで合成メタンを得ることができない場合、アンモニア焚きのエンジンに換装するといった改造が、船の寿命が終わる前に必要になるかもしれない。そのときの改造工事が最小限となるように、あらかじめ設計上の配慮をするという LNG 焚きの船（コンテナ船に限らない）も続々と誕生している。このような船を「アンモニアレディの船」とよぶ（図 4-2）。

(4) 小型船の電動化

　コンテナ船は、船としては大型であるため、小型船の脱炭素策として用いられるバッテリー利用の電気推進という方法の採用は、バッテリー容量の問題で難しいと考えられている。しかし、上海から武漢まで長江を遡航する中国の内航コンテナ船については、途中の寄港地で都度、充電済みバッテリーに交換するということで、こうした難点を回避できる（図 4-3）。

　これまで紹介したような新しい船舶燃料を用いること、新しい推進装置を船に搭載することは、当然ながら、船の運航費（燃料費）や船の資本費を引き上げることになる。一義的には、このような経費の増加は、船会社が負担するに

図 4-2　アンモニアレディの自動車船の設計[2]
（提供：日本郵船株式会社）

図4-3 中国遠洋海運集団 (COSCO) が建造する
バッテリー式電気推進コンテナ船[3]

しても、すべてを自助努力でカバーできるものではないから、適切な範囲内で運賃に転嫁されることになるだろう。実際、欧州系の荷主、特に最終消費者と対峙する荷主は、市民の厳しい視線を受けるので、こうした意識が高い。また、一部の荷主は、自分の貨物の輸送において、船会社に持続可能な燃料油の利用を求めることを契約で縛る一方で、運賃の引き上げを受け入れるということを、すでに行っている[2]。

4.2.3 北極海航路の利用

地球の温暖化によって、夏季に限定すれば、北極海の一部が解氷するようになり、船の航行が可能になっている。東アジアを出発点とするならば、計算上は、欧州の主だった港までの航海距離は、現行のインド洋・スエズ運河経由よりも短くなる。船が「何事もなく」航行することが可能であれば、北極海航路による欧州までの航海日数は、欧州・東アジアのどの港を起点・終点とするかにもよるが、1週間から10日は短縮できるだろう。

もっとも、現時点で夏季に解氷する航路帯には、ノヴォシビルスク諸島付近に水深の浅い海域がある。この海域は、通常の船型のコンテナ船であれば、5,000 TEU から 6,000 TEU 積み程度の中型コンテナ船、特に幅広の船型にして喫水

---

[2] たとえば、スウェーデンのボルボ・カー・コーポレーションは、同社貨物のコンテナ輸送においてマースクにバイオ燃料の利用を誓約させた[4]。

図4-4　北極海航行予定の砕氷LNG船

LNGは軽い貨物なので、大型船にLNGを満載に積み込んでも船が沈み込む深さがそれほど深くならない（喫水が深くない）ため、水深の浅いノヴォシビルスク諸島付近の海域も通り過ぎることができる。

を浅くする工夫をすれば8,000TEU積み程度までが航行できる[3]。

　現在、欧州航路は、実に24,000TEU積みのコンテナ船がすでに就航している。そのような巨大船によるコンテナ1本当たりの輸送原価は、上述の中型船によるコンテナ1本当たりの輸送原価とは比べものにならないほど低廉である。

【参考文献】
1) 日本海事センター，世界のコンテナ荷動き量，
   https://www.jpmac.or.jp/file/1685506633626.pdf　（2024年7月10日確認）
2) 日本郵船，「アンモニアReady LNG燃料船のコンセプト設計完了」，2022年03月03日，
   https://www.nyk.com/news/2022/20220303_01.html（2024年7月10日確認）
3) 中国遠洋海運集団，COSCO SHIPPING Heavy Industry Starts to Build the Second 700TEU Electric Container Ship for COSCO SHIPPING Development, 2023年5月14日，
   https://en.coscoshipping.com/col6923/art/2023/art_6923_322535.html　（2024年7月10日確認）
4) Maersk, "Volvo Cars uses ECO Delivery Ocean solution from Maersk to reduce its greenhouse gas footprint", 2023年7月4日，
   https://www.maersk.com/news/articles/2023/07/04/volvo-cars-uses-eco-delivery-ocean-solution-from-maersk-to-reduce-its-greenhouse-gas-footprint　（2024年7月10日確認）

---

[3] ロシア・北欧で設計がなされている。詳しくは、合田浩之（2021）「ロシアにおける北極海航路のコンテナ船事業への試みと検討」『東海大学海洋研究所研究報告』43巻。

第5章　航空輸送

5.1　航空輸送の概要

5.1.1　航空輸送品目の特徴

　資源が乏しいわが国にとっての貿易取引には、外国から原油、鉄鉱石、石炭、小麦などを輸入し、その資源を使用して付加価値をつけて製品を輸出する特徴がある。

　表5-1に示したのは、輸送手段別国際貨物輸送数量の推移である。このデータが示すように、圧倒的に海上輸送の取扱量が多く、全体の約99.7％近くになる。

　一方で航空輸送は全体の1％を下回る約0.3％のみとなっている。海上輸送の取扱量が多い理由は、わが国の生活インフラである電力・ガスを供給するために、外国から原油、石炭、液化天然ガスなどを輸入し、さらに、わが国民の食生活を支えるために、小麦やとうもろこしなどを輸送しているのである。いずれも大量輸送となるため、海上輸送が用いられる。

　次に、表5-2に示したのは、輸送手段別国際貨物輸送金額の推移である。このデータが示すように、海上輸送は約70％、航空輸送が約30％になる。表5-1の数量ベースと表5-2の金額ベースの海上輸送と航空輸送の比率の相違がそれぞれの特徴を示している。

　海上輸送に比して航空輸送は、輸送するスペースが極端に少ない反面、スピードが速いために、付加価値の高い電子機器や電子部品等の輸送を取扱っている（図5-1）。金額ベースのデータでは、航空の比率が高まるのである。したがって、航空輸送に適する貨物は、付加価値が高く、緊急性を有する製品である。

5.1.2　2020年航空会社ランキング（貨物）

　表5-3は、2020年の国際航空運送協会（IATA：The International Air Transport Association）の世界航空輸送統計のデータによる航空会社ランキングである。2020年は、新型コロナウイルス（以下、新型コロナ）の感染流行により、国際旅客便運航が停止になり、貨物スペース不足が顕在化した。航空会社のなかには、旅客機を貨物専用機に転用する企業も現れたが、定期旅客

表 5-1　輸送手段別国際貨物輸送数量

年	海運貨物（％）	航空貨物（％）	合計（万トン）
1990	78,389 (99.8)	158 (0.2)	78,547
1995	85,266 (99.8)	213 (0.3)	85,479
2000	88,974 (99.7)	293 (0.3)	89,267
2005	94,999 (99.7)	318 (0.3)	95,317
2010	91,545 (99.7)	302 (0.3)	91,847
2015	94,671 (99.7)	311 (0.3)	94,982
2020	81,565 (99.6)	325 (0.4)	81,890

（出所：日本物流団体連合会『数字でみる物流』各年版）

表 5-2　輸送手段別国際貨物輸送金額

年	海運貨物（％）	航空貨物（％）	合計（10億円）
1990	61,588 (81.0)	14,458 (19.0)	76,046
1995	55,452 (74.0)	19,570 (26.0)	75,022
2000	60,792 (65.9)	31,478 (34.1)	92,270
2005	91,957 (71.4)	36,844 (28.9)	128,801
2010	96,829 (74.3)	33,417 (25.7)	130,246
2015	108,483 (72.6)	40,844 (27.4)	149,327
2020	95,201 (69.1)	42,477 (30.9)	137,678

（出所：日本物流団体連合会『数字でみる物流』各年版）

図 5-1　電気機器など付加価値の高い貨物を運ぶ航空輸送

便のベリースペースを補う効果は果たすことができなかった。したがって、貨物需要をうまく取り込むことができた企業とできなかった企業の差が明らかになった1年であった。

特に、2020年の前半は、eコマースや新型コロナに関連するワクチン、防護服関連の需要が高く、貨物専用航空会社に有利な状況が続いていた。後半になると、旅客便運航が再開し、eコマースの需要増と工場再開によるサプライチェーンの改善とともに、航空貨物量は改善傾向を示していた。

2020年世界の航空貨物取扱いのトップは、フェデラル・エクスプレス（現、

表5-3　2020年航空会社別貨物輸送量ランキング

順位	航空会社名	輸送量（千トン）	前年比（％）
1	フェデラル・エキスプレス	8,009	107.8
2	ユナイテッド・パーセル・サービス	5,064	100.8
3	カタール航空	2,329	102.1
4	エミレーツ航空	1,814	75.2
5	チャイナ・エアライン	1,550	112.8
6	大韓航空	1,530	106.6
7	トルコ航空	1,460	97.6
8	アトラス航空	1,366	117.9
9	カリッタ航空	1,290	154.9
10	キャセイパシフィック航空	1,220	71.1

（出所：IATA世界輸送統計データ）

　フェデックス・エクスプレス）で前年比107.8％の800万9千トン、2位は、ユナイテッド・パーセル・サービス（前年比100.8％の506万4千トン）となっている。2社ともに米国の国際貨物専用便を運航する航空会社であり、eコマース、新型コロナワクチン、防護服等の強い需要に加え、米国内貨物も取込み安定した実績を残しているが、ユナイテッド・パーセル・サービスは、エクスプレスとともに通常の航空貨物も取扱っているため、新型コロナの影響を受け、前年比同等の成績であった。

　3位のカタール航空、4位のエミレーツ航空は、中東を代表する航空会社である。3位のカタール航空は、貨物便チャーターと旅客便再開により貨物取扱量が増加したが、エミレーツ航空は、やはり新型コロナの影響を受けて、前年比75.2％と貨物取扱量を減少させている。また、8位のアトラス航空、9位のカリッタ航空は米国の貨物専用航空会社で、大きく貨物取扱量を増やしている。

5.1.3　2020年空港別貨物取扱量ランキング

　国際空港評議会（ACT）が発表した2020年のデータによると、世界全体の空港の貨物取扱量は、前年比8.9％減の1億900万トンで、上位10空港の取扱貨物量は3,060万トンと全体の28％を占めている。個別の空港ごとに確認すると、以下のとおりである（表5-4）。

表 5-4　2020 年空港別貨物取扱量ランキング

順位	空港名	貨物取扱量（メトリックトン）	前年比（％）
1	メンフィス国際空港	4,613,431	7.0
2	香港国際空港	4,468,089	-7.0
3	上海浦東国際空港	3,686,627	1.0
4	アンカレッジ国際空港	3,157,682	15.0
5	ルイビル国際空港	2,917,243	5.0
6	仁川国際空港	2,822,370	2.0
7	台湾桃園国際空港	2,342,714	7.0
8	ロサンゼルス国際空港	2,229,476	7.0
9	ドーハ国際空港	2,175,292	-2.0
10	マイアミ国際空港	2,137,699	2.0

（出所：ACT データ）

　1 位の空港は、フェデックスの主要ハブ空港であるメンフィス国際空港で、新型コロナによる関連商品と e コマースの需要増加により貨物取扱量を増加させたが、2 位の香港国際空港と 3 位の上海浦東国際空港は、新型コロナによる中国工場の操業停止や米中貿易摩擦による影響から貨物取扱量を伸ばしていない。4 位のテッド・スティーブンス・アンカレッジ国際空港は、貨物専用便の中継基地としての役割が強く、貨物取扱量を増加させている。5 位のルイビル国際空港は、ユナイテッド・パーセル・サービスの主要なハブ空港である。ユナイテッド・パーセル・サービスの貨物取扱量の伸び悩みが影響した結果となっている。

　2020 年空港別貨物取扱量ランキングの特徴としては、米国貨物専門会社に関係するハブ空港の取扱量が多いことと、アンカレッジ国際空港のように旅客便需要ではなく、米国貨物専門会社等の中継基地の役割が高まり、貨物取扱量を増やしていることがいえる。一方、新型コロナ以前まで好調であった中国の香港、上海空港の貨物取扱量は、伸び悩んでいる。

5.1.4　国内空港別国際航空貨物取扱量の推移

　表 5-5 に示したのは、2020 年の国内の空港別国際航空貨物取扱量である。2020 年の国内空港での国際航空貨物取扱量は、約 327 万トンであり、1995 年の約 213 万トンと比較すると約 1.5 倍になる。なかでも、東京地区（成田国際空港・東京国際空港（羽田空港））は約 239 万トンで 73.2％のシェア、2 番目

は大阪地区の約72万トンで、21.9％のシェア、3番目は名古屋地区の約10万トンで、3.2％のシェアである。

表5-5からもわかるように、東京地区・大阪地区で全体の約95％を占めており、わが国の国際航空貨物は、東京地区と大阪地区の2大経済圏内に位置する空港の利用が多い。また、関西国際空港（1994年開港）、中部国際空港（2005年開港）は、開港以降、貨物取扱量の増加が見受けられていたが、直近のデータでは、東京地区のシェアが1995年当時のシェアに戻る傾向がある。

表5-5 国内の空港別国際航空貨物取扱量

年度	東京（成田・羽田）合計	%	大阪 合計	%	福岡 合計	%	名古屋 合計	%	その他 合計	%	合計 合計	%
1995	1,599,629	75.2	360,917	17.0	47,890	2.3	90,180	4.2	27,359	1.3	2,125,975	100.0
2000	1,849,549	63.2	866,378	29.6	56,839	1.9	108,807	3.7	45,107	1.5	2,926,680	100.0
2005	2,117,161	66.5	748,562	23.5	62,995	2.0	219,382	6.9	37,385	1.2	3,185,485	100.0
2010	2,041,723	67.5	700,511	23.2	52,062	1.7	110,901	3.7	118,271	3.9	3,023,468	100.0
2015	2,317,255	67.9	677,179	19.8	50,067	1.5	161,055	4.7	208,038	6.1	3,413,594	100.0
2020	2,394,719	73.2	716,269	21.9	21,243	0.6	103,575	3.2	33,863	1.0	3,269,669	100.0

（出所：国土交通省航空局資料）

表5-6 主要3空港の運用状況（2020年度）

	成田国際空港	前年比	関西国際空港	前年比	中部国際空港	前年比
発着回数（回）	106,280	41％	57,814	29％	41,862	37％
航空旅客（人）	3,249,466	8％	2,251,159	8％	2,015,736	16％
国際線	1,265,485	4％	199,939	0.9％	19,261	0.3％
通過客	398,068	11％	3,226	2％	90	0.5％
国内線	1,984,001	27％	2,051,220	31％	1,996,475	31％
貨物取扱量（トン）	2,089,204	101％	721,324	95％	113,983	60％
国際貨物	2,087,657	102％	716,269	97％	103,575	60％
積込み	949,330	100％	334,979	100％	53,529	65％
輸出	660,323	113％	167,948	64％	42,828	66％
取卸	1,138,327	104％	381,290	93％	50,046	56％
輸入	820,850	96％	201,360	58％	38,035	66％
国内貨物	1,547	6.7％	5,055	35％	10,407	58％

（出所：国土交通省データ）

以下は、表5-6のデータをもとに、国際貨物を取扱う成田・関西・中部国際空港の現況を説明する。

(1) 成田国際空港の現況

2020年度の成田国際空港では、国際線が新型コロナ感染拡大に伴う出入国制限により、発着回数10万6,280回で前年同期に比べて約60％減少している。国際貨物便は、旅客便の運休・減便により貨物スペースが減少し、臨時貨物便が多数運航されるなどしたことで、国際線貨物便の発着回数は、2006年度以降の最高回数を更新している。2020年の国際貨物取扱量は、前半がパンデミックの影響で大幅に減少したものの、後半は反動で盛り返し、約209万トンになり3年ぶりに増加している。

(2) 関西国際空港の現況

2020年度の関西国際空港では、成田国際空港と同様、国際線が新型コロナの影響により、発着回数が5万7,814回で前年比の約30％程度に落ち込んだが、貨物便は臨時便の増発により2万4,948回で前年比の約174％に増大した。国際貨物取扱量は、約72万トンで、前年比97％であった。関西国際空港では、国際貨物のハブ空港を目指しているが、2020年度の実績は、まさに国際貨物便の盛況に支えられた1年であったといえる。

(3) 中部国際空港の現況

2020年度の中部国際空港では、成田国際空港、関西国際空港と同様に、国際線が新型コロナの影響により、発着回数が4万1,862回で前年比の約37％程度に落ち込んでいる。国際線の旅客便は、541回（前年比1％）、貨物便は臨時便の増発により3,989回で前年比の約123％に増大した。国際貨物取扱量は、約10万トンで、前年比60％であった。

5.2　航空輸送の仕組み

5.2.1　貨物利用運送事業者

貨物利用運送事業者とは、他人の需要に応じて実運送事業者の行う運送を利用して貨物を運送することができる事業者のことをいう。この貨物利用運送事業を行う者は、貨物利用運送事業法に定める要件を満たし、利用運送を行う営

業所を管轄する国土交通省管轄の運輸支局または運輸局に申請し、貨物利用運送事業の登録（第一種）や許可（第二種）を取得することができる。実運送事業者は、第一種貨物利用運送事業には4つの実運送事業者が該当し、船舶運航事業者、航空運送事業者、鉄道運送事業者、貨物自動車運送事業者であり、第二種貨物

図 5-2　中部国際空港

利用運送事業には、3つの実運送事業者である船舶運航事業者、航空運送事業者、鉄道運送事業者が該当する。次に、実運送事業者として、航空運送事業者を事例として説明する。

　第一種貨物利用運送事業者は、トラックによる集配作業を伴わない航空輸送区間に限定される利用運送を行う事業者のことである。すなわち、航空輸送の起点である出発空港から終点である到着空港までを対象にした運送のことで、Airport to Airport 輸送のことである。具体的には、対象とする航空輸送区間において、荷主に対して、自らは航空機の運航を行わず、航空会社のスペースを利用して航空輸送を行うことである。

　第二種貨物利用運送事業者は、第一種貨物利用運送事業の範囲に加えて、その前後にトラック等による集配作業を含めて一貫して行う貨物利用運送事業者のことである。すなわち、荷主のドアからトラックなどで空港まで集荷した貨物を出発空港から到着空港まで航空輸送を行い、到着空港からトラック等で荷受人のドアまで輸送することである。その際、第二種貨物利用運送事業者は、荷主に対して自社発行の航空運送状（Air Waybill）を発給し、輸送責任を負い、航空会社に対しては、航空会社発行の Air Waybill により輸送を依頼する。

5.2.2　IATA 貨物代理店

　IATA に加盟している航空会社は、IATA 貨物代理店制度を採用していることから、荷主に対して直接営業活動を行うことができず、IATA 貨物代理店が集荷した貨物を引き受けることにより輸送を行う。すなわち、荷主と航空会社の間に IATA 貨物代理店が介在している。したがって、IATA 貨物代理店は、各航空会社の約款、タリフ（運賃表）、運航スケジュールに準拠し、荷主に対し

て航空貨物輸送サービスを販売することを業務としている。航空会社がIATA貨物代理店の認可を受けるには、IATA決議801号ならびに811a号に従い、IATAの定める諸要件を満たすことが必要である。認可を受ければ、IATAに加盟する各航空会社は代理店契約を結ぶことなく航空貨物代理店になることができるメリットがある。

わが国のIATA貨物代理店は、1950年頃より活動が始まり、2020年以降には120社を超えるほどまで増加し、事業規模の大きなIATA貨物代理店は、貨物利用運送事業法における第二種貨物利用運送事業、通関業、倉庫業、自動車運送業を兼営し、総合的な役割を担う国際物流事業者として活動している。

5.2.3 フレイト・フォワーダー

国際航空運送においてフレイト・フォワーダーは、IATA航空貨物代理店資格を取得し、航空会社とは異なる独自の運送約款、タリフをもち、荷送人と直接運送契約を結ぶことにより、フレイト・フォワーダーが発行する航空運送状（House Air Waybill）を発行することができる。このように複数の荷主の貨物を、仕向地ごとに1件の貨物にまとめて荷主になり、新たに航空会社の運送状（Master Air Waybill）により、運送契約を結ぶことができる事業者のことで、要約すれば、IATA航空貨物代理店と第一種・第二種貨物利用運送事業者を兼ね備えている事業者のことである。

フレイト・フォワーダーの役割は、荷主のニーズに合う一貫輸送を提供することである。具体的には、荷主の戸口から実運送事業者である航空会社の空港

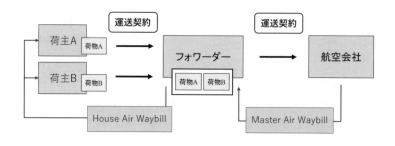

House Air WaybillとMaster Air Waybillの様式は、ほぼ同様だが、AWB番号が違う。

図5-3　荷主―フォワーダー―航空会社の構造

までの輸送の手配を行い、航空会社に貨物を引渡し、到着空港では航空会社より貨物を引取った後、荷受人の戸口まで輸送の手配をすることにより、さまざまな手数料や料金を得ることができる。フレイト・フォワーダーにおける大きな利益の源泉は、航空会社の貨物運賃が重量逓減制であることを利用した混載差益を得ることである。混載差益とは、個々の荷主から航空会社より安価な運賃で貨物を引受け、フレイト・フォワーダーが大口貨物にまとめることにより、航空会社からさらに安い運賃で運送することにより発生する差益のことである。したがって、営業力の強いフレイト・フォワーダーには、多額の混載差益が発生し、競争力が高まる特徴がある。

【混載差益の例】
　フレイト・フォワーダーは、**荷送人 A**（100kg）、**荷送人 B**（300kg）、**荷送人 C**（500kg）の貨物を引き受け、これらの貨物を1本にまとめて、航空会社に運送を依頼した。
　運賃は、100kg以上　1,310円、300kg以上　1,100円、500kg以上　850円とする。（便宜上、この運賃は、フレイト・フォワーダーが荷送人に提示する金額と、航空会社がフレイト・フォワーダーに提示する金額と同額とする）
　荷送人 A は、100kg ×1,310 = 131,000円をフレイト・フォワーダーに支払う。
　荷送人 B は、300kg ×1,100 = 330,000円をフレイト・フォワーダーに支払う。
　荷送人 C は、500kg × 850 = 425,000円をフレイト・フォワーダーに支払う。
　　　　　　　　　　　　<u>フレイト・フォワーダー受領金額：886,000円</u>

フレイト・フォワーダーは、900kgを航空会社に貨物を引渡すと、
900kg ×850 = 765,000円を支払うことになる。
したがって、886,000円 − 765,000円 = <u>**121,000円が混載差益**</u>となる。

5.2.4　国際航空貨物業界における概要図

図5-4は、国際航空貨物業界内における荷主からフレイト・フォワーダー（IATA貨物代理店資格をもつ）を経由して、航空会社との関係を図式化したものである。以下に説明する。

①　フレイト・フォワーダーは、荷主に国際航空貨物の営業活動を行い、貨物をフレイト・フォワーダーの倉庫に運送する。倉庫内では通関手続きを行い、税関による輸出許可を待つ。輸出許可後、搭載する航空会社のラベル等の貼り付け作業等を行う。

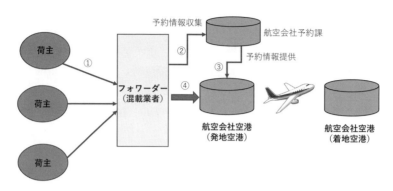

図 5-4　荷主―フレイト・フォワーダー―航空会社の関係
(出所：筆者作成)

② 航空会社の予約課のスタッフは、搭載便のスペースを考慮して、各フレイト・フォワーダーからの最終貨物量の確認を行う。
③ 各フレイト・フォワーダーから最終貨物量の確認が終了すれば、航空会社予約課のスタッフは、空港スタッフに対して、予約された搭載便の貨物量・詳細等を連絡する。
④ フレイト・フォワーダーは、搭載する航空会社の上屋まで貨物を輸送する。航空会社の空港スタッフは、搭載便の貨物スペースを有効活用できるように、適切な搭載機材を選択し、空港現場スタッフに積み付け指示を行う。積み付け作業が終了すれば、航空機の近くに搭載機材に積み付けられた貨物を移動し、その後搭載機内に搭載する。

5.3　航空運送状と運送約款

5.3.1　航空運送状（Air Waybill）

航空運送状は、「国際航空運送についてのある規則の統一に関する条約」（ワルソー条約）第5条第1項に「すべての貨物の運送人は、荷送人に対し、航空運送状を作成し、交付することを請求する権利を有する」と規定されている。しかし、海上貨物の船荷証券と比較すると、大きな相違点がある。船荷証券は有価証券として扱われるが、航空運送状は非有価証券として処理されるからである。それでは、なぜ船荷証券は有価証券であり、航空運送状は非有価証券であるのか、その問題意識に対して、「流通性」と「譲渡性」の視点から説明する。

(1) 流通性

海上貨物の場合、もし相場性のある商品を海上輸送するのであれば、輸送日数が長期間になり、売買取引する機会を損失することになる。しかし、同じような相場性のある商品を航空輸送する場合、輸送日数が短く、売買取引する機会損失が少ない。したがって、航空運送状には、流通性を目的としていない。

(2) 譲渡性

ポイントとして3点指摘する。

1つ目は、発行条件の相違である。航空運送では、便数が多く、貨物を受託してから航空機に搭載するまで、多くの日数を必要としないため受取式で航空運送状が発行される。一方、海上運送の場合、本船に積込みされる前に、港湾内の上屋やコンテナターミナルにて蔵置される日数が長くなる。したがって、有価証券である船荷証券では、当該貨物が実際に本船に積み込まれた事実が必要になり、積込み式の船荷証券が発行される。

2つ目は、記名式か無記名式かの相違である。航空運送状の場合、航空運送状に記名された荷受人に対して、当該貨物が引渡される。一方、船荷証券では、荷受人欄内には、「To Order of Shipper」と記入した指図式の記述（裏書きに記載された者が貨物の引渡し請求権をもつ）になっている。これは、積込み貨物の受領証の役割と船荷証券を所持している者に対して貨物を引渡すことを条件とする証券である。この理由は、船荷証券は、荷揚げする前に裏書きすることにより、荷受人が変更される場合があるからである。このため、船荷証券では、無記名式を採用しているのである。

3つ目は、作成者の相違である。航空運送状は、前述のとおりワルソー条約第5条第1項に「すべての貨物の運送人は、荷送人に対し、航空運送状を作成して交付することを請求する権利を有する」と記述があるように、荷送人が作成し、航空会社が交付しているが、船荷証券の場合、船会社が作成し、荷送人に交付する仕組みである。航空運送状は、実務では IATA 貨物代理店が作成しているが、あくまでも荷送人の代行として作成しているのである。

5.3.2 航空運送状の構成

航空運送状は、ワルソー条約第5条第1項に「航空運送状は、荷送人が原本3通を作成して、貨物とともに交付しなければならない」と規定されている。

世界共通で色分けされ、1冊10～12枚程度の構成である。基本的には、3片の原本と7～9片の副本により構成されている。具体的には、以下のとおりである。

> 原本1：緑色　発行航空会社用（発行航空会社が運賃、料金その他の会計処理用に使用される）
> 原本2：赤色　荷受人用（着地で荷受人に渡される）
> 原本3：青色　荷送人用（発地において、貨物を航空会社へ引渡されたことを証明する書類で荷送人用）
> 副本4：黄色　引渡し航空会社用（着地において、貨物の引渡しの際、荷受人がこの書類にサインをすることにより貨物引渡し証明書としての役割をもつ）
> 副本5：白色　着地航空会社用（着地において、税関提出等により使用される）
> 副本6：白色　Third Carrier用（連帯運送を行う航空会社用に使用される）
> 副本7：白色　Second Carrier用（連帯運送を行う航空会社用に使用される）
> 副本8：白色　First Carrier用（連帯運送を行う航空会社用に使用される）
> 副本9：白色　発行貨物代理店用（発行貨物代理店用として使用される）
> 副本10～12：白色　航空会社用（予備用として使用される）

このような航空運送状には、さまざまな役割がある。
① 運送契約締結の証拠書類
② 貨物の受領書
③ 航空貨物運賃、料金等の精算書類
④ 保険の証明書
⑤ 税関申告書類
⑥ 荷送人から航空会社への貨物の取扱い等に関する指図書

5.3.3　国際運送約款

国際航空貨物輸送を行う場合には、ワルソー条約により規則の統一が定められているが、あらゆる項目について規定されているわけではなく、改正ワルソー条約、改訂ヘーグ条約、グアダラハラ条約、モントリオール第4追加議定書等で改正されている。しかしながら、あらゆる国がすべての条約について署名・

批准しているわけではなく、航空会社が定めた国際運送約款により運送されている。もし、他航空会社が国際航空貨物輸送に参加した場合、IATA 統一 AWB 運送約款（運送状裏面約款）や 2 社間において締結されるインターライン運送契約を結ぶことにより運送される。

なお、わが国における各航空会社の国際運送約款は、国土交通省による認可制であり、荷送人がその条件を承諾して、運送を申し込むことにより契約が成立する。

以下は、A 社の国際運送約款から主な要点を記述する。

①　第 1 条（定義）

約款内に記載されている用語の定義を記載している。主な用語では、以下のとおりとなっている。

1）「航空運送状」とは、荷送人によって又は荷送人に代って作成された非

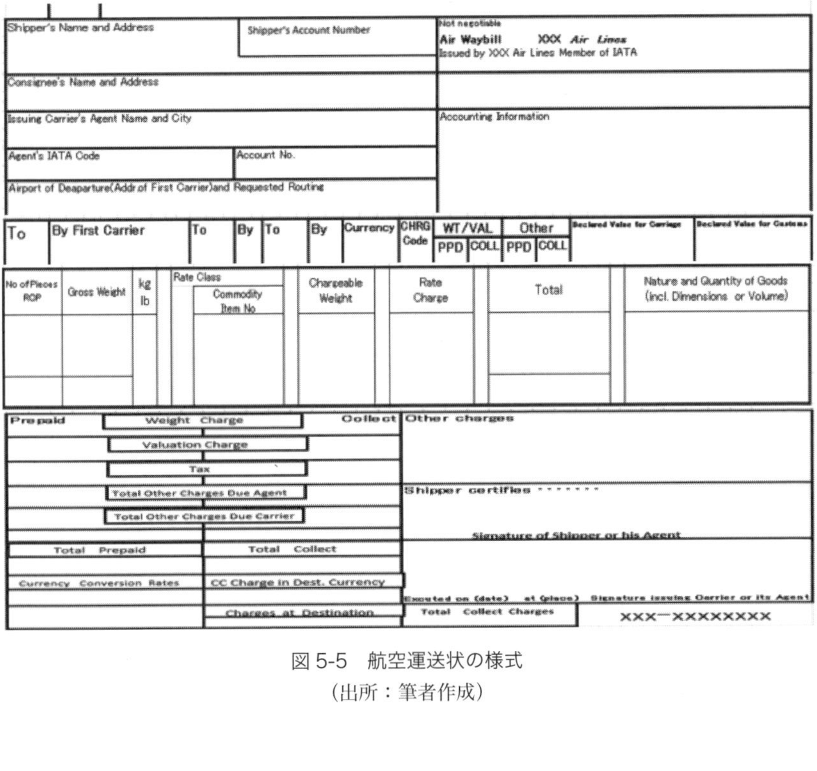
Shipper's Name and Address
Shipper's Account Number
Not negotiable
Air Waybill　XXX Air Lines
Issued by XXX Air Lines Member of IATA
Consignee's Name and Address
Issuing Carrier's Agent Name and City
Accounting Information
Agent's IATA Code
Account No.
Airport of Deaparture(Addr.of First Carrier)and Requested Routing
To | By First Carrier | To | By | To | By | Currency | CHRG Code | WT/VAL PPD COLL | Other PPD COLL | Declared Value for Carriage | Declared Value for Customs
No of Pieces RCP | Gross Weight | kg lb | Rate Class Commodity Item No | Chargeable Weight | Rate Charge | Total | Nature and Quantity of Goods (incl. Dimensions or Volume)
Prepaid　Weight Charge　Collect
Other charges
Valuation Charge
Tax
Total Other Charges Due Agent
Shipper certifies
Total Other Charges Due Carrier
Signature of Shipper or his Agent
Total Prepaid　Total Collect
Currency Conversion Rates　CC Charge in Dest. Currency
Executed on (date)　at (place)　Signature issuing Carrier or its Agent
Charges at Destination　Total Collect Charges
XXX－XXXXXXXX

図 5-5　航空運送状の様式

（出所：筆者作成）

譲渡証券で、運送人の路線上の貨物運送に係る、荷送人と運送人との間の契約を証するものをいう。
2) 「貨物」とは次のいずれかをいう。
・「物品」と同義語で、郵便物及び手荷物を除く、航空機で運送され又は運送することができる一切のものをいいます。但し航空運送状により運送される別送手荷物は貨物とする。
・「受託貨物」と同義語で、この約款に別段の定めのある場合を除き、運送人が一荷送人から一時に一ヶ所で受けた一個又は数個の物品で一口として一通の航空運送状により一到達地住所の一荷受人に宛てての運送のために受領されるものをいう。
3) 「運送」とは、「輸送」と同義語で、無償又は有償の貨物を航空運送という。
4) 「運送人」とは、航空運送人をいい、航空運送状を発行する航空運送人及び当該航空運送状により貨物を運送し若しくは運送を引受けるすべての航空運送人又は当該航空運送に付随するその他の業務を行ない若しくはそれを引受けるすべての航空運送人を含む。
5) 「料金」とは、貨物の運送に適用する賃率に基づき当該運送のために支払われる料金額又は貨物の運送と関連する特別の業務若しくは付随的業務のために支払われる料金額をいう。
6) 「着払料金」とは、荷受人から徴収すべく航空運送状に記入された料金をいう。
7) 「市内空港間サービス」とは、運送人の市内貨物取扱所と出発地空港又は到達地空港との間の貨物の地上運送をいう。
8) 「荷受人」とは、運送人が貨物を引渡すべき者として航空運送状にその名を記入されている者をいう。
9) 「条約」とは、次のいずれかの条約のうち、当該運送契約に適用になるものをいう。1929年10月12日ワルソーで署名された「国際航空運送についてのある規則の統一に関する条約」(以下「ワルソー条約」という。)。1955年9月28日ヘーグで署名された「1955年にヘーグで改正されたワルソー条約」(以下、ヘーグ改正ワルソー条約)。

1975年のモントリオール第四議定書で改正されたヘーグ改正ワルソー条約(以下「モントリオール改正ワルソー条約」という。)。1999年5月

28 日モントリオールで署名された「国際航空運送についてのある規則の統一に関する条約」（以下「モントリオール条約」という。）。

② 第2条（約款の適用）

貨物の運送は、運送人による航空運送状の発行日に有効なこの約款及び運送人の規則の定めに従う。

③ 第3条（航空運送状の作成）

1) 荷送人による準備は、荷送人は運送人が定める書式で作成し、貨物と一緒に運送人に引渡す。
2) 貨物の外見と状況では、貨物又は荷造の外見及び状況が良好でない場合、荷送人は、当該貨物の外見及び状況を航空運送状に記入しなければならない。荷送人が記入をしなかった場合又は記載が不正確な場合、運送人は、当該外見及び状況について航空運送状に記入し又は航空運送状上に訂正をすることがある。
3) 記入内容に関する責任では、運送人は、荷送人が航空運送状に記入し又は運送人が荷送人に代って航空運送状に記入した記入事項及び記載内容が正確かつ完全である場合、運送人その他のすべての者に対して責任を負う。

④ 第4条（賃率及び料金）

1) 約款及び運送人規則の定めによる運送は、運送人が適法に公示した賃率及び料金で、航空運送状の発行日に有効な賃率及び料金が適用する。
2) 収受した賃率又は料金が、適用する賃率又は料金でない場合には、その差額を荷送人若しくは荷受人に払戻又は荷送人若しくは荷受人から追徴する。
3) 空港間の運送のみへの適用とは、賃率及び料金は、出発地の空港から到達地の空港までの運送にのみ適用する。
4) 賃率及び料金の適用優先順位では、運送人が公示している通し賃率又は料金が、同一経路による同一地点間に適用する区間賃率又は区間料金を合算した賃率又は料金に優先して適用する。
5) 重量割引では、同一の出荷形態での同一経路による同一地点間の同一品目につき重量段階の異なる2以上の賃率がある場合には、低額の料金を適用する。

　　料金の支払いは、運送人が指定する通貨であれば、賃率又は料金が公示されている通貨以外の通貨でも支払うことができる。その際の通貨への換

算は、運送人が定める換算率により、次のように行う。
・料金前払貨物の場合には、航空運送状の発行日に有効な換算率を適用する。
・料金着払貨物の貨物の場合には、到着通知が荷受人宛に発送された日に有効な換算率を適用する。
7) 貨物の総重量、寸法、数量又は申告価額が超過する場合には、運送人は、当該超過に基づく料金の支払を要求する。
8) 端数処理は、以下のように処理する。
・容積計算にあたっては2分の1センチメートル未満又は2分の1インチ未満の端数は切捨て、2分の1センチメートル以上又は2分の1インチ以上の端数は1センチメートル又は1インチに切り上がる。
・2分の1キログラム以下の端数は2分の1キログラムとして、2分の1キログラムを超える端数は1キログラムとして処理する。
・1ポンド未満の端数は1ポンドとして処理する。
・容積の計算は荷の大容積に基づくものとし、数個の荷が一緒にゆわえつけられている場合には、ゆわえつけられた荷全体の大容積に基づき計算する。大容積は、荷の大高、大幅及び大長の相乗積とする。料金の基礎では、運送のための賃率及び料金は、貨物の総重量に基づいた料金又は総容積に基づいた料金のいずれか高い額に、従価料金が適用する場合には、これを加算したものとし、次の定めに従い算出する。
・料金は、出発地空港で決定された重量又は容積に基づき次に示す方法により計算し、より高い額とする。
・適用賃率又は料金がキログラム単位で公示されている場合、料金は、貨物の総重量に基づいて計算する。この場合重量1キログラム当り6,000立方センチメートルを超える貨物は、6,000立方センチメートルを1キログラム、3,000立方センチメートル以下の容積を2分の1キログラム、3,000立方センチメートルを超える容積を1キログラムとしてそれぞれ料金を計算する。
・価額に基づく料金が適用するかどうかを問わず、荷送人は航空運送状面に運送にあたってすべての貨物の価額を申告しなければならない。
・当該価額申告はいかなる金額においてもすることができ、「NVD(無申告)」という記載でも当該申告をしたことになる。
・運送人が定める申告価額を超える貨物の場合は、運送人規則に従って従価

料金が発生する。
- 従価料金を適用する場合のキログラム当り又はポンド当りの貨物の価額は、荷送人の申告価額を貨物の実総重量で除したものとする。
- 最低料金は、適用賃率及び貨物の実重量（又は容積）に基づき算出した料金の総額（従価料金を除く。）が、貨物一件当りの最低料金より低額の場合、最低料金を適用する。
- 立替払手数料は、荷送人からの要求に基づき、運送人は、運送料金、荷車運送料、保管料、運送人以外の者が行なう搭載又は取卸のための手数料、公租及び通関手数料等の立替払金として航空運送状に記載された金額を荷受人から徴収する。立替払金額の徴収及び荷送人への送金に対しては、運送人規則に定める手数料が発生する。
- 着払料金扱いは、運送人規則に定める手数料を到達地空港において発生する。
- 航空運送状発行手数料は、運送人が航空運送状を作成又は補完する場合には、運送人規則に定める手数料が発生する。

⑤ 第5条（貨物の運送引受）

1) 貨物の運送を引受ける場合、価格制限がある。
- 運送にあたっての受託貨物の申告価額が100,000米国ドル（又はその相当額）を超える場合、運送人は、事前のとりきめがなされない限り運送を引受けない。
- 一航空機で運送する一口の受託貨物又は数口の受託貨物の価額限度は、2,000,000米国ドル（又はその相当額）である。一口の受託貨物についての荷送人による申告価額が当該限度額を超える場合には、同一航空機で運送することはできず、運送人の判断により二以上の航空機に分割して運送する。貨物の申告価額の合計が本条の定めに違反し又は違反することになるような貨物は、運送人は、同一航空機による当該貨物の運送を拒否することができる。
- 貨物の荷造及び荷印は、荷送人は、貨物が安全に運送されるような方法で、人又は財産に損傷を与えないように適切に梱包する責任を負う。また、各荷には荷送人及び荷受人の氏名及び住所地番を明瞭に、かつ、消えないように記名する。また、会社規則に定める高価品を含む荷は、運送人が認める方法で封印しなければならない。

・引受可能貨物とは、貨物を取扱うに必要な種類及び機能の適用な機材があり、かつ、旅客及び郵便物の搭載後の許容搭載量に余裕があれば、運送人は、あらゆる種類の雑貨、物品、製品及び生産物の運送を引受ける。ただし、次の要件を条件とする。
　　当該品目の運送又は輸出入が出発国、到達国、経由国又は通過国の法令又は規則により禁止されていないこと。
　　当該品目が航空機による運送に適した方法で梱包されていること。
　　当該品目に運送のため必要な書類が添付されていること。
　　当該品目が航空機、人若しくは財産に危険を与え又は旅客に迷惑をかけるおそれのないこと。
・条件付引受貨物とは、運送人が定める次の物品は、運送人規則に定める条件に従ってのみ、運送を引受ける。
○　銃器
○　遺体及び遺骨、生きている動物（家畜、鳥、爬虫類、魚、貝、昆虫類及び愛玩動物を含む）
○　変敗物（食品の色や味が変わり、食用には適さない物）
○　火薬類、高圧ガス、引火性液体、可燃性固体、酸化性物質、毒物、放射性物質、腐食性物質、及び健康、安全又は財産に著しい危険をおよぼす恐れのあるような物質等の危険物。
　　荷送人がパレット・コンテナ等の単位搭載用具に積付けを行なう場合、荷送人は運送人の積付け指示を守らなければならない。荷送人は、運送人の指示を守らなかったことによる結果に対して責任を負い、運送人を免責するものとする。
⑥　第8条（引渡）
1)　荷受人に対する引渡し、航空運送状面に記載された荷受人に行う。
2)　到着通知は、通常の方法により荷受人または航空運送状に記載された到着通知先に行う。
⑦　第12条（運送人の責任）
　一通の航空運送状で2以上の運送人が携わる連帯運送は、単一の運送として扱う。
（条約）
条約の適用を受けない国際運送の場合を除き、運送人が行う運送には、運送

の中断又は積替があるかどうかを問わず、当該運送に適用になる条約に定められた責任に関する規定及び制限が適用される。
　（適用法令）
　運送人が行うすべての運送及びそれに付随するその他の業務は、次の定めに従う。
(a)　適用法令（条約を補足する国内法又は条約に定める「国際運送」でない運送に対し、条約の規定を準用している国内法を含みます。)、官公署の規制、命令及び指示。
(b)　航空会社の運送約款は、営業所及び航空会社が定期便を運航している空港の事務所で閲覧することができる。
⑧　第13条（責任の制限）
（価額の申告）
　航空運送状面に「運送にあたっての荷送人の申告価額」として記載された金額が1キログラムあたり22SDRを超える場合には、その金額が荷送人の申告価額となることを了承する。
（責任の制限）
　会社の責任は次のとおりとします。ただし、条約又は適用法令に別段の定めがある場合において、本条の規定が、当該条約若しくは適用法令の定めよりも運送人の責任を免除し、又は当該条約若しくは適用法令で定める責任の限度よりも低い限度を定めていることにより無効とされる場合を除く。
（責任限度額）
　運送のための料金は、荷送人の申告価額を基礎として算出されており、運送人のすべての責任は、いかなる場合にも、航空運送状面に記載された、「運送にあたっての荷送人の申告価額」を超えることはない。荷送人による当該申告がない場合には、運送人の責任は、貨物1キログラムあたり22SDRを超えない。

5.3.4　e-Freightプロジェクト化への取り組み

　e-Freightは、IATAを中心に航空会社、フレイト・フォワーダー、税関、グランドハンドリング業者、荷主等による共同プロジェクトで、電子化を推進することで、「紙」の利用を減らし、コスト削減と業務効率の向上を目指している。最終的には、いかなる場合においても「紙」の書類を必要としない「ペーパーフリー」を理想としているが、国家機関の要請などによる書類のプリントアウ

トを可能とするハイブリッド型のプロジェクトである。IATA は、1 年間に世界で使用される書類の量は、B747-400 貨物機の 39 機分相当と見積もっており、このプロジェクトが実施されれば、年間 49 億ドルの削減効果があると試算している。

IATA による e-Freight の取組みは、2006 年から段階的に開始しているが、基本的な考え方としては 3 つある。1 つ目は、世界の政府規制当局がペーパーレスの貨物輸送に関して電子的な通関体制を働きかけること。2 つ目は、貨物サプライチェーンと共同で、マスター AWB の電子化である e AWB から進めること。3 つ目は、商業書類や特殊書類の電子化を進めること。この 3 つのなかでも最初のステップとして、e AWB の普及がある。この e AWB の表面は電子メッセージであり、裏面は AWB 協約になる。e AWB では、紙媒体の AWB に記載されていた裏面約款の効力が消滅するため、IATA と Multilateral e AWB Agreement を結ぶことにより、航空会社とフレイト・フォワーダー等の取引を円滑にすることに対応している。また IATA によると、e AWB の利用率は 75％を超えていることから、次のステップとして、商業書類や特殊書類の電子化に取り組んでいる。サプライチェーン全体を通じて、関係者間においてデータ共有を進める「One Record」である。これは、ウェブを利用し、航空会社、フレイト・フォワーダー、グランドハンドリング業者、トラック業者等の関係者間でデータを共有できるシステムである。このシステムが完成すれば、関係者間で積荷情報を共有化することで、効率的な運送が可能になる。現在、香港の空港において、一部の航空会社が空港当局と共同でパイロットテストを実施している。

5.4　航空輸送に関する国際条約

5.4.1　国際民間航空（シカゴ）条約

「国際民間航空条約」（シカゴ条約）は、1944 年 12 月に採択され、1947 年 4 月に発効した。この条約の内容は、大きく二部構成になっている。一部は、国際航空輸送に関する一般的な諸規定で、二部は、国際民間航空機関（ICAO：International Civil Aviation Organization）の設立の合意である。一部と二部のポイントを説明する。

一部は、一般規則および条約の適用、締約国の領空の上空の飛行、航空機の国籍、航空を容易にする措置、航空機について備えるべき要件、国際標準およ

び勧告方式について定められている。重要なポイントは、領空主義の原則とカボタージュである。領空主義の原則とは、締約国の領土、領海、領水上の空間において、完全かつ排他的な主権を保有するという考え方であり、その領空主義の考え方から締約国の領土内の2地点間の有償または貸切りの運送を外国の航空機に許可しない権利を保有するというカボタージュの考え方である。

　二部は、ICAOの設立に関することである。ICAOの目的は、国際航空の原則・技術を発達させること、および、国際航空運送の計画・発達を助長することである。ICAOの組織は、総会、理事会、航空委員会、事務局であり、その他の機関として、航空運送委員会、法律委員会、共同維持委員会、民間航空不法妨害委員会、技術協力委員会等の設置が規定されている。

　さらにシカゴ条約では、シカゴ条約の付属協定として同時に採択された国際航空運送協定（International Air Transport Agreement）において以下の5つの自由が規定されたが、この条約では、第1の自由と第2の自由だけが合意され、この2つの自由を「通過権」という。

　第1の自由は、シカゴ条約締結国上空通過の自由であり、B国の領空を無着陸で通過できる自由である。

　第2の自由は、機体整備、給油、乗員交代等の技術的の目的によりB国に着陸できる自由である。

　第3の自由は、相手国であるB国への営業目的で飛行できる自由であり、自国であるA国から乗客や貨物を相手国であるB国に対して輸送できる自由である。

　第4の自由は、第3の自由とは、逆の内容であり、相手国から乗客や貨物を自国内に輸送できる自由のことである。

　第5の自由とは、別名「以遠権」とよばれている自由のことである。自国のA国から相手国であるB国に飛行し、相手国から第3国のC国まで営業目的で飛行できる自由のことであり、相手国のB国から第3国のC国まで乗客と貨物を輸送できることと、第3国のC国から乗客と貨物を相手国のB国まで輸送できる自由のことである。

5.4.2　バーミューダ協定

　シカゴ条約から持ち越された第3から第5の自由である「運輸権」が締結されるきっかけになったのは、1946年に米国と英国がバーミューダ島で締結し

たバーミューダ協定である。このバーミューダ協定が、各国間による2国間協定の雛形となって空の自由の「運輸権」が世界中に広まり、国際航空運送が拡大した契機となった。バーミューダ協定の標準的な項目は以下のとおりである。
① 協定の目的
② 協定業務実施のための権利を許与、第1から第5の自由の付与とカボタージュの制限等
③ 航空企業の指定と運営許可の付与等
④ 空港使用料の最恵国、内国民待遇等
⑤ 輸送力
⑥ 運賃：IATAの運賃調整による運賃設定の原則と両当事国政府による認可の原則
⑦ その他：統計の提供、航空当局間会議の開催等

5.4.3 米国による国際航空運送競争法

1978年、米国の国内における航空企業の規制緩和法が施行され、航空企業の市場参入の自由化や多様なサービスの設定が認められたことにより、オープンスカイ政策が国際航空運送にも展開され、1980年に国際航空運送競争法が施行された。具体的な内容は、以下のとおりである。
① すべての路線への参入の自由化
② すべての路線での輸送力（機材・便数）の制限撤廃
③ 米国国内および欧州域内のすべての地点間における運輸権、中間地点、以遠地点等の自由化
④ 第3、第4の自由については、運賃決定方式を両国の航空当局がともに否認した場合にのみ認可しないというダブル・ディスアプルーバル・プライシングの採用
⑤ チャーター便の自由化
⑥ 貨物便の自由化
⑦ 外国通貨との交換および送金の制限撤廃
⑧ コードシェアリングの自由化
⑨ 自社ハンドリングの権利保証
⑩ 自由競争の促進
⑪ CRS（Computer Reservation System）に関する差別を行わない保証

米国は、1992年にオランダとの航空交渉を行い、オープンスカイ協定が合意された。その後1995年にカナダ、オーストラリア、ベルギー、チェコ、デンマーク、フィンランド等、1996年にドイツ、1997年にルーマニア、チリ、コスタリカ、マレーシア、ニュージーランド、シンガポール、台湾等、1998年には、イタリア、韓国、アラブ首長国連邦等にまで拡大し、2000年2月では、42か国とオープンスカイ協定を締結している。

　わが国のオープンスカイ協定への航空政策の変更は、2010年10月に米国とのオープンスカイ協定を締結し、その後韓国、シンガポール、マレーシア、台湾、中国等と締結し、2019年4月現在、33か国と締結している。

　しかし、米国のオープンスカイ政策は、自由化を前提にした航空政策であるが、国内輸送の権益であるカボタージュに関しては、米国国内を外国航空会社に開放していない。完全なるオープンスカイ政策ではない点は留意する必要がある。

第 6 章　フレイト・フォワーダーとグローバル・ロジスティクス

　日本には、フレイト・フォワーダー（Freight Forwarder）に関する確たる法的な定義はないが、国際フレイトフォワーダーズ協会（JIFFA）によると、「フレイト・フォワーダーとは、他人の需要に応じて、有償で国際物品運送の取次、代弁及び利用運送並びにこれらに付帯する業務を行うことを業とする者」と定義している。

6.1　フレイト・フォワーダーの歴史

6.1.1　フォワーダーの歴史

　フレイト・フォワーダー（以下、「フォワーダー」）の発祥の地は欧州で、その歴史は古く、14 世紀初頭にまで遡る。当時の欧州域内は、国を跨いだ交易が盛んに行われていた。国境を越えて、物資を迅速かつ確実に輸送するために、「Frachter」と称される「貨物運送取扱人」が起用されていた。

　17 世紀になると、王侯・貴族たちへの貢物などを送る豪商達に代わって、物品運送の取次を行う者が現れ、納品代行や集金代行業務のほかに、独自の貨物引換証や倉庫証券を発行していた、といわれている。

　18 世紀になると、欧州域内では、政治の安定期を迎えた。域内交易が一層盛んになったことで、貿易金融業務は、フォワーダーの手に余るようになり、商業銀行が専門に扱うようになった。

　さらに 19 世紀になると、蒸気機関の発達に伴い、従来の人力・畜力・自然力から、石炭源への動力革命による産業革命が起こる一方で、蒸気機関車や蒸気船が発達したことで馬車輸送の時代は終焉した。

　その当時の欧州は、いまだ多くの国が散在していたが、A 国の列車が他国に乗り入れる、というようなことは原則認められていなかった。そこで、国を跨いで通関や輸送に関わる専門知識と経験を有する「フォワーダー」が国際間の通し運送を開拓しながら、業容の拡大を図っていった。さらに、フォワーダーは、特に鉄道によるネットワークを構築し、そのスピードと安い運賃を活用して、従来の河川や沿岸内陸輸送に対抗するようになった。やがてフォワーダーによる鉄道を使ったコンソリデーション輸送（混載輸送）も行われるようになり、鉄道輸送は急激に発展していった。

18世紀中葉には、欧州域内や欧米大陸間の商業ベースによる海上貨物輸送も飛躍的に発展し、フォワーダーの活躍の場も一段と拡大していった。

6.1.2　わが国のフォワーダーの海外進出の歴史

貨物に追随して動くのが物流事業者の宿命であるが、日系製造業の海外への生産拠点移転の推移をみていくと、日系フォワーダーの海外展開の経緯も自ずから見えてくる。

それまで国内の物流事業に特化してきた物流事業者が「フレイト・フォワーダー」と称して国際物流業務に携わるようになったのは、日本発着の定期航路がコンテナ化された1960年代後半以降である。ちなみに、わが国のフォワーダーを自称する物流事業者の出身母体をみると、倉庫・陸運・通関・港運・船会社・航空代理店・メーカー系物流子会社・商社系など多岐にわたっている。

1970年代、世界の定期航路のコンテナ化に伴い、フォワーダーは利用運送事業者（NVOCC[1]）として、独自の国際複合運送証券（CT B/L：Combined Transport B/L等）を発行して、欧米向けの国際複合一貫輸送やコンソリデーション業務を始めた。特に米国向けについては、当時日本からの輸出主要商品であった衣料品・家電製品・缶詰などがMLB（Mini Land Bridge）やIPI（Interior Point Intermodal）で一貫輸送された（MLBとIPIについては第7章で説明する）。

1970年代後半から1980年代半ばにかけて、衣料品や家電製品、ラジオ・カセットデッキなどの生産拠点が韓国・台湾・香港（新興工業経済地域：NIES）へと移転されたのに伴い、これらの国に現地法人（または駐在員事務所）、倉庫などを建設する一方で、量販店（GMS：General Merchandise Store）向けのバイヤーズ・コンソリデーションを始めている。

たとえば、倉庫については、三菱・三井・住友がロサンゼルスやニューヨーク、アントワープ、シンガポール、香港で倉庫業を始めている。また、欧州内陸向け輸送に関しては、海外フォワーダーと提携して、海上運賃の低減とリードタイムの短縮を図るために、シベリア・ランドブリッジ（SLB）ルートを開拓している。

さらに、欧州主要港・域内向けについては、盟外船（エバグリーン、ヤンミ

---

[1] NVOCC（Non-Vessel Operating Common Carrier）とは、米国連邦海事法（FMC Acf）にある用語で、日本では当初「非船舶運航事業者」と和訳されていたが、いまは「利用運送事業者」が通称になっている。NVOCCは、自ら実運送（船会社等）手段を有していないが、実運送事業者を下請けに使って、運送人（Common Carrier）として、運送サービスを提供する事業者のことである。

ンほか）を活用した一貫輸送サービスを提供し、当時存在した欧州同盟との間で、熾烈な戦いを展開している。

また、1980年代に入ると、日本から材料（生地や副資材）を中国華東地区の中国企業（当時は国営企業）に無償提供し、現地の安い人件費を活用して縫製加工する委託加工貿易（衣料品他）が盛んになり、中国側企業との合弁で検針・検品工場を開設、日中間のコンテナ輸送も始まった。なお、中国で独資による物流企業の設立が可能となったのは、中国・香港貿易経済緊密化協定（CEPA：Closer Economic Partnership Arrangement）が発効した2005年1月1日以降である。

また、1981年4月1日には、フォワーダーの地位の向上と情報交換、会員向け支援（研修会やセミナーの実施、JIFFA B/L等の貸与ほか）および親睦などを図るために「日本インターナショナルフレイトフォワーダーズ協会」（JIFFA：Japan International Freight Forwarders Association）が設立されている（2002年4月「国際フレイトフォワーダーズ協会」に名称変更、2024年6月現在会員数は556社・11団体）。

ところで、フォワーダーの海外進出を加速させる契機となったのは1985年のプラザ合意である。プラザ合意を機に始まった急激な円高の影響を受けて、輸出競争力を失ったわが国の製造業（家電製品・衣料品産業ほか）は、安い人件費を求めて、タイ・マレーシア・インドネシアなどに生産拠点を移転させた。そこで、貨物（顧客）に追随して動くのが宿命であるフォワーダーもこれらの国への進出が相次いだ次第である（表6-1）。

1990年代後半になると、タイで発生したアジア通貨危機（1997年）による現地通貨安や人件費の高騰もあり、安い人件費と豊富な労働力、大きな潜在需要力があった中国華南・華東地区などに生産拠点（家電製品・事務用機器・衣料品産業等）が移転され、中国が「世界の工場」と呼ばれるようになった。

ところが、2005年頃から、中国内陸部（重慶・成都等）での西部大開発に伴う沿海部（華東地区）の人件費の高騰と人手不足、尖閣諸島国有化問題（2012年）に伴う頻発する反日暴動やストライキ、中国政府のハイテク産業重視への政策転換、東南アジア諸国連合（ASEAN）とのACFTAの発効（2010年）、台湾リスク等もあり、中国一極集中によるリスクを回避するために、労働集約型産業（衣料品他）を中心に、「チャイナ・プラスワン」と称して、人件費が安くて豊富な労働力のあったCLMV（カンボジア・ラオス・ミャンマー・ベ

6.1 フレイト・フォワーダーの歴史

表 6-1 フォワーダーの海外進出の推移

	1989 現法	1989 駐在	1995 現法	1995 駐在	2000 現法	2000 駐在	2006 現法	2006 駐在	2010 現法	2010 駐在	2014 現法	2014 駐在	2018 現法	2018 駐在	2022 現法	2022 駐在
米国	55(6)	15	85(12)	14	70(8)	6	74(5)	13	69(7)	17	71	16	72	12	74	7
欧州	30(0)	44	69(10)	48	72(6)	23	91(6)	39	94(10)	28	103	20	104	16	95	12
オランダ	4(0)	6	15(2)	6	17(2)	5	21(0)	8	20(1)	7	21	4	21	3	20	2
英国	6(0)	7	18(3)	6	16(2)	2	22(1)	1	17(1)	0	18	1	16	1	15	1
ドイツ	8(0)	27	17(4)	13	22(11)	4	16(1)	6	16(3)	4	16	4	17	3	20	5
アジア	89(49)	76	246(157)	177	310(169)	166	557(246)	242	639(270)	195	767	178	841	144	888	60
中国	0(4)	23	32(26)	96	66(53)	93	197(99)	169	236(100)	125	285	77	259	67	241	4
香港	30(12)	5	56(12)	13	52(11)	6	76(6)	10	79(10)	7	77	6	73	6	68	4
タイ	11(6)	8	0(47)	8	49(32)	5	70(41)	1	82(49)	4	101	6	125	8	136	8
シンガポール	24(13)	9	44(14)	11	52(15)	5	57(7)	2	57(7)	1	52	2	58	3	59	2
インドネシア	0(2)	3	5(4)	12	10(7)	13	28(20)	12	34(25)	7	50	11	62	9	68	3
ベトナム	0(0)	0	0(4)	9	9(9)	16	13(12)	15	26(20)	27	48	26	67	22	88	1
マレーシア	11(9)	1	30(28)	7	32(18)	2	40(23)	3	37(22)	0	36	0	42	0	48	0
フィリピン	1(0)	1	0(6)	7	17(11)	10	34(22)	14	29(16)	6	28	5	32	6	38	6
ミャンマー	0(0)	0	0(0)	0	0(0)	1	0(0)	2	0	1	6	5	20	7	27	6
カンボジア	0(0)	0	0(0)	0	0(0)	0	0(0)	0	0	0	5	2	8	3	12	3
バングラデシュ	0(0)	0	0(0)	0	0(0)	0	0(0)	0	0	0	3	2	3	3	5	4
ラオス	0(0)	0	0(0)	0	0(0)	0	0(0)	0	0	0	1	0	1	0	3	2
インド	0(0)	0	0(0)	0	3(1)	1	4(3)	3	15(8)	7	27	7	31	3	33	1
台湾	5(3)	14	18(14)	11	16(10)	5	26(9)	2	25(8)	1	23	2	25	1	28	3
韓国	1(0)	12	4(2)	9	4(2)	9	12(4)	9	19(5)	9	21	9	29	5	27	2
総合計	174(55)	135	400(179)	239	452(187)	195	722(257)	294	802(287)	240	941	214	1094	184	1153	130

(注1) 現地法人には、合弁企業を含む。JIFFAの統計の取り方が、2012年に変更になり、合弁企業を現地法人に含むように変更されている。
(注2) ( )内は、合弁企業数。
(出所:国際フレイトフォワーダーズ協会『我が国フォワーダーの海外進出状況と外国フォワーダーの日本進出状況』)

トナム)、バングラデシュへ生産拠点が移転されている。なお、衣料品産業に関する詳細は、第14章第2節を参照されたい。

さらに、昨今では、中国の一帯一路政策や東アジア地域包括的経済連携協定（RCEP）の発効（2022年1月2日）等もあり、中国とベトナム・マレーシア・カンボジア他との間で、電子部品や生地等に関する相互補完体制が確立される一方、中国華南地区〜ベトナム間の輸送ではフォワーダーによる中越回廊が利用されている（第8章第1節 GMS域内の物流事情を参照のこと）。

ところが最近では、中国による台湾リスクやコロナ禍後の中国政府のスパイ防止法の取締り強化等もあり、一極集中のリスク回避のために、パソコンや事務用機器の一部組立工場がベトナム・マレーシア・インドに移転している。

6.2　フォワーダーと貨物利用運送（NVOCC）事業法

6.2.1　貨物利用運送事業法

フォワーダー業務の一部であるNVOCC業務を規制する普通運送の法律として、貨物利用運送事業法がある。この法令の前身である貨物運送取扱事業法が、「物流二法」とよばれた自動車運送事業法とともに改編され、1989年12月に制定された（法律第82号）。

従来の「海上運送法」「航空法」「道路運送法」「通達事業法」「内航海運業法」のなかで規制されていた「利用運送事業」の部分が貨物利用運送事業法に集約され、「利用運送事業」（NVOCC事業：Non Vessel Operating Common Carrier）と「貨物運送取扱業」（Forwarding事業）に分類され、利用運送事業は「届出制」に、取扱事業は「登録制」に緩和された。

この時の改訂により、貨物運送取扱業務（Freight Forwarding業）は自由化され、現在フォワーダー業務を規制する法律はなくなっている。また、利用運送事業（Contracting Carriage）について、第一種を登録制、第二種を許可制に変更している。ちなみに、第一種利用運送事業とは、①Port to Portの内航・外航海運、②Airport to Airportの航空、空港宅配・両端の軽集配等、③臨海鉄道・荷主企業専用引き込み、④荷主先から荷主先までのトラック輸送を、第二種利用運送事業は、海運・鉄道または航空の利用運送およびこれに先行・後続するトラック集配により荷主企業に対して一貫したサービスを提供する事業（Door to Door）について規制している。なお、NVOCC＝フォワーダーと考えている人が多いが、NVOCC業務はフォワーダー業務の一部ではあるが、すべ

表6-2　中国／ASEAN各国との品目別輸出入取引概況（2022年）

中国の対ASEAN輸出上位品目（2022年）

			金額(10億ドル)	シェア(%)	1位	10億ドル	%	2位	10億ドル	%
1	764	通信機器	55.9	9.9	ベトナム	18.3	32.6	マレーシア	14.7	26.3
2	759	事務用機器の部分品	17.2	3.0	ベトナム	7.5	43.5	マレーシア	2.7	15.7
3	334	石油製品	16.6	2.9	シンガポール	9.6	57.8	フィリピン	2.6	15.5
4	778	その他の電気機器	15.8	2.8	ベトナム	7.2	45.5	マレーシア	2.6	16.4
5	893	プラスチック製品	14.2	2.5	シンガポール	2.8	19.4	マレーシア	2.7	18.9
6	772	回路開閉機器印刷回路	12.8	2.3	ベトナム	4.3	33.5	マレーシア	2.7	21.2
7	752	自動データ処理機械	11.9	2.1	シンガポール	4.1	34.4	マレーシア	2.1	17.4
8	821	家具	10.8	1.9	マレーシア	2.8	25.8	シンガポール	2.1	19.6
9	655	メリヤス・クロセ編物	10.7	1.9	ベトナム	5.5	51.6	カンボジア	2.0	18.8
10	699	各種の卑金属製品	10.4	1.8	ベトナム	2.4	23.4	マレーシア	1.8	17.5
11	851	はき物	9.4	1.7	ベトナム	2.4	25.6	フィリピン	2.3	24.6
12	894	玩具・スポーツ用品	9.1	1.6	マレーシア	2.1	22.8	ベトナム	1.8	19.9
13	728	その他の産業用機械	9.1	1.6	ベトナム	2.9	32.3	シンガポール	1.7	19.0
14	598	その他の化学工業生産品	8.8	1.6	マレーシア	2.4	27.4	ベトナム	2.3	26.5
15	653	人造繊維の織物	8.6	1.5	ベトナム	3.5	40.6	インドネシア	1.6	18.1
16	674	鉄鋼圧延製品（被覆）	8.5	1.5	フィリピン	4.4	51.8	タイ	1.6	18.4
17	871	光学機器	8.4	1.5	ベトナム	5.5	65.6	インドネシア	1.0	12.4
18	776	熱電子管・半導体	7.3	1.3	シンガポール	1.7	23.3	ベトナム	1.5	19.9
19	793	船舶・浮遊構造体	7.1	1.2	シンガポール	5.7	79.9	インドネシア	0.7	9.9
20	582	プラスチックの板・フィルム	6.8	1.2	ベトナム	2.3	33.5	マレーシア	1.0	14.4
				45.7						
			567.6	45.7	ベトナム	118.5	20.9	マレーシア	93.7	16.5

中国の対ASEAN輸入上位品目（2022年）

			金額(10億ドル)	シェア(%)	1位	10億ドル	%	2位	10億ドル	%
1	764	通信機器	84.0	20.6	マレーシア	30.6	36.5	ベトナム	28.0	33.4
2	333	原油	22.8	5.6	マレーシア	21.7	95.4	インドネシア	0.4	2.0
3	871	光学機器	20.5	5.0	ベトナム	19.9	97.1	タイ	0.3	1.2
4	752	自動データ処理機械	13.7	3.3	タイ	7.0	51.5	マレーシア	3.6	26.4
5	671	銑鉄・フェロアロイ	13.4	3.3	インドネシア	13.2	98.0	ミャンマー	0.2	1.7
6	322	亜炭・泥炭	11.9	2.9	インドネシア	11.4	95.4	フィリピン	0.5	4.5
7	343	天然ガス	11.7	2.9	マレーシア	6.8	58.3	インドネシア	3.1	26.4
8	759	事務用機器の部分品	10.0	2.5	ベトナム	4.9	49.2	マレーシア	1.9	18.9
9	776	熱電子管・半導体	9.6	2.4	マレーシア	5.2	53.6	フィリピン	1.2	12.6
10	335	石油残留物・同製品	8.7	2.1	マレーシア	7.8	88.9	シンガポール	0.6	6.3
11	057	果実・ナット（生鮮・乾燥）	8.3	2.0	タイ	5.6	67.5	ベトナム	1.5	18.0
12	321	石炭	7.6	1.9	インドネシア	7.5	99.3	ベトナム	0.0	0.5
13	422	植物性油脂（その他）	7.1	1.7	インドネシア	4.7	66.5	マレーシア	2.2	30.9
14	728	その他の産業用機械	7.1	1.7	シンガポール	4.6	64.8	マレーシア	2.2	30.4
15	284	ニッケル鉱	7.0	1.7	インドネシア	4.4	62.8	フィリピン	2.6	36.8
16	874	測定・分析・制御機器	6.3	1.5	マレーシア	2.7	42.8	シンガポール	2.6	41.9
17	232	合成ゴム	6.0	1.5	タイ	2.8	46.4	ベトナム	2.0	33.1
18	778	その他の電気機器	5.4	1.3	マレーシア	2.1	38.6	フィリピン	0.9	17.4
19	511	炭化水素・同誘導体	4.9	1.2	ブルネイ	1.9	39.3	シンガポール	1.3	26.3
20	251	パルプ・くず紙	4.8	1.2	インドネシア	3.5	72.8	タイ	0.7	13.9
				66.4						
			408.2	66.4	マレーシア	109.9	26.9	ベトナム	88.0	21.5

（出所：大泉啓一郎氏作成）

てのフォワーダーがNVOCC業務を担っているわけではないことから、間違いである。

6.2.2 フォワーダーの運送の引受形態

JIFFAの定義にもあるが、フォワーダーの運送引受け形態には、①利用運送、②取次運送、③代理・代弁の3通りがある（図6-1）。

① 利用運送事業（貨物利用運送事業法）

利用運送事業とは、貨物利用運送事業法第2条によると、「利用運送事業者とは、「実輸送人である船舶運航事業者、航空運送事業者、鉄道運送事業者、または貨物自動車運送事業者が行う貨物の実運送を利用して、貨物運送を行うことを業とする者」と規定している。

利用運送事業には、一種（登録）と二種（許可）の2種類がある。

② 運送取扱事業（商法第559条）

運送取扱事業者とは、「自己の名をもって物品運送の取次ぎをすることを業とする者をいう」と規定している。つまり、運送取扱事業とは、「自己の名をもって、他人すなわち委託者の計算において、運送人との間に運送契約の締結を取次ぐことを業とする」ことである。

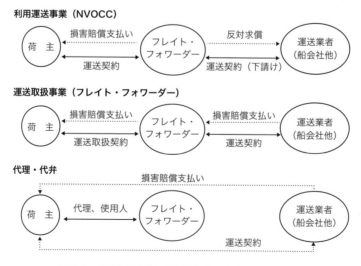

図6-1　利用運送事業、運送取扱業、代理・代弁の違い
（出所：筆者作成）

ここで注意すべきことは、独自の運賃設定や運送条件の設定はできないことである（すべて実運送人の料金と取引条件を準用）。

③ 代理・代弁（民法第99条）

代理・代弁行為については、「代理人がその権限内において本人のためにすることを示してした意思表示は、本人に対して直接にその効力を生ずる」と規定されている。つまり、運送の代理・代弁行為とは、「委託者（荷主または運送人）の名において、運送契約を締結すること」である。

なお、荷主と運送人との間に立って、運送契約締結の仲立（口利きだけ）を行い、荷主・運送人または双方から手数料を収受する場合は、運送仲立（ブローカー）行為となる。

6.3 フォワーダーの業務

6.3.1 フォワーダーの業務の概要

フォワーダーの語源は、もともと「運送取扱人」であったが、最近では、通関事業者(乙仲)、海貨事業者、ロジスティクス・ソリューション、プロバイダー、ロジスティクス・サービス・プロバイダー、サードパーティ・ロジスティクス・プロバイダー、3PL事業者、総合物流事業者などさまざまな自称がある。また、荷主企業に追随して動くのが宿命であるフォワーダーが国内外で提供している業務も、荷主企業のグローバル化と業容拡大に伴い、次のように多様化している。

① 国際複合一貫輸送（NVOCC）
② 海上・航空・陸上運送およびそれらの手配
③ コンソリデーション（ゼネラル・コンソリデーション、バイヤーズ・コンソリデーション）
④ 輸出入通関（海外を含め）
⑤ 集荷（ミルクランを含む）、保管（VMI・配送センターを含む）、配送（共同配送を含む）
⑥ 流通加工（検針・検品、タグ付け、仕分け・アソーティング、モジューリング・電子部品等の検査、他）
⑦ 国際引越し、国際宅配便
⑧ 貨物保険の手配とクレーム処理の代行手続き
⑨ 梱包

⑩　プラント貨物の輸送およびスーパーバイジング（SV）業務、据付け（時には配管・配線・レベル出しを含む）
⑪　構内および工場内作業（人材派遣を含む）、生産機器等のメンテナンス
⑫　アジア地域での免税措置書類の代行作成・申請およびその管理（たとえばタイのBOI、中国の免税手冊等）
⑬　船積書類の代行作成（通関書類・原産地証明書・L/C（信用状）他）
⑭　船積書類等への査証・原産地証明書等の代行取得およびその手配
⑮　3PL（Third Party Logistics）
⑯　船腹の予約（Booking）
⑰　コンサルタント業務（貿易、物流システムの構築・改善・改革、企業設立・進出等）
⑱　輸出入貨物に関する名義貸し業務
⑲　駐在員事務所代行業務
⑳　その他上記の付帯関連事項　他

6.3.2　フォワーダーとコンソリデーション

フォワーダーのメイン業務のひとつにコンソリデーション（Consolidation、混載）がある。また、コンソリデーションには、①ゼネラル・コンソリデーション（General Consolidation）と②バイヤーズ・コンソリデーション（Buyer's Consolidation）がある。

6.3.3　ゼネラル・コンソリデーション

ゼネラル・コンソリデーションとは、「不特定多数の荷主企業から集荷した小口貨物をコンテナ単位（FCL：Full Container Load）にまとめて、実運送人（船会社）に貨物（FCLコンテナ）を引き渡し輸送すること」で、荷主企業から収受した小口運賃と実運送人に支払ったFCL運賃の差額がフォワーダーの収益となる。

コンテナ船就航時から1980年代頃までは船会社も自ら集荷を行っていたが、時間と手間がかかる割に収益が小さいことから、現在はフォワーダーの専任業務になっている。

6.3.4 バイヤーズ・コンソリデーション

バイヤーズ・コンソリデーションとは、「特定の輸入者のために、その輸入者によって指定されたフォワーダーの海外指定倉庫で、その輸入者が買い付けた輸出通関済の小口貨物（LCL 貨物）を荷受け（集荷）し、その輸入者向けの専用コンテナを仕立てて、輸入者の指定場所までコンテナのまま輸送することで、物流コストの削減とリードタイムの短縮を図ろうとするシステム」のことである。

1970 年代後半になると、コンテナ船の太平洋航路への就航とともに、米国の大手小売店（シアーズローバック・K マート等）向けの衣料品・雑貨類）を対象にした日本発のバイヤーズ・コンソリデーションが行われていた。また、1980 年代に入ると、日本の大手量販店（イトーヨーカ堂・ダイエー等）が韓国・台湾などで買い付けた衣料品等を対象にした輸入コスト削減とリードタイムの短縮を図るために、バイヤーズ・コンソリデーションを構築した。その結果、筆者の体験[2] で、輸入費用が約 35％ も削減された。

さらに、昨今の市場の成熟化と多様化、グローバル競争の激化等によってプロダクトサイクルの短小化と長引く景気低迷によって販売価格の下落（衣料品等）が続くなか、量販店の他に商社・小売店（特にアパレル関連）などにとって、市場への商品投入のタイミングを読み誤ると、せっかく安く買い付けた商品も死蔵在庫となり、陳腐化、廃棄等による余分な金利や保管料、廃棄費用などが発生、あるいは値引きなどによって思わぬ損害を被りかねない。

さらに、最近では、急速な円安、不安定なサプライチェーン、地政学的な不安に伴う度重なる海上運賃や保険料の値上げ等もあり、企業間の差別化と競争力の強化を図る必要がある。そこで、①発注から市場投入までのリードタイムの短縮とコスト削減、②生産性向上を図るための積載効率のアップ、③明確な責任の一元化と正確かつ迅速な情報収集力と管理、④企業の経済活動を止めないための安定したサプライチェーンの構築などの観点から、改めてバイヤーズ・コンソリデーションが見直されている。

ところで、荷主企業およびフォワーダーからみたバイヤーズ・コンソリデーションのメリットについて整理すると、以下のとおりとなる。

---

[2] 1980 年に三井倉庫が A 量販店の韓国・台湾で買い付けた衣料品を対象に組立てたバイヤーズ・コンソリデーションの結果である。

（1）荷主企業からみたメリット
　① 従来 LCL（小口）単位で輸入していた商品を FCL（コンテナ）単位にまとめることで、海上運賃、CFS 料金、輸入通関料およびトラック配送料等の削減が可能になること。
　② FCL 単位にまとめることで、輸入地のコンテナヤードでの通関（CY 通関）が可能となり、通関および配送時間が短縮できること。
　③ FCL 単位にまとめることで簡易梱包による輸送が可能になる一方で、カーゴダメージが減少すること。
　④ コンソリデーターによる責任の一元管理と明確化、船積み・進捗等の情報管理が容易なこと。
　⑤ コスト削減のために、無理してコンテナ単位で買い付けていた商品でも小口単位での買付けが可能となり、金利や保管料等の削減が可能になること。
　⑥ 早期に船積情報（出荷明細）が入手できることから、店頭出荷や資金管理がしやすくなること。
　⑦バン詰め時に、国内の配送センターごとに詰めることで、国内の転送費用が削減できること。

（2）フォワーダーからみたメリット
　① 顧客（量販店他）の買付け量が増えれば、フォワーダーの取扱量も自然増になること。
　② 取扱業務範囲が従来の顧客（輸入者）扱い分だけでなく、海外のベンダーの業務範囲まで拡大できる可能性があること（たとえば、ベンダーの輸出通関等）。
　③ 顧客情報を共有化することで、安易に業者変更ができなくなり、安定した業務確保が可能になること。
　なお、ゼネラル・コンソリデーションとバイヤーズ・コンソリデーションの違いは図 6-2 のとおりである。

6.4　最近の物流コスト削減に対する考え方

6.4.1　国内の物流コスト削減の考え方

バブル崩壊（1991 年 11 月）による景気の低迷が長引くなかで、料金の強い

6.4　最近の物流コスト削減に対する考え方

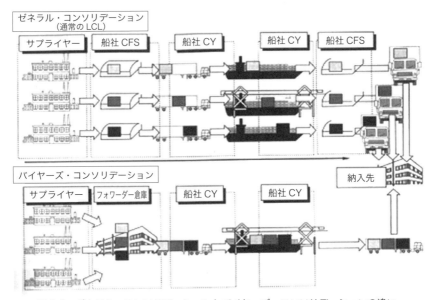

図 6-2　ゼネラル・コンソリデーションとバイヤーズ・コンソリデーションの違い
(出所：筆者作成)

値下げ要求、物流二法の改正（1990年12月施行）に伴う異業種等からの相次ぐ新規参入（コンサルタント会社他）、プラザ合意以降ますます深化する産業の空洞化、低経済長下での長引くデフレの影響などもあり、直近30年の荷主および物流業界は厳しい料金（価格）競争を強いられている。

そこで、荷主企業や物流事業者は、ロジスティクスやSCM、3PLなどを導入することで、企画／開発から調達、生産、販売、廃棄に至るまでのプロダクトライフサイクル全体を最適化し、顧客サービスの向上（差別化）とコスト（料金）削減、業容の拡大を図ろうとしている。

また、東日本大震災によるSCMの寸断や新型コロナ流行による国際物流の大混乱・操業停止などの経験もあり、現在ではロジスティクスやSCMのベースである物流に対する考え方は、①コストの削減とリードタイムの短縮、②企業の社会的経済活動を止めないための円滑な物流の構築となっている。

従来の物流コスト削減方法は、①料金交渉による値下げ、②保管拠点の再編や在庫の適正化、③共同配送等による料金の削減、④コンテナのラウンドユース、などが主流であった。しかし、昨今では、物流業界の人手不足（ドライバーや現場作業員）、働き方改革準関連法の改正等もあり、働き方改革や環境問題

の視点から、物流（労働）の生産性向上によるコスト削減が注目されている。具体的には、①積載効率の向上、②保管（在庫）しないこと、③動かさないこと等、である。
① トラック、コンテナ、パレットの積載効率の向上
　梱包の縮小とパレットの標準化、バイヤーズ・コンソリデーション 他。
② 保管（在庫）しないこと
　ミルクラン（巡回集荷）、多頻度少量納入、JIT納入 他。
③ 動かさないこと
　地産地消、部品の内製化等（特に低価格で嵩張るモノ、自動車部品等）による調達、消費地近くでの生産（家電製品他）他。
④ 労働生産性の向上
　コンテナヤードや配送センターでの待機時間の削減、ペーパーレス化や省人化を図るためのDX物流の導入 他。

6.4.2　海外の事例にみるコスト削減の考え方

　多くの日系荷主企業では、海外進出（ASEAN諸国など）の当初は、①赴任者が物流の専門家ではない（エンジニアが兼務）、②日本語が通じない、③現地の物流事情がわからない、などの理由から、気心の知れた日系フォワーダー（物流事業者）が起用される傾向が強い。
　ところがしばらくして慣れてくると、①日系フォワーダーは料金が高い、②ローカルスタッフが自分の息のかかった地場の物流事業者を起用したい、③荷主企業および物流事業者間での競争が激化している、などを原因とした「料金の値下げ要求」を引き起こす。
　日系フォワーダー間での競争であればまだしも、問題は地場の物流事業者との集荷競争である。日系物流事業者と地場の物流事業者との違いは、「料金とサービスおよび責任感に対する格差」が大きいことである。
　元来「サービス」と「コスト」は「トレードオフ」の関係にあるとはいえ、最近では、地場事業者も現地にいる日本人をローカル採用するなどして、サービスレベルも上がっており、一方的に値下げ要求を拒否し続ければ失注につながりかねない。
　日系フォワーダーの料金が高い最大の理由は、「駐在員経費が高いこと」である。

そこで、この問題を解消して荷主企業を囲い込む方法として、①ローカルスタッフの育成（または日本人の現地採用）による日本人駐在員数の削減、②荷主企業／物流事業者間での共通情報管理システムの導入、③ DX システム導入（省人化とペーパーレス化）によるコスト削減、④3PL による物流の一括受注（請負型 3PL ではない）、⑤荷主企業内へのフォワーダー企業の社員派遣（駐在）、⑥荷主企業の日本人だけでなく、ローカルスタッフへの営業の強化、⑦積極的な情報提供と改善提案（物流コンシェルジュ）などが考えられよう。

ローカル企業と料金面で競っても太刀打ちできないのは明らかである。日系フォワーダーの取るべき方法は、地場の物流事業者にはない強い責任感（コンプライアンス・環境問題対応力など）と現場力、きめ細かな利便性、DX 化、3PL 等、総合力で対抗していくことであろう。

6.5　荷主企業とフォワーダー（物流事業者）の同期化

日本のアパレルメーカー A 社で聞いた話だが、A 社がインドネシアに新工場を建設した際、労働力、建設費、通関制度（免税制度）、水光熱費、工場周辺のインフラ、FTA・EPA 等の調査のみに注力して、原材料の調達や製品の出荷、その物流費、港湾や船便の利便性、国内の物流事情などの調査を忘れていたが、同行したフォワーダーから物流に関する適切なアドバイスを受けたことでその後の機械搬入時や操業開始以降非常に助かった、とのことだった。

これは、「相反関係にある荷主とフォワーダーが同期化すれば車の両輪関係になれる」という一例である。

さらに、企画／開発、調達から販売に至るロジスティクスや SCM プロセス全体の最適化を図る手段が高度な物流であることを考えると、物流はますます重要になってくる。

つまり、高度な物流とは 3PL のことで、3PL を介して、荷主とフォワーダー（PL 事業者）が戦略的パートナーシップをベースに同期化することである。

荷主企業が同期化を検討する際のフォワーダーのポイントは下記のとおりである。
　① 　高品質かつ高い現場力。
　② 　豊富な実務経験と幅広い専門知識をもった人材。
　③ 　優れた情報収集力と積極的な提案力およびプレゼンテーション力。
　④ 　KPI 等による物流コスト管理と分析力。

⑤　荷主の情報システムと容易にインターフェースできるシステム開発・管理。
⑥　積極的な営業体制と企業姿勢（Give & Take の重要性）。
⑦　迅速かつ柔軟な対応力。
⑧　下請け業者を含めた職員・作業員の管理・教育等。

　ところで、現在の物流業界は、「知恵を出す物流事業者」と「汗しか出せない物流事業者」に二極化している。ちなみに、図6-3は物流事業者からみた荷主企業との相関図である。

①　Aゾーン
　このゾーンの特徴は、物流事業者と荷主企業のレベルがともに高い業者同士であるため、同期化できるだけでなく、物流事業者にとって、優れた荷主企業の物流ノウハウを修得できる。また、荷主企業も名の通った企業のため、「花形」の領域である。ただし、利幅が小さいという特徴がある。

②　Bゾーン
　このゾーンの特徴は、Aゾーンで修得したノウハウを活用して、物流事業者

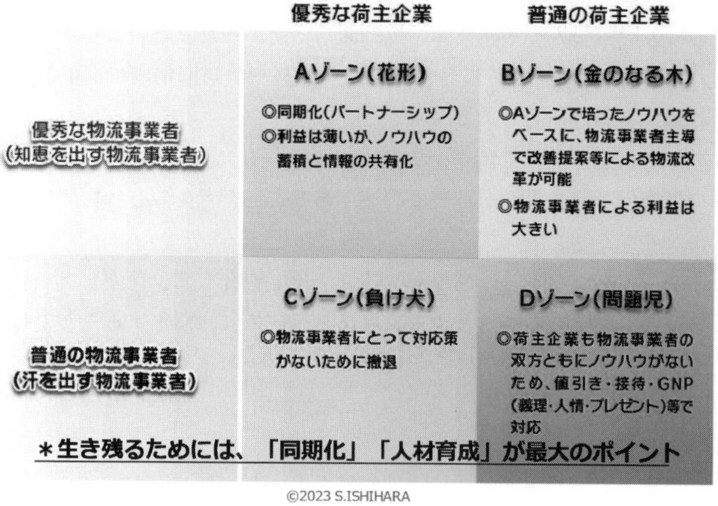

図6-3　物流事業者からみた荷主企業との相関図
（出所：筆者作成）

主導でシステム構築ができることである。物流事業者にとって利幅も大きく、「金のなる木」となる。
③　Cゾーン
　このゾーンの特徴は、ノウハウのない物流事業者では優れた荷主企業から相手にされないため、「撤退」以外手段がなく「負け犬」となる。
④　Dゾーン
　このゾーンの特徴は、ともにノウハウを持たない者同士のため、営業手段は値引き・接待・GNP（義理・人情・プレゼント）以外ない。そのため、物流事業者にとって金ばかりかかる「問題児」となる。
　したがって、物流事業者にとって重要なことは、Bゾーンで戦える業者になることである。
　企業のグローバル化に伴う競争の激化、コロナ禍でグローバル・ロジスティクスのサプライチェーンにおける大混乱を経験したことで、企業の社会的経済活動を止めない円滑な国際物流の構築が至上命題になっている。そのためには、フォワーダーと荷主企業との戦略的パートナーシップに基づく同期化がますます重要になっている。
　フォワーダーの特性は「貨物に追随して動くこと」である。そこで、荷主企業のグローバル化と業容拡大に伴い、フォワーダーのサービス内容も多様化しているが、高度なグローバル・ロジスティクスやSCMを構築するためには、物流サービスだけでなく、幅広い周辺知識も必要である。図6-3におけるA・Bゾーンで勝負するための最強の武器は「専門性をもった優れた人材」であることを最後に申し添えておきたい。

第7章　フレイト・フォワーダーと国際複合一貫輸送

7.1　国際複合一貫輸送

　フレイト・フォワーダー（以下、フォワーダー）のメイン業務のひとつに「国際複合一貫輸送」がある。

　わが国のフォワーダーが利用運送事業者（NVOCC）と称して、独自の国際複合運送証券（CT B/L）を発行して、国際複合一貫輸送を始めたのは、世界の定期航路がコンテナ化された1960年代後半から1970年代初頭にかけてである。

　「複合輸送」という用語が最初に用いられたのは、「国際航空運送等についてのある規則の統一に関する条約」（ワルソー条約、1929年10月発効）の中においてである。

　国連国際物品複合運送条約（1980年5月24日採択）によれば、「国際複合一貫輸送とは、複合運送人（MTO：Multimodal Transport Operator）が物品をその管理下に置いた1国のある場所から、荷渡しのために指定された他国のある場所までの複合運送に基づく少なくとも2種以上の異なった輸送方法による物品運送のことをいう」と、定義している。

　すなわち、国際複合一貫輸送の要件は、①海・陸・空の2種以上の異なった輸送手段を利用して、②単一の運送契約に基づき、③異なる2国間で行う物品輸送のことである。

　また、現在物流業界では「国際複合一貫輸送」のことを「International Combined Transport」、その主宰者である「国際複合運送人」のことを「CTO」（Combined Transport Operator）または「NVOCC」と呼んでいるケースが多いようである。

　ところで、複合運送が普及する以前は、荷送人（荷主企業）は、輸送手段および貨物の積替え、輸送途上での保管、越境時の税関手続きなどについて、都度個別に業者と交渉・手配する必要があり、事務の煩雑さと無駄な労力や時間および費用などを費やしていただけでなく、物損事故も多かった。だが、コンテナを使った一貫輸送では、CTOと契約するだけで、安全・迅速・経済的かつ合理的な国際間での「ドア・トゥ・ドア」による一貫輸送が可能となった。

7.2 国際複合運送の仕組み

　国際複合運送では、荷主企業（輸出者）とCTO（NVOCC）の関係は、荷主企業が荷送人（Actual Shipper）、CTOが運送人の関係に、実運送手段を有しないCTOと実運送人（船会社・航空会社・鉄道会社等）の関係は、CTOが荷送人（Shipper）、実運送事業者が実運送人（Actual Carrier）となる。
　また、CTOが実荷主に発行するB/LをHouse B/L、実運送人がCTOに発行するB/LをMaster B/Lという（図7-1）。

7.3 国際複合運送証券の責任体系

　CTOが発行する国際複合運送証券（CT B/LまたはMT B/L）の責任体系には、「ネットワーク・システム」と「ユニフォーム・システム」がある（図7-2）。
　ネットワーク・システムとは、輸送途上で当該貨物に物損事故が発生した場合、その発生区間に適用される条約や国内法等に従って処理されるものである。
　たとえば、海上輸送区間であれば、通常、「ヘーグ・ヴィスビー・ルール」（米国ではヘーグ・ルール）、欧州域内の道路輸送区間であれば「国際道路物品運送条約」（CMR1956：Convention on the Contract for the International Carriage of Goods by Road）、鉄道輸送の場合は、「国際鉄道物品運送条約」（CIM1952：

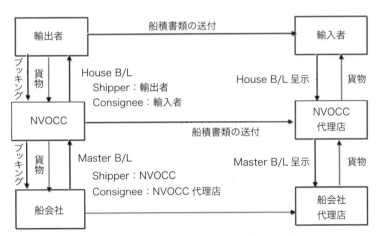

図7-1　荷主企業・NVOCC（CTO）・船会社の関係
（出所：筆者作成）

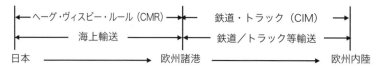

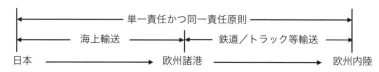

図7-2　ネットワーク・システムとユニフォーム・システム
(出所：筆者作成)

International Convention concerning the Carriage of Goods by Rail)、また日本国内の道路運送中の事故であれば「道路運送法」に従って処理される。当然適用される条約や国内法ごとに賠償責任限度額も異なってくる。

　また、発生区間が特定できない事故（Concealed Damage）の場合は、海上輸送区間で発生したものとみなし、通常ヘーグ・ヴィスビー・ルール（ヘーグ・ルール）に従って処理される。

　一方、ユニフォーム・システムとは、物損事故の発生区間に関係なく、同一の規則に従って処理されるもので、通常、開発途上国が支持している考え方である。

7.4　国際複合運送に関する主な国際条約

　国際海上輸送（Port to Port）に関する国際条約は、比較的早い時期から船荷証券（B/L）の統一、ひいては、運送契約内容の規制・標準化という観点から、国際的な統一に向けた発達がみられた分野である。

　これには、船荷証券（B/L）を円滑に流通させるという共通の目的があった。現在普及、鼎立している国際条約（ルール）としては、

① 　ヘーグ・ルール
② 　ヘーグ・ヴィスビー・ルール（ヘーグ・ルールの改訂法）
③ 　ハンブルグ・ルール

の3つがある。

　ちなみに、②のヘーグ・ヴィスビー・ルールは、①のヘーグ・ルールをバージョンアップさせたもので、どちらかといえば、船会社寄り、③のハンブルグ・ルールは、①、②とは若干考え方が異なり、荷主寄りの内容に傾いている[1]。もちろん、どの国際条約を批准するか否かは、主権国家である各国の裁量に任されている（第3章参照）。

7.4.1　ヘーグ・ルールとヘーグ・ヴィスビー・ルール

　19世紀頃からの航海術や船舶の発展に伴い、海上貿易が急速に進展した。大量貨物を輸送する船会社の活躍が目覚ましくなるにつれ、船会社の運送人としての責任や輸送中の危険に対する免責事項の取扱いの統一を図ろうとする機運が高まった。なかでも、運送人である船会社と荷主間の対立を調整する大きな契機となったのは、1893年米国で「ハーター法」（Harter Act）が制定されたことである。

　ハーター法では、運送人の責任を「商業上の過失」（Carrier's Risk）と「航海上の過失」（Navigational Risk）および「発航時の堪航担保」（Warranty of Seaworthiness）にはっきりと区別している。商業上の過失および発航時の堪航担保責任については運送人の免責適用を認めていないが、航海上の過失については免責適用可能としている。

　ちなみに、堪航担保責任とは、「本船が予定されている航海に対して堅牢であり、危険に堪えうる物理的能力を備えた安全な稼働状態にあることを約束すること」である。

　次に、運送人（船会社）の責任統一を図ろうとする流れのなかで、国際法学会の主導下で成立したのが「1921年ヘーグ規則」（Hague Rules, 1921）である。

　この条約案は1924年8月25日にブラッセルで26か国によって署名され、その後各国でも批准・発効した。これが、「1924年8月25日にブラッセルで署名された船荷証券に関するある規則の統一のための国際条約」（International Convention for the unification of certain rules of law relating to bills of lading, signed at Brussels on 25th August, 1924）で、略称「船荷証券統一条約」また

---

[1] ヘーグ・ルール策定までの経緯については、田中誠二・吉田昂（1964）『コンメンタール国際海上物品運送法』勁草書房、第1章。ハンブルグ・ルールについては、宮本三夫・郷原資亮（1989）『新しい海上運送人の責任（ハンブルグ・ルールの解説）』オーシャン・コマースを参照。

は「ヘーグ・ルール」と呼ばれている。

　このときのヘーグ・ルールはハーター法に近く、運送人の過失を「商業過失」と「航海過失」に分け、商業過失および堪航担保義務についてのみ運送人に責任を負わせ、航海過失については免責になっている。

　なお、商業過失とは、運送されている物品の積込み、取扱い、積付け、運送、保管、荷揚げ等に関する船長、海員、水先人または運送人の使用人の作為（Act）、不注意（Neglect）または過失（Default）のことをいう。また、航海過失とは、船長、海員、水先人または運送人の使用人が使用する者による航行もしくは船舶の取扱いの過失（火災・座礁・衝突・沈没等）によって生じた損害のことで、「海技過失」とも呼ばれている。

　つまり、運送人の不適切な積付けによって航海中に荷崩れが起き、貨物が損傷した場合には運送人（船会社）に責任があるが、船長が航海を誤り氷山に衝突、本船が沈没、座礁して貨物が全損した場合であっても、船会社は責任を負う必要はない、ということである。

　さらに、上記の航海過失に加えて、天災（不可抗力、天変地異等）、戦争、暴動、争乱、ストライキ、放射能汚染などに起因する貨物損害についても、運送人は原則として免責になっている。同ルールでは、輸送途上で運送品が滅失または損傷した場合の運送人の賠償責任限度額について、物品の性質および価額が荷送人から船積み前に通知され、かつその内容が船荷証券に記載されている場合を除いて、1包または1単位につき100スターリング・ポンド（100 pounds sterling per package or unit）または他の通貨による場合は、これと同等の額を越えて責任を負わず、またこれ以下の賠償責任限度額を定めることはできない、と規定している。

　わが国では、批准作業と第二次世界大戦による遅れもあったが、1957年にヘーグ・ルールを批准し、同条約を準拠法とする「国際海上物品運送法」が制定された。本法は、船舶による物品運送で、船積港または陸揚港がわが国の外にある外航船に適用され、商法の特別法になっている。また、本ルールに基づく賠償責任限度額について、日本では1単位100,000円、米国では500ドルである。

　ところが、1960年代に入ると、急速なコンテナ船の普及による運送形態の進化と航海術の進歩等もあり、運送人の賠償責任限度額を現実に即して見直す必要性が生まれてきた。そこで、1924年ヘーグ・ルールの改定が急がれ、「1968

年にヘーグ・ルールを一部改正する議定書」（ヴィスビー・ルール）が国連の海事法外交会議で採択され、1977 年に発効した。これが、これが俗に「ヘーグ・ヴィスビー・ルール」とよばれているものである。

　ところで、ヘーグ・ルールでは、「コンテナは One Package か否か」との争いが生じていたが、ヘーグ・ヴィスビー・ルールでは、貨物がコンテナやパレット等で輸送される場合には、積み込まれた貨物の包数またはユニット数（Package or Unit 数）が船荷証券（B/L）に記載されていれば、その数に基づいて、責任限度額を計算し、その記載がない場合はコンテナまたはパレットを One Package または One Unit とみなして、限度額を計算することとなった。

　1968 年ヘーグ・ルールを一部改正する議定書では、賠償額の計算単位として金フランが採用され、賠償額の計算方式は 1 包または 1 単位当たり 10,000 金フラン、または 1kg 当たり 30 金フランとして総重量の価格を計算し、いずれか高い方の金額を支払う Package Limitation（1 包または単位当たりいくらとして包括的に責任をとる方法）と重量制を併用する方式がとられている。

　ところが、1971 年のニクソン・ショックに象徴される金とドルの交換停止、その後の為替の変動相場制への移行もあり、金フランによる表示が実質的意味をもちにくくなった。また、国際通貨基金（IMF）が特別引出権（SDR）を創設したこともあり、1979 年に金フランを SDR に改めるための改正議定書「SDR 議定書」が採択され、現在米国を除く主要先進国（海運国）ではこのルールが採用されている。ただし、米国が批准しているのは依然ヘーグ・ルールのみである。

7.4.2　ヘーグ・ヴィスビー・ルールと国際海上物品運送法の改正

　わが国では、既述のとおり、ヘーグ・ルールールの成立とともに署名しているが、国内法としての制定作業の遅れや第二次世界大戦の関係もあり、批准したのは 1957 年である。その後、改正された 2 つの議定書（ヘーグ・ルールとヘーグ・ヴィスビー・ルール）を批准し、現在はその際の内容を国際海上物品運動法として国内法化している。

　ところで、1979 年改正議定書が 1984 年に発効したのを受け、わが国の関係団体（日本荷主協会[2]ほか）からの強い要望もあり、国際海上物品運送法の改

---

[2]　日本荷主協会は、1974 年に設立され、2009 年に解散している。

正作業が行われた。1992年1月の第123回国会で「国際海上物品運送法の一部を改正する法律案」として可決され、同年6月3日に公布、1993年6月1日に発効した。

したがって、現在わが国の船会社・NVOCCの荷主（荷送人）に対する商業過失上の賠償責任限度額は1包または1単位につき666.67 SDR、または1 kg当たり2SDRで計算して、どちらか大きい額が限度額となっている（2024年5月28日の1SDRは207.769円である）。

なお、航海過失による損害については免責となっている。

さらに、2019年4月1日施行の改正商法578条では、「複合運送」に関する規定が新設されるとともに、責任体系はネットワーク・システムが採用されている。

7.4.3 ハンブルグ・ルール

ハンブルグ・ルールの正式名称は「1978年海上物品運送に関する国際連合条約」(United Nations Convention on the Carriage of Goods by Sea, 1978) である。ちなみに、本ルールは、国連の国際商取引法委員会（UNCITRAL）の草案に基づき、1978年ハンブルグで開催された条約採択外交会議で作成されたことから、「ハンブルグ・ルール」と称されている。

ハンブルグ・ルールの特徴は、ヘーグ・ルール、ヘーグ・ヴィスビー・ルールと違って責任体系はネットワーク・システムではなくユニフォーム・システムが採用されていることにある。賠償責任限度額もヘーグ・ヴィスビー・ルールの25％増の1包（1単位）当たり835SDR、または1kg当たり2.5SDR、運送人の航海過失責任は一切認めていないなど、荷主国（開発途上国）の意向が強く反映されている。

ところで、ハンブルグ・ルールの批准国となるためには、ベルギー政府（ハンブルグ・ルールの受諾国）にヘーグ・ルール、ヘーグ・ヴィスビー・ルールを廃棄する旨の通告が必要である。また、本ルールは、開発途上国を中心として22か国（うち8か国が内陸国）が批准して1年が経過した1992年11月1日に発効している。なお、2023年8月末現在34か国が批准している。

また、日本・カナダ・シンガポール・香港・オーストラリアおよび欧州各国などの先進国はハンブルグ・ルールではなく、ヘーグ・ヴィスビー・ルールを批准している。ハンブルグ・ルール、ヘーグ・ルール、ヘーグ・ヴィスビー・ルー

ル、国際海上物品運送における運送人の責任を比較すると表7-1のとおりである。

表7-1 ヘーグ・ルール、ヘーグ・ヴィスビー・ルール、国際海上物品運送法、ハンブルグ・ルールにおける運送人の責任体系

	ヘーグ・ルール (1924)	ヘーグ／ヴィスビー・ルール (1968)	国際海上物品運送法 (1993)	ハンブルグ・ルール (1978)
責任区間	積込み～荷卸し (1条-e) ※積荷・荷揚げ作業期間含む。	同 左	受取り～引渡し (3条)	港における貨物の受取り～引渡し (4条)
免責事由	航海過失 火災(運送人の故意・過失を除く) 可航水域特有の危険 火災・戦争 など(4条2)	同 左 (3条、4条)		原則として航海過失を含めて全ての過失につき運送人が任責される (5条1)
責任限度額	£100／包or単位 ※運送品の性質、価額の通告、船荷証券記載ある場合は除く。～従価運賃 想定以上の協定最高価額可能 (4条5)	666.67SDR／梱包or単位 2SDR／kg いずれか高い額 ※性質・価額の申告、船荷証券に記載ある場合を除く。 コンテナなどの場合は船荷証券に表示されている、梱包・単位の数が責任限度額の基準となる。(4条5)	同 左 (13条1, 2, 3)	835 SDR／梱包or単位 2.5SDR／梱包or単位いずれか高い額 (6条a) 遅延損害は運賃の2.5倍 (6条b) コンテナなどの場合は船荷証券に表示されている、梱包・単位の数が責任制限の基準となる (6条2.b) FCL Cargoは一単位 (6条2.b) 規定以上の限度額の協定も可能 (6条4)
損害通知	通常引渡し時 隠れたる滅失・損傷は3日以内 (3条6)	同 左	同 左 (12条1)	通常、引渡日の翌営業日まで (19条1) 隠れたる滅失・損傷は3日以内 (19条2)
出訴期限	引渡しあるいは引き渡されるべき日より1年以内 (3条6)	引渡しあるいは引き渡されるべき日より1年以内 当事者の合意で延長可能 第三者に対する求償訴訟は、さらに最低3ヶ月の猶予期間 (3条6、6の2)	同 左 (14条)	引渡しあるいは引き渡されるべき日より2年以内 当事者の合意で延長可能 求償訴訟はさらに最低90日の猶予期間 (20条) 遅延損害については、60日以内 (19条5)
対象貨物	生動物・甲板積貨物以外の各種貨物 (1条c)	同 左	同 左 (18条)	全貨物 (1条5) ※甲板積運送のできる場合 荷送人との合意ある場合 特定取引の慣習ある場合 法律上の規定ある場合
適用契約	用船契約には適用されない。 ※船荷証券が運送契約を証し譲渡性のある証券となる場合は適用あり (1条b)	同 左	用船契約にも適用	
不法行為	規定なし	運送人およびその使用人の不法行為に対しても適用となる。(4条2)	同 左 (1条、20条2)	同 左 (7条)
その他	堪航担保義務(出航の当時) 適切かつ慎重な積込、運送、保管、荷揚をなす義務 (3条1, 2) ※堪航性および運送品に関する注意義務について、相当の注意をしたことの立証責任は運送人にある (4条)	同 左	同 左 (3条、4条、5条)	立証責任の転換された過失責任(加害者は単に加害者の行為により損害を蒙ったことを立証すれば足り、無過失の立証負担を加害者に課す) (5条) 60日を超える遅延につき、過失の推定を認め、遅延に対する運送人の責任を明定した。(5条3)

(出所：筆者作成)

7.5 わが国からの国際複合一貫輸送

わが国からの国際複合一貫輸送ルートとしては、船会社またはフォワーダー（NVOCC）が主宰するルートの2通りがある。わが国からの国際複合一貫輸送が始まったのは、欧米の定期航路がコンテナ化された1970年代初頭からであるが、これらの航路は、現在でも、アジア～欧米間の基幹航路である。歴史的経緯と現状を以下に述べる。

7.5.1 北米向け複合一貫輸送ルート
（1）ミニ・ランドブリッジ（MLB）

ミニ・ランドブリッジ（MLB：Mini Land Bridge Service）はアジア諸港から米国東岸向けコンテナ輸送に関し、いまでも最も使われている複合一貫輸送ルートである。アジア諸港から北米西岸諸港（多くはロングビーチ港）まで海上輸送し、そこから北米東岸諸港（ニューヨーク・NJ港、チャールストン港、サバンナ港他）またはメキシコ湾諸港（ヒューストン港、マイアミ港他）まで鉄道輸送する国際複合運送ルートである。

日本からニューヨークまでパナマ運河経由で海上輸送（All Water）すると9,800マイル、MLBだと7,600マイルであることから、MLBの方が2,200マイル短縮されることになる。

MLBは、1972年に米国船社のシートレインがペン・セントラル鉄道とサンタフェ鉄道から割安な鉄道運賃を入手し、欧州からチャールストン港経由でカリフォルニアまでの輸送を始めたのが最初である。

図7-3 パナマ運河（左）とダブルスタックトレイン（右）
（出所：左 加藤克己氏撮影、右 Doug Wertman from Rogers, AR, USA）

当初 MLB は、米国の鉄道会社にとって新しい輸送方法であると歓迎され、米国海岸諸港（経由地港）までの空コンテナの返却運賃を無料にしていた。だが、当時から、貨物はアジア発北米向けの片荷であったことから、鉄道会社にとって西岸港までの無料での空コンテナの輸送は迷惑な存在になった。そこで、1983 年に空コンテナの返却運賃を有料化したことから、鉄道会社にとってもコンテナ輸送が経済的かつ効率的な貨物となった。

　1984 年には APL（American President Line）がコンテナの 2 段積み専用列車であるダブルスタックトレイン（DST）[3] の専用運行を開始、他の船会社も追随している。

　当初シートレインが設定した MLB の運賃は、日本発米国東岸諸港向け海上運賃（スエズ運河経由）と同額であったことから、米国西岸諸港までの海上運賃と東岸までの鉄道運賃の合算額よりも安く、輸送日数もパナマ経由と比較して約 7 〜 10 日短かったことから荷主企業の注目を集めた。

　さらに、1980 年代後半以降、太平洋航路のコンテナ船の大型化（オーバーパナマックス化[4]）に伴いスエズ運河を通過することができなくなったため、東岸向けコンテナ輸送は MLB に移行した。

　ところが、2016 年 6 月 26 日に約 54 億ドル（約 5,500 億円）かけて、パナマ運河の大型閘門の建設工事が完了、現在船長 366m、船幅 49m、コンテナ積載量約 10,000TEU までの大型コンテナ船の通過が可能となったことから、昨今はパナマ経由東岸諸港行きの船便が増えている。特に、2020 〜 2022 年のコロナ禍の米国西岸諸港（特にロングビーチ港）が大混乱した際には、パナマ経由東岸港（ニューヨーク港、ヒューストン港）行きのダイレクト船が増え、今では米国港湾のコンテナ取扱量はロングビーチ港を抜いて、ニューヨーク港が NO.1 になっている。

---

[3]　DST で使用されている Wellcar（2 段積みコンテナ搭載用の車両）は、40 フィートコンテナ用と USMCA（米国・メキシコ・カナダ）間で使用されている 53 フィートコンテナ用がある。構成は 40 フィートの場合は 5Wellcar で 1UNIT（ブロック）、53 フィートでは 3Wellcar で 1UNIT が構成されている。DST が始まった 1980 年代の 40 フィートコンテナの DST の基準編成は 5Wellcar（1UNIT）× 11UNIT = 110FEU（220TEU）であった。だが、その後の大型コンテナ船の就航等もあり、現在の列車標準編成は 600Wellcar（120UNIT）、機関車 9 両（編成の長さ 5.44km、時速実入りコンテナで 30 〜 50km）となっている

[4]　オーバーパナマックスとは、パナマ運河を通過できない船型のことである。具体的には船幅 32.2m、船長 294m、コンテナ積載量 3,000〜4,000TEU 以上である。

（2）マイクロ・ブリッジ（MBS/IPI）

MBS（Micro Bridge Service／IPI：Interior Point Intermodal Service）とは、米国内陸地向け国際複合輸送で、アジア諸港から米国西岸港（主にロングビーチ港）まで海上輸送し、そこから米国内陸都市まで鉄道またはトラック輸送する方法で、「マイクロ・ブリッジ」または「IPI」とよばれている。

IPI には、船会社と NVOCC が主宰する両方のサービスがある。その違いは、船会社のサービスは内陸地の CY/CFS（Container Yard/Container Freight Station）までであるのに対し、NVOCC の場合はドア・トゥ・ドアサービスが可能なことである。また、貨物の引渡場所は、上記主要都市の鉄道ターミナルなどのいわゆる IPI ポイントで行われているため、トラックとの接続も容易で、内陸にいる荷主企業にとって都合のよいサービスになっている。

IPI は、1975 年に川崎汽船（K Line）が米国のトラック事業者と提携して「Motor Bridge」と称して米国内陸地一貫サービスとして始めたものである。IPI ポイント（鉄道ターミナル）から荷受人ドア（戸前）までの輸送は基本的に荷主企業が手配しているが、船会社・NVOCC との S/C（Service Contract）の締結や運賃設定の仕方によっては、船会社・NVOCC によるドアまでの一貫輸送料金として FMC（連邦海事委員会）にファイル（運賃の登録[5]）しているケースもある。

なお、IPI には、米国東岸諸港まで海上輸送し、東岸諸港からトラック等で内陸ポイント向けに輸送する逆 IPI（Reversed IPI）と称するルートもある。

（3）太平洋航路のコンテナ輸送と日本抜港

アジア〜北米間（太平洋航路）のコンテナ輸送実績は表 7-2 のとおりである。

本航路の特徴は典型的なアジア発北米向け（往航）の片荷傾向が長年続いていることである。たとえば、2022 年の輸送実績（母船積ベース）をみると、往航が 19,645,541TEU、米国発アジア向け（復航）が 5,458,281TEU と完全な片荷状態であり、この数量の差（約 1,420 万 TEU）が空コンテナとして、米国側に残っていることになる。2020 〜 2021 年には、コロナ禍により、長年続くこの現象が一気に表面化し、港湾ターミナル内の大混乱や滞船等とも相まっ

---

[5] 米国では、海外からの貨物について、船会社および NVOCC（Common Carrier）が運送を引き受ける場合には、荷主への公平性を守るために、輸送を引き受ける前に、当該貨物（品目別）運賃を連邦海事委員会（FMC：Federal Maritime Commission）への登録が義務付けられており、特定荷主に対する値引きやキックバック等が禁じられている。違反行為が発覚した場合は、多額の罰金が科される。

て、空コンテナと本船スペースが不足し、海上運賃の暴騰を招いた。

さらに、往航の特徴として、全輸送量の約60%（11,581,693TEU）が中国出しのコンテナとなっている。この傾向ひとつをみても、米中貿易戦争の一因を垣間みることができる。

一方、日本発の往航は中国出しのわずか30分の1の384,347TEUしかない。また、本航路はいずれの国も往航貨物が多いなかで、日本向け復航が679,550TEUと完全な輸入超過の傾向にある。

表7-2 アジア～北米間（太平洋航路）のコンテナ輸送実績

米国東航コンテナ荷動き
（最終仕向地ベース・実入りコンテナ）

積地／月	2022年 合計	前年比	シェア	2021年 合計	前年比	シェア	2020年 合計	前年比	シェア
中国	11,581,693	91.57%	58.95%	12,648,262	123.70%	60.80%	10,224,777	106.34%	59.55%
韓国	2,055,426	104.93%	10.46%	1,958,797	107.29%	9.42%	1,825,651	102.55%	10.63%
ベトナム	1,768,877	111.26%	9.00%	1,589,900	123.50%	7.64%	1,287,412	116.94%	7.50%
台湾	1,021,962	94.85%	5.20%	1,077,414	114.55%	5.18%	940,523	97.91%	5.48%
シンガポール	808,018	94.92%	4.11%	851,242	108.11%	4.09%	787,376	106.96%	4.59%
インド	801,907	104.71%	4.08%	765,869	156.27%	3.68%	490,098	102.36%	2.85%
タイ	513,304	90.00%	2.61%	570,358	139.08%	2.74%	410,079	97.66%	2.39%
香港	371,914	62.60%	1.89%	594,067	106.63%	2.86%	557,119	87.24%	3.24%
マレーシア	338,093	101.70%	1.72%	332,434	158.47%	1.60%	209,781	104.51%	1.22%
日本	384,347	92.92%	1.96%	413,621	98.84%	1.99%	418,456	85.88%	2.44%
合計	19,645,541	94.44%	100.00%	20,801,964	121.16%	100.00%	17,169,455	105%	100.00%

米国復航コンテナ荷動き
（最終仕向地ベース・実入りコンテナ）

積地／月	2022年 合計	前年比	シェア	2021年 合計	前年比	シェア	2020年 合計	前年比	シェア
中国	1,539,672	93%	28.21%	1,650,568	86%	30.12%	1,924,042	113.83%	34.33%
韓国	637,891	105%	11.69%	605,671	92%	11.05%	657,605	94.61%	11.73%
日本	679,550	101%	12.45%	671,548	98%	12.26%	684,204	96.34%	12.21%
台湾	483,377	92%	8.86%	525,746	92%	9.59%	571,084	98.10%	10.19%
ベトナム	461,237	95%	8.45%	486,601	98%	8.88%	497,914	106.21%	8.88%
インド	560,668	103%	10.27%	546,019	123%	9.96%	444,748	82.30%	7.94%
マレーシア	385,623	113%	7.06%	340,721	109%	6.22%	313,838	110.83%	5.60%
タイ	305,247	93%	5.59%	328,457	130%	5.99%	252,589	138.99%	4.51%
インドネシア	270,498	90%	4.96%	301,788	117%	5.51%	258,174	72.33%	4.61%
フィリピン	134,518	601%	2.46%	22,388	-	0.41%	-	-	-
合計	5,458,281	99.61%	100.00%	5,479,507	98%	100.00%	5,604,198	102%	100.00%

（出所：Descartes Datamyne）

ところで、欧米航路（基幹航路）のコンテナ船が大型化（15,000〜22,000TEU）するなかで、いま日本港湾が直面している課題は、メガ船社（マースク、MSC他）による「日本抜港」(Japan Passing) という問題である。欧米から安い運賃で日本まで輸送してきたうえに、日本からの輸出貨物がないため、船会社は高い経費をかけて空コンテナを中国等に転送することになると考えると、最初から日本に寄港せず、多くの貨物がある中国等に直航した方が稼げると見込まれてしまうからである。

したがって、いま大事なことはバースの拡張や深水港化を図るのではなく、「輸出貨物を創貨」することである。

7.5.2　欧州向け複合一貫輸送ルート
(1) シベリア・ランドブリッジ（SLB）

シベリア横断鉄道を利用して、欧州域内や中近東諸国向けにコンテナ輸送するシベリア・ランドブリッジ（SLB）は1970年代にフォワーダーが開発した典型的な複合一貫輸送ルートである。

SLBの主宰者は船会社ではなく、欧州のフォワーダーの呼びかけに応じた日本のフォワーダーがNVOCCとして1971年に開始したもので、2022年末現在9社（日新、日通、センコー、三菱倉庫他）がサービスを提供している。

輸送距離を横浜〜ロッテルダム間で比較してみると、SLBが約13,000km、スエズ運河経由が約20,700km、喜望峰経由が約27,000kmで、日欧間を結ぶルートのなかでSLBが最短距離になっている。また、2016年に行われた横浜発モスクワ向けの輸送実験では、SLBが20日、北欧州港揚げモスクワ転送ルートより約35日短縮されている。

日本のフォワーダーは、全ソ通過貨物公団（SOTRA）とルート別の運賃を契約し、このSOTRAとの基本運賃に各種費用（国境での税関費用・積替え費用・代理店手数料・賠償責任保険料等）、およびフォワーダーの利益等を加算して、SLB運賃として荷主に呈示している。輸送ルートは、日本から釜山港経由でボストチヌイ港まで海上輸送されたコンテナはコンテナ専用列車（シベリア横断鉄道）でロシア国内の国境駅まで輸送され、さらに鉄道に接続されるトランスレール（Trans Rail）、トラックに接続されるトラコン（Tracon）、船舶に接続されるトランスシー（Trans Sea）の各方式で、それぞれの仕向地向け（欧州域内、中央アジア・中近東）に一貫輸送されている。

最近の輸送実績は公表されていないが、1971 年 1992TEU で始まった SLB も、日欧間のピークは 1983 年の日本発が 86,000TEU、欧州発 25,000TEU であった。その後、1985 年にはシベリア鉄道でコンテナ専用のブロックトレインの運行も始まったが、1991 年 12 月のソ連邦の解体により、シベリア鉄道の輸送混乱に伴い、SLB による輸送量は減少した。

もっとも 2002 年にはシベリア鉄道の全線電化が完了、ネックとなっていたカーゴトレースも容易となったが、2006 年春のシベリア鉄道の大幅な運賃値上げとスエズ運河経由の運賃の下落もあり、現在 SLB で輸送されている日本発着の貨物量は 2014 年 73,900TEU、2015 年 63,100TEU、2016 年 61,100TEU と減少している。さらに、2022 年 2 月に始まったロシアのウクライナ侵攻に伴い、シベリア鉄道を使った欧州域内向け輸送は、禁止はされてはいないもののロシア域内向けに限られているようである。

また、昨今急増しているのは中国政府の一帯一路政策に基づく中国発欧州向けのチャイナ・ランドブリッジ（CLB）である。CLB には、①中国東北部の満州里からザバイカリスクを経由してシベリア鉄道に接続する北ルート（全体の 22%）、②二連浩特からモンゴル経由でシベリア鉄道に接続するモンゴルルート（全体の 9%）、③新疆ウイグル地区の阿拉山口からホルゴス国境を経由してカザフスタンを通り、モスクワ近くでシベリア鉄道に合流する南ルート（全体の 69%）がある。

ちなみに、中国からの貨物は電子製品、輸入は自動車部品等で、2016 年の輸送量は東航 50,800TEU、西航 102,900TEU で、西高東低となっている。

(2) 欧州航路（スエズ運河経由）

SLB はフォワーダーが主宰する国際複合一貫輸送ルートであるのに対して、スエズ運河を経由する本ルートは船会社が主宰するサービスで、現在アジア諸港〜欧州間で最も一般的なルートになっている。日本〜欧州域内向けのコンテナ輸送は、1971 年 12 月当時のトリオグループ（日本郵船、商船三井、OCL、ベンライン、ハパックロイド）が欧州内陸ポイント向け一貫輸送サービスを始めたルートである。

この一貫輸送ルートにおける欧州諸港（ロッテルダム・ハンブルグ港ほか）から内陸ポイントまでのコンテナ輸送料金については 1971 年に欧州同盟が大陸側はドア・トゥ・ドアのゾーンタリフ（英国はサザンプトン港等からの距離

別）を設定、同盟船社が国際複合運送証券（CT B/L）を発行し、海・陸の一貫輸送を行っている。

　港からの内陸ポイント向け輸送は、鉄道・トレーラー・はしけ輸送がある。また、このコンテナ輸送には、荷主が手配する Merchant Haulage と船会社が手配する Carrier's Haulage の2通りがある。

　ところで、欧州同盟が内陸運賃（Carrier's Haulage）を設定した当時の欧州委員会は、競争法（ローマ条約）に反するとの判断を下したが、この決定を不服とする同盟が裁判所に提訴した結果、2002年2月に裁判所が違反である旨の裁定を下し、同盟も上告しなかったことから終止符が打たれた。

　さらに、本件については、1998年秋に欧州委員会が当時の同盟加盟船社15社に対し、ローマ条約86条に違反しているとして罰金を課徴し、1999年6月には同盟も内陸輸送タリフの廃止を決定すると同時に、フォワーダーに対する集荷手数料の支給上限規定も廃止された（日本では支給されていなかった）。また、1980年代に入ると、フォワーダーは低廉な料金を提供するために、盟外船（エバグリーン他）と内陸輸送を組み合わせた複合一貫輸送サービスを始めている。

　また、同盟は盟外船社に対抗して Fighting Ship（競争抑圧船）を運航する一方、荷主が盟外船に積まないように、二重運賃制度やリベートシステム等を導入して強く規制してきたが、欧州同盟は、太平洋・大西洋航路の同盟崩壊の影響を受け、2003年末で二重運賃制度やリベートシステムを廃止、2008年10月18日に欧州同盟も廃止された。

　また、2008年のリーマン・ショック以降のスペースの需給バランス等の不均衡に伴う海上運賃の下落や貨物量の減少による熾烈な集荷競争の影響を受けて、2016年頃から船会社の統廃合や再編が盛んになされた。邦船社もその影響の一環として、日本郵船（NYK）、商船三井（MOL）、川崎汽船（K LINE）のコンテナ部門が統合され、シンガポールにオーシャン・ネットワーク・エクスプレス（略称 "ONE"）が新設されている。

　さらに、2023年10月に勃発したイスラエル／イスラム組織ハマスとの紛争等の影響を受けてスエズ運河が通行できなくなり、喜望峰経由を余儀なくされ、航海日数が約10～14日延びるとともに、海上運賃も上昇している（2024年5月28日現在）。

（3）最近の欧州域内の物流概況

20,000TEU を超える巨大コンテナ船の就航、コンテナ船社やフォワーダー業界の統廃合、新型コロナに起因する港湾ロックダウン、ロシア／ウクライナ戦争、イスラエル／イスラム組織ハマス紛争の影響などもあり、欧州域内における物流環境は大きく変化している。

海上や航空運賃は大きく上下する一方で、母国を支援するために帰国したウクライナ人ドライバーや作業員の不足、ロシアやベラルーシ積トラックの EU 域内の走行禁止等もあり域内輸送費や倉庫などの費用が上昇し続けている。したがって、海上や航空運賃が下がっても、全体の物流費用は大きく上昇している。

また、ここ数年、環境問題等もあり、注目すべき輸送手段は鉄道輸送である。欧州では、環境対策として、旅客を含めて積極的に鉄道輸送への切り替えを推進している。特に、中国と欧州を結ぶ中欧班列は第三のルートとして、すでに確立している。

したがって、それまで中国～欧州間の輸送で、海上・航空輸送ルートを使用してきた一部の荷主も積極的に鉄道輸送への切り替えを行っている。なお、中国発欧州向け主力貨物はパソコン製品等、欧州発中国向けの主力貨物は自動車部品である。

ところで、実際、欧州の街中で見かけるコンテナは、日本や米国で見るお馴染みのコンテナのほか、見慣れないコンテナも散見する。現地でヒアリングをすると、中欧班列による鉄道輸送は、脱炭素・SGDs への貢献、スエズ運河の座礁事故（2021 年 3 月 23 日発生）でみられた BCP（事業継続計画）やパンデミック（コロナ）時等の対策としても有効とのことである。一方で、貨物保険や中国と欧州に跨る鉄道運送状（Rail Waybill）下での一貫輸送責任体制などの課題も残っている。なお、詳細は第 8 章第 4 節「欧州の物流事情」を参照されたい。

7.5.3　その他の複合一貫輸送ルート

アジア域内の主な国際複合一貫輸送としては次のようなルートがある。

① 日韓ルート

このルートは、釜山港～下関港はフェリーで海上輸送し、下関から関東・関西向けに向けに JR 貨物やトラックで輸送するルートである。1980 年代、韓国

でアパレル生産が盛んだった頃、納期遅れの製品に関し、航空輸送の代替ルートとして利用された。現在は、釜山～博多間はフェリーが配船されている。本ルートの特徴は、釜山～下関・博多間の輸送時間が数時間と短いことである。また、日本からは、着陸時の貨物としては衝撃を嫌う半導体関連の機械、鮮魚、日本食品等の輸送で使われている。また、本ルートでは、JR貨物の5トンコンテナによる韓国内の輸送が可能である。

表7-3 主な国際複合一貫輸送ルート

ルート名	ルート	所要日数	開始時期
1 欧州向けルート			
シベリア・ランドブリッジ（SLB）	日本→(船舶)ボストーチヌイ→(鉄道)ロシア国境→(鉄道、トラック、船舶)欧州、中近東	33～35日（フランクフルト向け）	1971年
アメリカ・ランドブリッジ（ALB）	日本→(船舶)米国西岸→(鉄道)米国東岸→(船舶)欧州	35日（フランクフルト向け）	1972年
北米西岸経由 SEA/AIR	日本→(船舶)北米西岸→(鉄道、航空)モントリオール→(航空)欧州、中南米	13～14日（フランクフルト向け）	1962年頃
ロシア経由 SEA/AIR	日本→(船舶)ボストーチヌイ→(トレーラー)ウラジオストク→(航空)モスクワ→(航空)欧州	13日（フランクフルト向け）	1968年
東南アジア経由 SEA/AIR	日本→(船舶)香港、バンコク、シンガポール→(航空)欧州	10～13日（フランクフルト向け）	1982年頃
欧州航路経由一貫輸送	日本→(船舶)欧州諸港→(鉄道、トラック、はしけ)欧州	33～35日（フランクフルト向け）	1971年
2 北米向けルート			
ミニ・ランドブリッジ（MLB）	日本→(船舶)米国西岸→(鉄道)米国東岸、ガルフ地区	16日（ニューヨーク向け）	1972年
インテリア・ポイント・インターモーダル（IPI）	日本→(船舶)米国西岸→(鉄道、トラック)米国内陸部地域	14日（シカゴ向け）	1980年
リバースド・インテリア・ポイント・インターモーダル（RIPI）	日本→(船舶)米国東岸→(トラック)米国内陸部地域	25日（シカゴ向け）	1980年
日米一貫輸送 SEA/TRUCK	日本→(船舶)米国西岸→(鉄道、トラック)米国各地	18日（クリーブランド向け）	1971年
韓国・日本経由 SEA/AIR	上海→(船舶)仁川→(航空)米国内陸部地域（欧州向けもある）	5～7日（シカゴ向け）	2002年
3 東南アジアルート			
日韓輸送	日本（下関）→(フェリー)釜山→(トラック、鉄道)韓国内陸部地区 ※JRの5トンコンテナによる輸送が可能	2～4日（ソウル向け）	1972年
日中間輸送	日本→(船舶)上海・青島・天津新港他→(鉄道、トラック、はしけ)中国内陸部地域	6～7日（北京向け）	1980年
	日本→(フェリー)香港→(トラック)中国内陸部地域	7～8日（東莞向け）	1980年代
	日本→(フェリー)上海→(トラック、はしけ)中国内陸部地域 （博多／上海のルートではJRの5トンコンテナによる輸送が可能）	3～4日（蘇州向け）	2003年
シンガポール経由マレーシア	日本→(船舶)シンガポール→(トラック)マレーシア内陸部地域	8～10日（ジョホール向け）	1980年代後半

(注) ルートごとの所要日数は、参考数字である。
(注) 国際複合輸送ルートは上記のほかに中南米向け、オーストラリア向け、アフリカ向けルートなどがある。

さらに、現在、両国の公道を走行できるダブルライセンスのトラックとフェリーを使って、韓国製の自動車部品の、九州の自動車組立工場向けの複合一貫輸送もなされている。

② 日中間の複合一貫輸送ルート

日中間の複合一貫輸送には、①上海経由内陸地向け（武漢・蘇州・重慶・成都他）、②香港経由華南地区向け（深圳・広東省他）、③天津新港経由内モンゴル向けなどがある。

上海港から内陸地向け輸送方法には、大型バージ（はしけ）による河川（長江）・鉄道・トラック輸送があるが、最近は長江の水量が少ないことから、鉄道・トラック輸送が多いようである。また、②の香港〜華南地区間の輸送に関してはトラックとバージによる輸送がある。特に、コロナ禍の香港〜深圳の国境が封鎖された際にはバージ輸送が利用されていた。③の内モンゴル向けに関しては、鉄道・トラック輸送である。

③ シンガポール〜マレーシア間の複合輸送ルート

このルートの特徴は、越境してマレーシア国内を走行できるトラックはシンガポール国籍に限定されていることである。

第 8 章　各国・地域の物流事情

8.1　GMS 域内の物流事情

　東アジア諸国連合（ASEAN）は、インドネシア、シンガポール、マレーシア、ブルネイ、フィリピンの「海のアセアン」と、タイ、カンボジア、ラオス、ミャンマー、ベトナムの「陸のアセアン」の 10 か国から構成されている。近々、東ティモールも参加予定である。

　また、この「陸のアセアン」5 か国に、中国雲南省と広西チワン族自治区を加えた地域については 1992 年からアジア開発銀行（ADB）の主導で「大メコン圏開発プロジェクト（GMS 計画）」が始動している。このプロジェクトでは、貿易、交通、観光など 9 分野の開発・整備などについて、規定している。

　交通に関する具体策として、①東西経済回廊、②南部経済回廊、③南北経済回廊における交通インフラの開発・整備・越境時の税関手続きの簡素化などが進められている。このなかで、多くの日系企業が注目しているのは、東西経済回廊と南部経済回廊である。そこで、本節では、両経済回廊を中心に説明する。

8.1.1　東西経済回廊（East-West Economic Corridor）

　東西経済回廊（以下「東西回廊」）は、ベトナムの中央部に位置するダナン港からラオバオ（ベトナム）／デンサワン（ラオス）国境、サワナケット（ラオス）／ムクダハン（タイ）国境、メソット（タイ）／ミャワディ（ミャンマー）国境を経由して、モーラミャイン港（ミャンマー）に至る全長 1,450km のメコンエリアを東西に横断するルートである。

　東西回廊の特徴は、従来の海上ルートでバンコクからハノイまで輸送した場合、ホーチミン港およびハイフォン港（ベトナム）経由だと 10 〜 14 日かかっているが、回廊ルートを利用すれば 3 〜 4 日で輸送可能になったことである。ただし、課題は、タイからベトナム向けの貨物はあるがベトナムからタイ向けの帰り荷が少ないため、運賃が海上運賃の 2.5 〜 3 倍と高いことである。

　東西回廊が発展しなかった要因のひとつは、ミャンマー国内のミャワディ〜ヤンゴン間の道路の一部区間が舗装されていなかったためである（ただし、2015 年 8 月に迂回道路が完成。さらに残る課題として、ミャンマーやラオス

8.1 GMS 域内の物流事情

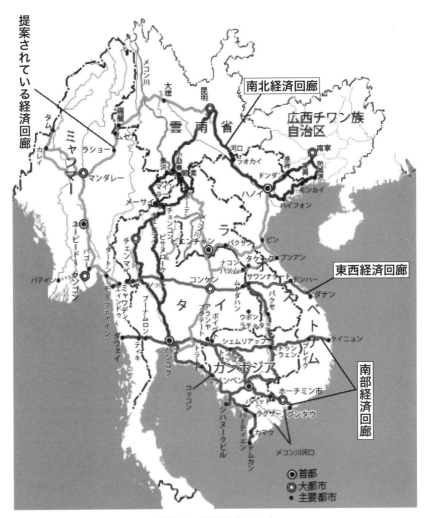

図 8-1　GMS 回廊マップ
(出所：経済産業省「通商白書 2019」より引用)

国内では街路灯が少ないため、夜間走行に適していないところがあること、また、CBTA（越境交通協定）が十分機能していないため、越境時の通関・検疫手続きなどのシングルウィンドウ化 SSI（Single stop inspection）や GMS ライセンス（ダブルライセンスとトリプルライセンスがある）の相互発行が一部地

域を除いて、遅れていることも挙げられる。

　ちなみに、ダブルライセンスとは積替えなしに2国間を、トリプルライセンスとは3か国間を走行できる許可のことである。

（1）タイ～ミャンマー間の陸上輸送

　東西回廊の一部であるタイ～ミャンマー間の長年の最大の課題は、ミャンマー側のドーナ山脈を抜けるコーカレイ～ティンガニーノ間の49.6kmが未舗装で1日おきの交互通行であったことである。だが、2015年8月、この区間が新たに舗装され、バイパス（迂回道路）が開通したことから、以前であれば、この区間の通過に1～2日要していたが、バイパス開通後は乗用車の場合、わずか30分で通過可能となり、最大の問題点は解消、ミャワディからヤンゴンまでの輸送は10～12時間で可能となった。この結果、バンコクからヤンゴンまで海上輸送（シンガポール経由）だと約2～3週間かかるが、陸上輸送だとわずか3日で輸送可能となった。

　次に、国境沿いのモエイ川に架かる第1友好橋は老朽化等により走行車両(耐久重量)は25トン以下に長年制限されていたが、2019年10月31日に貨物専用の第2友好橋が開通したことでこの問題も解決した。なお、現在第1友好橋は人と携帯貨物専用に制限されている。

　また、タイまたはミャンマーの車両が相手国内を走行する場合は、原則GMSライセンスを有する車両を除いて規制されている[1]ため、ミャワディ側の第2友好橋から約10kmのところにある「トレードゾーン」と称する施設で積替えが行われている。なお、同ゾーンにはフォークリフトやクレーンがないため、手荷役で積替えが行われている。

　東西回廊におけるミャンマー国内向け貨物の輸入通関は通常国境のミャワディ税関で行われるが、①軍事クーデター（2021年2月1日発生）の影響による銀行業務の遅延（輸入関税の送金手続き等）、②山岳少数民族によるトレードゾーンの爆破（2023年3月23日）（図8-2）、③GMS車両でミャンマーまで一貫輸送する際のタイ人ドライバーへの就労ビザ取得の義務付けなどの問題が残っていることから、2023年12月末現在、継続（接続）による越境輸送が利用されているのが実態である。なお、日系企業が多く入居しているティラワ工

---

[1] GMSライセンスはGMS域内を走行できるマルチライセンス（他国間）であるが、実際にはタイ車両でもすべて、サワナケットまでの走行となっている。

8.1 GMS 域内の物流事情　　　131

業団地向け貨物の輸入通関は、工業団地内にあるティラワ税関で行われている。

図 8-2　ミャンマー・ミャワディトレードゾーンの爆破の様子
（出所：日本通運、池田秀氏提供）

図 8-3　東西回廊内、バンコク～ヤンゴン間
（出所：山九、福田氏提供）

(2) タイ～ベトナム間の陸上輸送

　ラオスのサワナケットとタイのムクダハンの国境間を流れているメコン川の渡河には、長年フェリーが利用されていたが、2006年12月に「タイ・ラオス第2メコン友好橋」が完成したことで、バンコク～ハノイ間が1本の陸路でつながった。また、ベトナム側のラオバオからダナンまでの200kmの道路は坂道が多いが、2005年6月に日本のODAで完成した「ハイヴァントンネル」(6.3km)の開通によって、ベトナムのフエからダナンまでの移動時間が40分短縮されている。さらに、2011年11月には、サワナケット～ムクダハン国境の上流約100kmに位置するタイのナコンパノムとラオスのタケーク国境に「タイ・ラオス第3メコン友好橋」が開通している。

　タイ～ベトナム間の車両の相互乗入れに関して、タイおよびベトナム国内での走行が認められているのはラオスの車両のみである。しかし、タイは右ハンドル、ラオスとベトナムの両国は左ハンドルのため、ムクダハン～サバナケットの国境を越えてトラック輸送を行う場合は、車両を変更する必要がある。

　CBTAの規則によれば、タイの安全基準を満たしGMSライセンスを有するラオスの車両であれば、理論上は同一車両で3か国を跨って走行することは可能である。しかし、ハンドルの違いによる事故を恐れるラオスの車両は、タイのコラートまでしか入ってこないのが実態である。そのため、タイの車両で輸送されてきたベトナム向け貨物は、サバナケットで、ベトナムからきた2国間の相互乗り入れ可能な車両に積み替えて、ラオス～ベトナム間を走行するのが最も現実的な方法である。

　ちなみに、サワナケットの積替え場所は青空天井で、手荷役による処理がなされ、実入りコンテナについては国境税関に隣接したエリアにある指定場所でクレーンを使った積替えがなされている。

　タイのGMSライセンスを保有する車両で輸送されてきたラオス国内向け貨物についても、以前はノンカイ（タイ）経由でビエンチャン市内（ラオス）に入ったタイ車両で、そのまま直接配送が可能であったが、2019年8月に国境約2kmのタナレーン（ラオス）に新しい物流施設が建設されたことから、たとえGMSライセンスを保有する車両であっても、現在はタナレーンでの積替えが義務付けられている。

　さらに、ラオス国内を通過する際には、ラオス税関へのトランジットチャージの免除申請書・許可があれば、ラオス国内を保税のまま通過することができ

る。この申請には、トランジットチャージの免除申請書、インボイス、契約書類が必要である。

また、トラック・パスポート（越境して他国を走ることのできる車両が発行）、国際免許証、ドライバーのパスポート、車両会社が発行する送り状（Waybill）が出入国管理局（Immigration）で必要となる。

なお、この免除申請ができる物流事業者（フォワーダー）はラオス国内で登録資本金が 100 万ドル以上の企業に限定されていることから、この条件を満たすラオス国内の事業者は限られており必然的に特定業者に集中することになる。

国境税関では、車両、貨物、トランジット許可書類の検査が行われているが、2023 年 12 月末現在、従来デンサワン（ラオス）〜ラオパオ（ベトナム）国境でのラオス・ベトナム両税関によって行われていた SSI による通関はコロナの影響を受けてストップしている。

ところで、バンコクからハノイまで輸送した場合、海上輸送だとホーチミン〜ハイフォン港経由で 10 〜 14 日かかるが、東西回廊だと 3 〜 4 日で輸送可能である。ただし、東西回廊で輸送した場合の課題は、スケジュールは読めるが、ベトナムからタイ向けの貨物が少なく、タイからベトナム向け貨物の片荷輸送となっているため、運送料金が海上運賃の 2.5 〜 3 倍と高いことである。

また、タイ〜ラオス間の回廊整備に伴い、サワナケットに経済特別区（SEZ: Special Economic Zone）が開発され、タイをハブとした国際水平分業（靴下他）が展開されている。

8.1.2 南部経済回廊（Southern Economic Corridor）

南部経済回廊（南部回廊）は、タイのバンコクからアランヤプラテート（タイ）〜ポイペト（カンボジア）国境、カンボジアのトンレサップ湖の南を走る国道 5 号線でプノンペン、プノンペンからは国道 1 号線でバベット（カンボジア）〜モクバイ（ベトナム）国境を経由してホーチミンを結び、南シナ海沿岸のブンタウ港に至る全長約 1,000km のルートである。

タイおよびベトナムの各国境付近（カンボジア国内）、プノンペン、シアヌークビル港近郊には SEZ や工業団地が開発され、すでに数多くの日系や中国系企業等が進出している。

南部回廊でも、メコン川を渡河するには長年フェリーが利用されていたが、

図8-4　つばさ橋（ネアルックン橋）
（出所：伊津野範博氏撮影）

2015年4月、日本のODAで「つばさ橋（ネアックルン橋）」が開通したことで南部回廊上のボトルネックが解消され、バンコク〜プノンペン〜ホーチミンを1本でつなぐ主要物流幹線ルートとなった。

しかし、バンコクからホーチミンまでの輸送で、南部回廊を使うと約3日、海上輸送（直行船）でも3〜4日と遜色がないうえに、運賃が海上輸送の7〜8倍と高いことから、3か国を跨る一貫輸送は、一部危険品等を除いて、利用されていないのが実態である。

ただし、特にプノンペンや国境周辺のSEZには多くの日系メーカーが進出していることから、「タイ・プラスワン」の一環として、タイ〜カンボジア、カンボジア〜ホーチミン港間でトラックによる半製品や完成品の輸送が行われている。

ちなみに、「タイ・プラスワン」とは、タイとカンボジアの人件費格差[2]を利用した国際垂直分業のことで、労働集約型の自動車部品（ワイヤーハーネス他）が生産されている。具体的には、タイの親工場からプノンペンSEZにある系列工場に半製品を送り、手間のかかる部分をカンボジアの安い人件費を活用して加工した半製品を再度タイの親工場に戻すか、できあがった製品をホーチミン港から輸出するもので、その際の輸送がトラックで行われている。

なお、プノンペンからホーチミン港までの輸送方法にはプノンペン港コンテナターミナルからの河川輸送も使われている。河川輸送は、陸上輸送と比べて、運賃が安く国境での越境通関手続きも簡便で、B/L（船荷証券）もプノンペンで発行可能だが、問題は輸送時間がかかることである。

ところで、トラック輸送によるタイ・プラスワン（バンコク〜プノンペン間）の特徴は、往復の貨物があるため、無駄がないことである。また、タイまたはベトナムのGMSライセンスを有しない普通のトラックはカンボジア国境から

---

[2] タイの2022年の作業員の月額基本人件費は385ドル、カンボジアは246ドルである。なお、アジア主要国の国別人件費は第14章の表14-1参照。

20km 圏内（たとえば、ポイペト、モクバイ他）を除いて走行が認められていないため、カンボジア側国境付近のポイントで積替えが行われている。

本ルートの課題は、アランヤプラテート（タイ）～ポイペト（カンボジア）など越境通関手続きに時間がかかり、激しい交通渋滞が発生していることである。なお、東西回廊と南部経済回廊の各国車両輸送に関する規定は表8-1のとおりである。

8.1.3 南北経済回廊（North-South Economic Corridor）

一帯一路の影響もあり、最近注目されている南北経済回廊は、次の3つのルートから構成されている。

第1ルートは、バンコクから北上して、チェンコン（タイ）～フェイサイ（ラオス）国境、ボーテン（ラオス）～モーハン（中国）国境を経由して、昆明に

表8-1　東西・南部回廊における各国車両走行規制

国	相互通行
タイ⇒ラオス	☆相互通行に関する覚書を締結。GMSライセンスをもつ車両のみ、ラオスに入れる。 ☆タイの普通の車両は、ラオス側国境で、GMSライセンスの車両に積み替え、ベトナムまで輸送。
ラオス⇒タイ	☆相互通行に関する覚書を締結。GMSライセンスをもつ車両は原則タイに入れるが、タイの自動車安全基準を満たすことが条件。ただし、この基準に達している車両が少なく、実際にラオス側の車両がバンコクまで来ることはなく、ラオスに隣接するタイのノンカイ程度までである。 ☆タイ（右ハンドル）は基本的にラオス（左ハンドル）の車両の通行を認めない。
ベトナム⇔ラオス	☆相互通行に関する覚書を締結。GMSライセンスをもつ車両のみ相手国内走行可能。 ☆ベトナム（左ハンドル）は基本的に右ハンドルの車両の通行を認めない。
カンボジア⇔タイ	☆相互通行に関する覚書を締結。GMSライセンスをもつ車両が走行可能。ただし、普通のタイの車両でも、カンボジア側国境20km以内（ポイペト等）であれば、積替えなし。
カンボジア⇔ベトナム	☆相互通行に関する覚書を締結。GMSライセンスをもつ車両が走行可能。 ☆カンボジアの車両がホーチミンの隣接港まで走行可能だが、ベトナムの車両がカンボジアの輸出入を担っている現状。 ☆ベトナムの国境地点からカンボジアの20km圏内までは、GMSライセンスなしでベトナムの車両が走行可能。
ミャンマー⇔タイ	☆ミャンマーの車両がタイでの通行を認められていないため、国境（ミャンマー国内）にて積み替えが必要となる。ただし、タイとミャンマーの物流事業者の100社に2019年9月頃から相互乗り入れを承認するGMSライセンスの発行開始。

（出典：伊津野範博氏が作成した資料を筆者加筆修正）

至る全長約 2,000km のルートである。次に、第 2 ルートは、昆明からハノイを経由して、ハイフォン港に至る全長、約 850km のルートである。最後の第 3 ルートは、ハノイからランソン（ベトナム）〜友誼関（中国）国境を経由して、中国広西チワン族自治区の南寧までの約 420km のルートで、中越回廊とも呼ばれている。

中越回廊は、中国華南地区と北部ベトナム域内との間で電子部品などを中心に相互補完体制が構築されているが、その輸出入貨物の輸送で中越回廊が使われている（表 8-2）。また、中国およびベトナムのトラックは相手国内の走行ができないため、ランソン（ベトナム）にある青空天井下のポイントで積替えが行われている。

ところで、上記のルートのうちで、いま最も注目されているのは、中国の一帯一路政策の一環として開発されている昆明〜バンコク間のルートである。

また、昆明〜ビエンチャン間はすでに中国主導で標準軌による鉄道が敷設さ

表8-2　中国の対ベトナム輸出入額（2022年）

輸出

		2022年	
		金額	シェア
764	通信機器	18.3	12.4
759	事務用機器の部分品	7.5	5.1
778	その他の電気機器	7.2	4.9
655	メリヤス・クロセ編物	5.5	3.8
871	光学機器	5.5	3.7
772	回路開閉機器印刷回路	4.3	2.9
653	人造繊維の織物	3.5	2.4
728	その他の産業用機械	2.9	2.0
673	鉄鋼圧延製品（無被覆）	2.7	1.8
699	各種の卑金属製品	2.4	1.7
851	はき物	2.4	1.6
598	その他の化学工業生産品	2.3	1.6
582	プラスチックの板・フィルム	2.3	1.6
893	プラスチック製品	2.3	1.5
657	特殊繊維・特殊織物	1.9	1.3
894	玩具・スポーツ用品	1.8	1.2
771	電力用機器	1.7	1.2
652	綿織物	1.7	1.2
773	送配電用機器	1.6	1.1
651	紡織用繊維の糸	1.5	1.0
		147.0	54.0

輸入

		2022年	
		金額	シェア
764	通信機器	28.0	31.9
871	光学機器	19.9	22.7
759	事務用機器の部分品	4.9	5.6
851	はき物	2.5	2.9
651	紡織用繊維の糸	2.3	2.6
246	木材チップ	2.1	2.4
232	合成ゴム	2.0	2.3
057	果実・ナット（生鮮・乾燥）	1.5	1.7
773	送配電用機器	1.4	1.6
772	回路開閉機器印刷回路	1.4	1.6
752	自動データ処理機械	1.3	1.4
776	熱電子管・半導体	1.0	1.1
592	でん粉・小麦グルテン	0.9	1.1
845	その他の衣類	0.7	0.9
034	魚（生鮮・冷蔵・冷凍）	0.7	0.8
661	セメント・建設用材料	0.5	0.6
771	電力用機器	0.5	0.6
081	飼料	0.5	0.5
037	魚・甲殻類の調整品	0.4	0.5
042	米	0.4	0.5
		88.0	83.3

（出所：UNCTAD の資料をベースに大泉啓一郎氏が作成した資料を筆者修正）

れている。さらに、タイからビエンチャンまでは旧日本軍が敷いた狭軌鉄道が延長されていることから、ビエンチャン（タナレーン）での積替えが必要ではあるが、昆明からレムチャバン港（タイ）までの鉄道輸送は理論上可能である。しかし、実際には、中国〜タイ間の鉄道貨物輸送はほとんど行われていないようである。

さらに、ビエンチャン〜ブンワン港（ベトナム）の150kmの区間についてはペトロリアム・トレーディング・ラオとFLCグループによって、2025年の開通を目指して、標準軌による鉄道建設が始まっている。

次に、トラック輸送の場合、中国のトラックはラオス側北方4県までの乗り入れが可能になっている。したがって、タイ〜昆明間のトラック輸送では、ボーテン（ラオス）で積替えがなされている。

昆明からタイ・ラオス向けの貨物は機械設備や電子部品、アパレル製品等で、タイ・ラオスからの貨物は果物（ドリアン）、生鮮食品等である。

8.1.4　ASEANの港湾事情

ASEANの港湾は、①河川港、②深水港、③トランシップ港経由の3つのタイプがある。

①　河 川 港

河川港であるため、水深が7〜8mと浅く、大型コンテナ船が入港できない。

対象となる港は、バンコク（クロントイ）港（タイ）、ホーチミン港・ハイフォン港（ベトナム）、ヤンゴン港・ティラワ港（ミャンマー）などがある。

②　深 水 港

海に面した港のため、水深が12〜16mと深く、基幹航路に就航している大型コンテナ船の入港が可能である。

対象となる港は、レムチャバン港（タイ）、シンガポール港（シンガポール）、シアヌークビル港（カンボジア）、カットライ港・ロックフェン新港（ベトナム）、ポートケラン港・ペナン港（マレーシア）などがある。

③　トランシップ港（シンガポール港や香港経由）

アジア域内航路は、1,000〜3,000TEUと比較的小型のコンテナ船が就航しているためダイレクト寄港が可能だが、欧米航路のコンテナはハブ港で積替えがなされている。

対象港には、ジャカルタ港（インドネシア）、マニラ港（フィリピン）、ヤン

ゴン港・ティラワ港（ミャンマー）がある。

なお、主要港別のコンテナ取扱い実績は表 8-3 のとおりである。

8.1.5　LPI（Logistics Performance Index）

LPI は世界銀行が 2 年ごとに発表している世界各国のロジスティクスに関する指標である。最新の LPI は新型コロナ感染拡大の影響もあり、4 年ぶりに発表された 2022 年度版である（アジア主要国の LPI は表 8-4 参照）。

なお、ベトナムには 2014 年、ミャンマーには 2016 年から日本の NACCS（輸出入・港湾関連情報処理システム）が稼働している。

表 8-3　ASEAN 主要港別のコンテナ取扱い実績

（単位：万 TEU）

国 名	シンガポール	マレーシア	タイ		ベトナム		ミャンマー	インドネシア	フィリピン
港 名	シンガポール港	ポートケラン港	レムチャバン港	クロントイ港	ハイフォン港	ホーチミン港	ヤンゴン港	ジャカルタ港	マニラ港
2019 年	3,720	1,358	798	148	-	-	-	-	130
2020 年	3,687	1,324	754	142	1,240	376	-	689	130
2021 年	3,720	1,372	852	138	1,282	375	-	684	130

（出所：オーシャンコマース「2023 年版国際輸送ハンドブック」より筆者作成）

表 8-4　アジア各国の LPI

カッコ内は前回(2018)の順位とスコア	総合 LPI 順位		Customs（通関手続）		Infrastructure（インフラ）		International Shipments（国際輸送）		Logistics Competence and Quality（競争力と品旨）		Timeliness（定時性）		Tracking and Tracing（貨物追跡）	
	順位	スコア	順位	スコア	順位	スコア	順位	スコア	順位	スコア	順位	スコア	順位	スコア
シンガポール	1(7)	4.3(4.0)	1(6)	4.2(3.9)	1(6)	4.6(4.1)	2(15)	4.0(3.6)	1(3)	4.4(4.1)	1(6)	4.3(4.3)	1(8)	4.4(4.1)
ドイツ	3(1)	4.1(4.2)	7(1)	3.9(4.1)	3(1)	4.3(4.4)	8(4)	3.7(3.9)	3(1)	4.2(4.3)	10(3)	4.1(4.4)	3(2)	4.2(4.2)
日本	13(5)	3.9(4.0)	10(3)	3.9(4.0)	5(2)	4.2(4.3)	38(14)	3.3(3.6)	9(4)	4.1(4.1)	17(10)	4.0(4.3)	16(10)	4.0(4.0)
韓国	17(25)	3.8(3.6)	7(25)	3.9(3.4)	9(22)	4.1(3.7)	26(33)	3.4(3.3)	20(28)	3.8(3.6)	25(25)	3.8(3.9)	23(22)	3.8(3.7)
米国	17(14)	3.8(3.9)	14(10)	3.7(3.8)	16(7)	3.9(4.0)	26(23)	3.4(3.5)	14(16)	3.9(3.9)	25(19)	3.8(4.1)	3(6)	4.2(4.1)
中国	19(26)	3.7(3.6)	31(31)	3.3(3.3)	14(20)	4.0(3.8)	14(18)	3.6(3.5)	20(27)	3.8(3.6)	30(27)	3.7(3.8)	23(27)	3.8(3.6)
マレーシア	26(41)	3.6(3.2)	31(43)	3.3(2.9)	32(40)	3.6(3.2)	40(32)	3.3(3.3)	28(36)	3.7(3.3)	30(53)	3.7(3.5)	29(47)	3.7(3.2)
タイ	34(32)	3.5(3.4)	31(36)	3.3(3.1)	25(41)	3.7(3.1)	22(25)	3.5(3.5)	38(32)	3.5(3.4)	46(28)	3.5(3.8)	34(33)	3.6(3.5)
インド	38(44)	3.4(3.2)	47(40)	3.0(3.0)	47(52)	3.2(2.9)	22(44)	3.5(3.2)	38(42)	3.5(3.1)	35(52)	3.6(3.5)	41(38)	3.4(3.3)
フィリピン	43(60)	3.3(2.9)	59(85)	2.8(2.5)	47(67)	3.2(2.7)	47(37)	3.1(3.3)	46(69)	3.3(2.8)	21(100)	3.9(3.0)	49(57)	3.3(3.1)
ベトナム	43(39)	3.3(3.3)	43(41)	3.1(3.0)	47(47)	3.2(3.0)	38(49)	3.3(3.2)	53(33)	3.2(3.4)	59(40)	3.3(3.7)	41(34)	3.4(3.3)
インドネシア	61(46)	3.0(3.2)	59(62)	2.8(2.7)	59(54)	2.9(2.9)	57(42)	3.0(3.2)	65(44)	2.9(3.1)	59(41)	3.3(3.7)	65(39)	3.0(3.3)
カンボジア	115(98)	2.4(2.6)	10(109)	2.2(2.4)	26(130)	2.1(2.1)	121(71)	2.3(2.8)	110(111)	2.4(2.4)	110(84)	2.7(3.2)	80(111)	2.8(2.5)
ラオス	115(82)	2.4(2.7)	101(74)	2.3(2.6)	108(91)	2.3(2.4)	121(85)	2.3(2.7)	110(83)	2.4(2.6)	102(117)	2.8(2.8)	105(69)	2.4(2.9)

（出所：世界銀行の資料より魚住和宏氏作成）

8.2 中国の交通物流

8.2.1 中国の交通インフラ整備
(1) 国内交通インフラ整備

　リーマンショック以降、中国は国内経済の持続発展を維持するため、交通産業を含む公共投資を年々増やしている。各省・直轄市、自治区を単位とする地方政府がその主な役割を担っているが、例外として、鉄道産業のネットワークの構成および関連インフラの整備はすべて中央政府の戦略の下で一元的に進められている。鉄道への投資額も中央政府が大半を占めるなど、中央政府による鉄道産業の集中管理の意味合いを色濃く反映する。

　その背景は、2000年以降、「西部大開発」という国家政策による内陸への産業誘導策の遂行により、内陸となる中西部地域の成長率が伸び始めていることである。当然ながら、内陸の経済発展には高い輸送コストや物流関連施設の不足がネックとなるため、国務院（内閣に相当）のイニシアチブでの内陸の鉄道建設など、インフラ整備のマスタープランを作り、投資を継続した。結果、現在中西部地域における鉄道の営業キロ数は中国全体の6割超までに至っている（2021年）。

　中西部地域の交通インフラの整備により、中国の内陸に至る各交通輸送モードのアクセスが大きく改善し、ヒト・モノの移動の迅速化や輸送コストの低減に大きく寄与した。世界銀行が発表する物流パフォーマンス指標（LPI）からみても、中国のインフラ品質が徐々に向上してきたことがわかる。

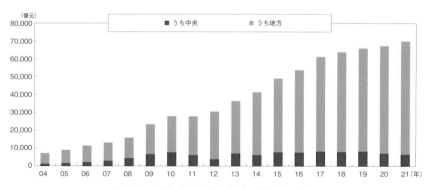

図8-5　中国の交通産業における投資額の推移
（出所：中国国家統計局「中国統計年鑑」暦年から作成）

表 8-5　中国 LPI のうち、「インフラの質」に関する評価の推移

中　国	インフラの質	
	スコア	順　位
2007 年	3.20	30
2010 年	3.54	27
2012 年	3.61	26
2014 年	3.67	23
2016 年	3.75	23
2018 年	3.75	20
2023 年	4.00	14

（出所：世界銀行、InternationalLPI[1]）

(2) 国境を越える交通インフラ整備の動き

　中国では、国内物流状況の改善を背景に、東アジア地域包括的経済連携（RCEP：Regional Comprehensive Economic Partnership）を含めたアジア域内での複数の自由貿易の枠組みが合意されたことをきっかけに、国境を越えた域内の経済成長および貿易の活発化が起こった。中国国内にとどまらず、アジア域内の交通インフラ、とりわけ陸路の整備に対する関心が高まり、国境を越える交通ネットワークの整備を本格的に検討する段階に入った。

(3)「一帯一路」政策に基づく国際交通インフラ整備の強化

　近隣諸国を中心とするアジア域内国際交通インフラ整備が進む一方、2014年に中国が「新シルクロード」構想を打ち出した。また、「太平洋からバルチック海までの輸送通路の開通、東、西、南亜を連結する交通ネットワークの整備」に関する提言は、後に「一帯一路」（Belt And Road Initiative）と名付けられ、中国の広域経済圏構想となって今日まで至っている[3]。「一帯」とは中国の中西部内陸地域から中央アジア・ロシアを経由し、欧州につながる陸上ルートであり、「一路」とは中国沿海地域から東南アジア、インド、アラビア半島の沿岸部、アフリカ東岸を結ぶ海上ルートである。

　交通インフラの視点からみた場合、「一帯一路」構想は、中国国内の中西部地域を起点とする国際交通インフラを整備し、沿海と内陸との経済成長の

---

[3]　新華網、2013 年 9 月 8 日付、ナザルバエフ大学での習近平氏の演説（全文）[3]）より。

表 8-6 自国以外で運営を行う主な中国メガターミナルオペレーター

会社名	操業地域
COSCO SHIPPING Ports Limited	北東アジア：プサン港（韓国）
	ペルシャ湾：アブダビ港（UAE）、ジッダ港（サウジアラビア）
	北米：シアトル港（米国）
	南米：チェンカイ港（ペルー）
	地中海：ダミエッタ港（エジプト）、クンポート（トルコ）、ピレウス港（ギリシャ）、ヴァード・リーグレ港（イタリア）、バレンシア港（スペイン）
	東南アジア：シンガポール港（シンガポール）
	北海：ゼーブルッヘ港（ベルギー）、アントワープ港（ベルギー）、ロッテルダム港（オランダ）
China Merchants Port Holdings Co., Ltd.	インド洋：コロンボ港（スリランカ）、ハンバントタ港（スリランカ）、ジブチ港（ジブチ）
	西アフリカ：ラゴス港（ナイジェリア）、ロメ港（トーゴ）、アビジャン港（コートジボアール）
	地中海：**クンポート港（トルコ）、マルサックスロック港（マルタ）、フォス港（フランス）、タンジェ港（モロッコ）、カサブランカ港（モロッコ）**
	欧州大西洋岸：**ルアーブル港（フランス）、モントワール港（フランス）**
	北海：**ダンケルク港（フランス）、ゼーブルッヘ港（ベルギー）、アントワープ港（ベルギー）**
	北米：マイアミ港（米国）、ヒューストン港（米国）
	北東アジア：プサン港（韓国）

（注） China Merchants Port Holding Co., Ltd. の太字部分はフランス CMA CGM の合弁会社 Terminal Link の一部株式取得による所有。
（出所：中遠海運湊口有限公司、招商局港口控股有限公司ウェブサイト [2]）

　ギャップの縮小を図る意図がある。それと同時に、近隣諸国との経済関係の強化、中国製品の輸出増加、複数の石油の輸入ルートの確保を狙う目的もある。これらを背景に、陸上ではトルコ、ロシアを含む CIS 諸国、経由して欧州までの鉄道・道路による輸送ルートの開拓および強化、海上ではインドネシア、シンガポールをはじめ、インド、スリランカ、アフリカを通過して欧州までの海上輸送ルートの新規開拓および強化を行うといった、壮大な国際交通回廊の整備構想である。

　現在、「一路」にあたる海上輸送ルートの新規開拓および強化に海外港湾の建設協力や運営など、数々のプロジェクトが進行している。しかし、米中関係の悪化、EU の中国に対する警戒心の強まりに相まって、長引くコロナ禍の影響もあり、欧米を中心に進めてきた港湾運営権の獲得は 2020 年に中断した。以降再開しても件数的に急減し、対象もアジア、アフリカ、南米など、欧米以外の地域にシフトしている。他方、陸上のシルクロードを代表する「一帯」は

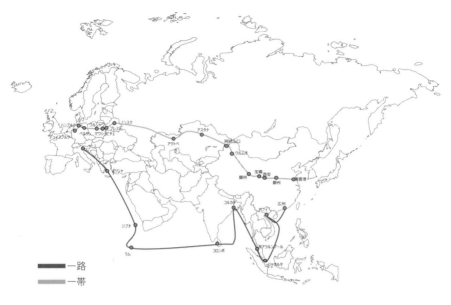

図 8-6　一帯一路構想の概念図
（出所：筆者作成）

より活発な動きを示している。

8.2.2　中国〜欧州間の国際鉄道貨物輸送

中国の地方都市を発着地とする国際鉄道コンテナ貨物輸送の運行は、チャイナ・ランドブリッジ（CLB）の形で 2011 年以降急速に普及し、「一帯」の代名詞となっている。

中西部地域が圧倒的に多いが、沿海地域を含めば、鄭州市、重慶市、成都市など、合計 87 都市／保税区が CLB を利用した中央アジア・ロシア・欧州までの鉄道コンテナ貨物輸送サービスを行っている[4]。

なお、欧州向け西行 CLB に遅れて、近年インドシナ半島向け南下 CLB も徐々に増えている。ASEAN との貿易における関係の強化や輸入増を背景に、沿海、内陸を問わず、ASEAN との間の長距離大量輸送に対応したものと考える。運行本数はまだ少ないものの、欧州に比べ、距離が近いこと、貿易の補完性が高

---

[4] 2023 年 7 月 15 日の時点、町田による各新聞・雑誌の集計の結果。

いことなどから、潜在性が高い。

コロナ禍のなか、上記ルートの動きを一気に活発化したのは、昆明〜ビエンチャン間の鉄道の開通である。2021年12月に開通した昆明〜ビエンチャン間鉄道は中国〜ASEAN間の鉄道貨物輸送を一気に加速させた。開通以来2024年2月19日までに貨物約3,305万トンを輸

図8-7　一帯一路カザフスタン国境に到着した貨物列
（出所：2023年3月8日筆者撮影）

送しており[4]、その先、タイやベトナムとの接続による鉄道貨物輸送が一層増える見込みである。

昆明〜ビエンチャン間鉄道開通後間もなく、中国国内多数の都市が中国〜ラオス・ベトナム間の鉄道貨物便を開通した。そのうち、欧州との間にすでに鉄道貨物定期便を運行している都市も多く、中国経由で欧州とASEANと連結し、ユーラシア大陸の物流の流れを加速させる動きが現れている。

2023年7月1日に「瀾湄蓉歐快線[5]」による初の試みが行われ、1回の通関手続きでタイの自動車部品が成都経由で17日をかけてブタペストに鉄道輸送される予定[6]となり、今後このような動きがさらに活発化する。

その他、中国政府がミャンマー、ネパール、パキスタン、キルギスタン／ウズベキスタンと新規国際鉄道建設の計画を進めている。それを契機に中国から周辺国への鉄道輸送力が一層強化される見込みである。

中国発国際鉄道貨物輸送が「一帯一路」によって急速な便数増をみせている。コロナ禍にあっても、欧州向け海上運賃の高騰により、中国国内各都市発欧州（中央アジアを含む）向けの貨物列車（CLB）の運行便数増が著しい。

CLBは輸送時間が海上輸送の3分の1、コストが航空輸送の4分の1程度であることが大きなメリットである。CLBの年間運行本数は1,702本（2016年）から15,183本（2021年）に達し、輸送品目も自動車部品・完成車、化学品、電気機械、穀物など5万種類以上、金額的には80億米ドルから749億米ドルになり、中国とEU間の貿易総額に占める割合が1.5％から8％まで上昇する

---

[5] 瀾湄蓉歐快線（ランメイロンオウカイセン）は、「瀾滄江・メコン川・成都・欧州」の頭／略字。瀾滄江はメコン川の上流中国国内の流域を指す。

[6] 中時新聞網、2023年7月8日付。

図 8-8　中国発着の国際鉄道貨物輸送ネットワーク（2024 年 3 月時点）の概念図
(出所：筆者作成)

など、中国欧州間貿易の一翼を担うようになった[7]。

8.2.3　中国〜欧州間の国際道路貨物輸送

鉄道による国際貨物輸送以外、近年の陸上輸送では中国発着の国際道路貨物輸送が急速な拡大をみせ、中国側の統計をみれば、すでに国際道路貨物輸送による輸出入額は大きな割合を占めるようになっている（17.1％、金額ベース、2018 年、中国税関年鑑数値）。

これまでは主に 2 国間協定に基づく国際道路貨物輸送、たとえば中国〜ベトナム間での複数のルートでの走行（2012 年）、中国〜 CIS 諸国間のテスト走行（2014 年）など、限定的なドア・トゥ・ドアの国際道路貨物輸送の試みにとどまっていたが、2016 年 7 月に中国の国際道路輸送条約（TIR 条約）加盟で状況が大きく変わった。

TIR（国際道路輸送）とは、「Transport International Routier」の略で、道路走行車両による多国間貨物輸送を容易にするために結ばれた通関条約（TIR 条約）に則った貨物輸送である。欧州や中央アジア諸国の大半、中国・ロシア・モンゴルなどが TIR 条約参加国となっている。2016 年 8 月に天津発モンゴル（ウ

---

[7] 経済日報、2022 年 3 月 31 日付。

ランバートル）経由ロシア（ウラン・ウデ）のデモ輸送を行い、2017 年 4 月に 3 か国が TIR 条約に基づく国際道路輸送基準の設定に合意した。

　こうして中国発着で国境を跨ぐ国際道路貨物輸送が大きく前進した。その流れは CIS 諸国にも及び、2017 年 11 月、ウズベキスタンの首都タシケント発キルギスタン経由中国カシュガルまでのテスト輸送が行われた。2018 年、こうした国境を越えた国際道路貨物輸送が徐々に増え、国境を越えるドア・トゥ・ドアサービスの実施を原則とする国際道路貨物輸送が活発化した。

　国際道路貨物輸送の潜在性は大きい。ウラジオストク発の貨物が大連に到着するまで、これまで海運会社経由で 3 週間ほどかかったが、貨物自動車によるドア・トゥ・ドア輸送なら 4 日で済む[8]。同じく天津からウランバートルの場合も、鉄道輸送なら 10 日ほどかかるが、道路輸送では 3 日で到着する[9]など、貨物自動車をベースとする国際輸送はより商業ベースに適合する形で国際貿易に受け入れやすい。

　国際貿易に占める道路貨物輸送の割合はすでに 2 割弱に達し、補助金なしで展開しやすい国際輸送方式から、今後中国と周辺国との相互乗り入れの合意が増えれば、国際道路貨物輸送はさらなる活発化が期待できる。実際、新型コロナ感染症が流行するまで、中国の国際輸送に関わる貨物自動車の台数は増え続け、コロナによる制限が解除された 2023 年以降は急速な回復をみせている。

　一方、2022 年 4 月 9 日より、EU はロシアへの制裁措置として、EU 域内におけるロシア／ベラルーシナンバーの貨物自動車の通過・走行を禁止した。これにより、それまで最も利用されてきたロシア経由の国際道路輸送ルートの運行がストップした[7]。

　これにより、カスピ海ルートについて、2022 年から急ピッチに検討されるようになった。道路交通インフラの整備遅れや通関手続きの問題などの課題もあったものの、2023 年に入り、中国発イルクースタン税関経由で初のカスピ海ルートの TIR 輸送はすでに確認された[10]。

　現在、TIR 条約の締約国は世界で 76 か国あり、欧州と中国の間に位置する国々のほとんどがメンバー国である。TIR の認可書に割り当てがあり、数量的制限はあるものの、TIR 貨物が各国を通過する場合、出発国の税関から目的地

---

[8] 東北網、2018 年 11 月 15 日付[5]。

[9] 第一財経、2016 年 8 月 18 日付[6]。

[10] 中国国門時報、2023 年 2 月 3 日付。

の税関まで、各国の税関は TIR 証明書の情報を確認し車両の税関シールを確認するだけで、検査のために箱を開けずに直接輸送車両を通行させる。そのため、企業は巨額の通過保証金を支払う必要がなく、商品の港での滞在時間を短縮するのみならず、輸送コストの低減と通関の効率化が実現できる。

なお、TIR 保持者は 1 回情報を送信すると、関連データが各国の税関に個別に送信され、税関は関連する TIR 操作情報を国際道路交通連合（IRU）にフィードバック、通関時間を効果的に短縮し、通関効率を向上させることができる。

今後、新型コロナ感染症流行の終結に伴い、再び TIR 輸送による中国〜欧州間発着のクロスボーダー・シャトル便が増えると見込まれる。カザフスタン／ロシアに代わる新たなルートとして、カスピ海ルートにおける道路輸送への大変高い需要は十分に期待できる。

8.2.4　増加する中国発着国際航空貨物

製造の高付加価値化による中国発着の航空貨物が増え、それに伴い、中国発着の定期フレイター便（週運行回数、発着曜日、発着時間が固定されている便）も増加している。さらにコロナ禍のなか、中国発着の航空貨物の需要が急増したことで、新規フレイター便の開設は対前年比ほぼ倍増となり、合わせて空港整備も加速している。

同時に、2020 年 6 月に政府が新たな航空政策を打ち出し、海南島全島で構成する海南省に「第七の自由」を開放した。第七の自由とは航空会社が自国の領土以外で独立した航路を経営し、海外両国間で旅客／貨物を運ぶ権利を指す。これまでアジアでも限られた空港でしか導入していない方策であり、無論中国では初めての導入である。

航空貨物の活況を受け、中国宅配最大手の順豊エクスプレスの子会社である順豊航空が 2022 年 7 月湖北省武漢市の近くの鄂州（ガク）に自社専用ハブ空港を稼働開始した。鄂州は中国本土の中部地域に位置し、米国のメンフィスに似て、全土の重要都市にほぼ同じ距離でアクセスできるハブ空港の適地である。念願の専用ハブ空港の稼働開始で順豊エクスプレスは中国初のインテグレーターへの脱皮を目指す。

中国は、米国との貿易摩擦がエスカレートし、EU も中国との距離を取り始めるなか、ASEAN、ロシア等 CIS 諸国など、欧米以外の国との貿易を強化する姿勢が明らかである。

それに合わせ、中国の物流の発展も従来の欧米への重視を見直し、海上輸送において、欧米以外の港湾との関係性の強化や新規航路の開拓に力を入れ、陸上では周辺国を中心に鉄道・道路の接続強化にシフトしている。とりわけロシアとの経済的結びつきの強化につれ、両国間の物流インフラ整備が強化されていっている。今後、欧米とのさらなる関係悪化に備え、上記の動きがより活発となる見込みである。

8.3 米国の国内貨物運送

地理的な「北米」という概念は、一般的には米国、カナダ、メキシコを含んでいるが、物流の観点から見ると、当該3国のなかでは米国の貨物量が圧倒的で、世界最大の消費国である同国の運輸政策やオペレーションは国際的に大きな影響力をもっている。そこで本節では、米国内の貨物運送事情に関して集中的に解説する。

8.3.1 米国内陸輸送の概要

米国の内陸輸送を理解するには、まずは日本の面積の約25倍というその国土の広さを認識することが必要である。米国カリフォルニア州とほぼ同面積の国土である日本の主たる輸送モードは、圧倒的にトラックであるが、図8-9に示すとおり、現在の米国においても営業用車両・自家用車両合わせた場合の最大の輸送モードはトラックである。

しかしながら、トンキロベースでわずか4％ほどの分担率に過ぎない日本の鉄道輸送に比較すると、懐の深い米国の鉄道輸送の分担率は極めて大きい。また、ミシシッピー河水系等の河川輸送を含む内航水運や、日本では通常輸送モードとはみなされないパイプラインといった輸送モードが一定のシェアを有しているのも、米国と日本の内陸輸送の大きな相違点である。

一方、パイプライン、トラック輸送中の自家用車両のほか、わずかなシェアしかない航空輸送を除き、かつ、2種類以上のモードを利用する複合輸送を含めて分担率を比較すると、図8-10に示すとおり、鉄道輸送を含むモードの分担率が非常に大きいことがわかる。

そこで以下の各項では、米国の貨物運送において大きなシェアを有する鉄道輸送とトラック輸送の概要について述べていく。

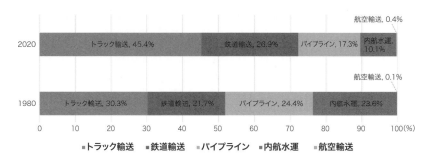

図 8-9 米国における輸送モード分担率（トンマイルベース）
(出所：米国運輸省運輸統計局ウェブサイトをもとに筆者作成)

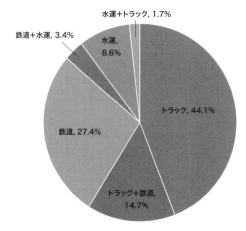

図 8-10 米国における複合輸送モード分担率（2017 年、トンマイルベース）
(出所：米国運輸省運輸統計局ウェブサイトをもとに筆者作成)

8.3.2 鉄道輸送

かつて米国の内陸輸送は厳しく規制されており、特に鉄道輸送については、Tariff Bureau により管理された従量制の公共タリフ運賃の適用が義務付けられていた。コンテナやトレーラーの鉄道輸送、すなわちピギーバックについても1台当たりのボックスレートではなく、すべての荷主に対して従量制の公共タリフ運賃が適用されていた。

しかし、「Staggers Rail Act of 1980」が施行され、鉄道輸送も規制緩和（Deregulation）されることとなった。コンテナやトレーラーの鉄道輸送につい

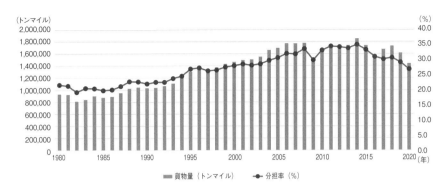

図 8-11　米国鉄道貨物輸送量および分担率の推移（トンマイルベース）
（出所：米国運輸省運輸統計局ウェブサイトをもとに筆者作成）

ても、ボックスカー（有蓋車）や生鮮品の輸送とともに個別荷主との契約運賃適用のほか、1台当たりのボックスレートが認められ、市場原理に基づく自由競争が普及した。その結果、図8-11が示すとおり、鉄道輸送は1980年代半ばから大きく伸長し、米国の主要輸送モードとしての地位を築くに至った。

特にコンテナ・トレーラー輸送については、ボックスレートと契約運賃が普及するに従い、鉄道によるコンテナ・トレーラー輸送が成長・発展、ユニットトレインやブロックトレインの仕立ても拡大した。現在北米において鉄道によるコンテナ輸送の主流となっているダブルスタックトレイン（DST、コンテナ2段積列車）も、このような状況を背景に、1980年代半ばから急速に発展・普及した。

そのように大きなシェアをもつ米国の鉄道輸送であるが、意外にも米国を東西に横断する路線を有する鉄道会社はなく、以下のとおり西部グループ2社と東部グループ2社に大きく分かれた寡占状態である。

① 西部グループ

BNSF Railway ／ Union Pacific Railroad

② 東部グループ

CSX Transportation Inc. ／ Norfolk Southern Railway

各社独自の路線網を有しているが、西部グループと東部グループのおよその境目は、北から南に向かってシカゴ、カンザスシティ、セントルイス、メンフィス、ニューオリンズ等の都市を結ぶ線である。これら各社はお互いに路線と機

表 8-7 米国鉄道貨物輸送業界 M&A の推移

グループ	会社名	年	MorA	合併または買収された企業
西部	BNSF Railway	1996	M	Atchison, Topeka and Santa Fe Railway
				Burlington Northern Railroad
	Union Pacific Railroad	1982	A	Mssouri Pacific Railroad
		1983	A	Western Pacific Railroad
		1995	A	Chicago and Northwestern Transportation Company
		1996	A	Southern Pacific Railroad
東部	CSX Transportation Inc.	1986	M	Seaboard System Railroad
				Chessie System Inc.
		1997	A	Consolidated Rail Corporation
	Norfolk Southern Railway	1982	M	Norfolk and Western Railway
				Southern Railway
		1997	A	Consolidated Rail Corporation

(出所：各鉄道会社の資料をもとに筆者作成)

器をインターチェンジしあっており、東西両グループの境界を越えたユニットトレインやブロックトレインのノンストップの運行も行われている。

鉄道輸送業界に自由化の波を起こした「Staggers Rail Act of 1980」は、鉄道輸送の発展と拡大という成果をもたらした一方、寡占化という副産物も生み出した。表 8-7 のとおり、「Staggers Rail Act of 1980」施行後何度にもわたりM&A が繰り返された結果、1980 年代初頭には 12 社あった大手鉄道会社は、1990 年代後半には 3 分の 1 になり、当該 4 社が全米の鉄道輸送の太宗を占めるという状況が定着化している。

8.3.3　トラック輸送

米国の鉄道輸送が規制緩和により発展・拡大を遂げたことは前述のとおりであるが、「Motor Carrier Act of 1980」の施行に伴う規制緩和により、米国のトラック輸送も大きく発展した。営業用車両・自家用車両の合計では、1980 年にはトンマイルベースで 30％程度であったシェアが、2019 年には 40％を超えるまでに成長した。

かつての米国のトラック輸送には、鉄道輸送と同様に Tariff Bureau が存在し、その管理するタリフ運賃がすべてのトラック輸送業者に適用されていたが、現在では自社タリフが認められ、各社独自のサービスの提供も可能となっている。また、先述のとおり鉄道によるコンテナ・トレーラー輸送が、鉄道輸送の自由

化により拡大・発展を遂げたことが、発着両側でコンテナ・トレーラーの引取・配達を担うトラック輸送の伸長にも大きく貢献していることも重要である。

　そのような米国のトラック輸送を担うMotor Carrierについて、許認可を中心に分類した図8-12をもとに以下に概説する。

　① 営業（For-Hire）と自家用（Private）

　荷主の貨物を預かって運送を請け負う業者がFor-Hire Carrier、自らが所有する貨物を自らの輸送機器を用いて運送を行う業者がPrivate Carrierである。多くの場合、前者には免許が必要であり、後者には必要ない。Private Carrierは、日本の白ナンバーに相当すると考えてよいだろう。

　② 州際（Interstate）と州内（Intrastate）

　2つ以上の州を跨がる輸送を州際（Interstate）輸送、ひとつの州のなかで完結する輸送を州内（Intrastate）輸送という。州際輸送についてはアメリカ合衆国運輸省（DOT：Department of Transportation）が、州内輸送については各州が、それぞれ免許を発給している。

　ここで注意しなければならないのは、州際輸送の両端の引取・配達輸送については、たとえその物理的範囲がひとつの州内にとどまっている場合であっても、州際輸送の一環とみなされるということである。また、米国を発地・着地とする国際間輸送も州際輸送とみなされ、その一環であるコンテナドレージのような引取・配達輸送も州際輸送とみなされる。

　したがって、国際海上コンテナドレージや輸出入貨物の引取・配達を専門とする業者は、州内免許ではなく、州際免許を取得しておく必要がある。

　③ 被規制（Regulated）と規制外（Exempt）

　営業（For-Hire）輸送については、基本的に州際輸送であっても州内輸送であっても、監督官庁の許認可を受けることが必要だが、例外もある。

　ニューヨークやシカゴのようないくつかの大都市には、DOTの定める「Commercial Zone」という区域があり、同区域内における輸出入を含む州際輸送の引取・配達については、特段の許認可を必要としない。また、州内輸送であっても、シカゴの「Terminal Area」のように、大都市をとりまく一定範囲内の輸送については、許認可を必要としない場合もある。

　このように、許認可の取得を必要としない輸送を規制外（Exempt）輸送、その他の許認可を必要とする輸送を被規制（Regulated）輸送という。

　④ 一般運送人（Common Carrier）と契約運送人（Contract Carrier）

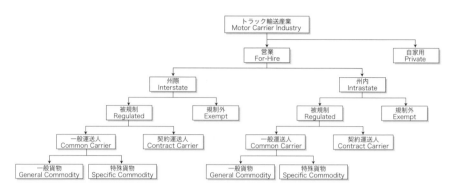

図 8-12　米国のトラック輸送業の許認可体系
（出所：USDOT および各州の資料をもとに筆者作成）

　広く不特定多数の荷主から運送を請け負う業者は一般運送人（Common Carrier）、契約を締結した特定の荷主のみから運送を請け負う業者は契約運送人（Contract Carrier）とそれぞれ呼ばれ、免許も通常分かれている。
　かつてトラック輸送が厳しく規制されていた時代には、この一般運送人と契約運送人の役割も厳密に区別されていたが、規制緩和の進展に伴い両者の許認可の区別は漸次形式化しつつある。
　⑤　一般貨物（General Commodity）と特殊貨物（Specific Commodity）
　引越貨物、現金、液体貨物等の特殊貨物（Specific Commodity）については専用の許認可を受ける必要があり、それらを除く一般貨物（General Commodity）輸送の許認可とは区別されている。
　特に、引越貨物については、荷主が一般消費者であるため、消費者保護の観点から一般貨物と区別され、その輸送に当たって専用の免許取得が必要であることに加え、州際輸送および大多数の州の州内輸送において、現在でも規制の多くが残されている。
　米国のトラック輸送に関する許認可は、以上のような仕組みとなっており、貸し切り（区域）・特別積み合わせ（路線）といった日本の許認可の仕組みと大きく異なっているが、事業ベースでは LTL（Less than Trailer Load、日本の路線に相当）、TL（Trailer Load、日本の区域に相当）それぞれに専門業者が事業を展開している。

8.4 欧州の物流事情

諸説あるものの「フォワーダー」の語源や起源は欧州にあるといわれている。

オーストリアやルクセンブルクのように欧州には国境が海で囲まれていない内陸国があるので、いくつかの輸送モードを組み合わせて越境するサービスを提供してきたのが「フォワーダー」だった。

ここではフォワーダー視線で欧州における国際複合運送に関する4つのポイントを説明する。

8.4.1 欧州の国際複合運送の4つのポイント

欧州物流ポイントのひとつは「フィーダーサービスを抑える」である。ここでは航空、海上（バージ、鉄道、ドレイ）それぞれについて説明する。

(1) 航空貨物

シャルル・ド・ゴール、フランクフルトやスキポール空港らいわゆる「ハブ空港」から地方に向けての運送はトラックによる陸送サービスが多い。たとえばベルギーのリエージュ空港では貨物機到着から最速1時間後にフィーダートラックが出発している。

ただ、キャリアや行先により得意、不得意地域がある。運賃だけで単純比較するとハブ空港からフィーダートラックが出発するまで10日ほど待たされるケースもあるので、フィーダーサービスを利用する際には到着空港からの輸送頻度や日数などの条件もあらかじめ確認のうえ、起用航空会社を選びたい。

(2) 海上貨物（バージ）

欧州では、ライン川、ドナウ川など外国の船舶が自由に航行できる国際河川や運河が発達している。ロッテルダム港らで陸揚げされた海上コンテナの多くはバージ船によって欧州域内の貨物ハブへ運ばれる。規模に大小はあるものの、川沿いの主要都市にはバージ船用コンテナターミナルやコンテナヤードがある。バージは大量のコンテナを運ぶための手段だが、近年温暖化や少雨の影響で川の水量が減り、輸送制限がされることもあるので注意が必要である（図8-13）。

図 8-13 少雨のため、水位が低いライン川とバージ用コンテナ
ヤード（デュイスブルク）（左）とライン川物流地図
（デュッセルドルフ物流博物館）（右）
(出所：筆者撮影)

(3) 海上貨物（鉄道）

バージとともに重要なのが鉄道による貨物輸送である。欧州各地を結ぶ路線網が整備されており、長距離や大量輸送に適している。また燃費効率がよく、環境にやさしい選択肢とされている。

- 軌道幅は多くの国が標準軌と呼ばれる 1,435mm を採用しているので主要国間、相互乗り入れが可能[11]。ただし、1 列車当たりの編成長は国によって 600m や 700m など異なる。
- ほぼ欧州全域で電化されている。架線があるため米国のような DST 輸送は行われていない。
- 20 フィート、40 フィート、40 ハイキューブ、45 フィートコンテナほかリーファーや ISO タンクなど特殊コンテナも引受・輸送が可能である。
- 大きな工場には列車ごとに直接乗入れ可能な引き込み線が敷かれている。
- 環境に優しい輸送手段として鉄道はこれからも整備・拡大傾向が続く。
- 欧州鉄道最大の特徴は旅客も含めて上下分離化され、ドイツ鉄道（DB）のような旧国鉄系以外の事業者にも線路を開放（オープンアクセス）している。このため一定の条件をクリアした民間事業者が参入したり、逆にドイツ鉄道がイギリスで貨物列車を運行（DB CARGO UK）したりするなど、

---

[11] 広軌道幅は、フィンランドやバルト 3 国含む旧ソ連諸国は 1,520mm、アイルランド 1,600mm、イベリア半島は 1,668 mm。

よい意味での競争が活発化している[12]。
- 欧州では船会社のコンテナのみならず、運行会社やフォワーダー自社のコンテナも見られる。特にここ数年、中国と欧州を結ぶ中欧班列が急成長しており、漢字表記のコンテナも見かけるようになった（図8-14）。
- 鉄道輸送について欧州諸国ではCIM、旧共産圏はSMGSによって規定が定められコンテナ等により越境輸送される。

(4) 海上貨物（ドレイ（トラック））

バージや鉄道ターミナルと荷主ドア間の短距離輸送もあれば、日本のように主要港から長距離輸送するケースもある。陸続きなので、欧州のみならずトルコナンバー、中央アジアのヘッド（トラクター）やシャーシも見かける。欧州のドレイサービスの特徴については、以下のとおりである。

- 乗務員はさまざまな国籍。たとえばオランダの運送会社所属の運転手はオランダ人のみならずオランダ語を話せない外国人ドライバーもいる。ロシアによるウクライナ侵攻前までは、ポーランドには11万人のウクライナ人ドライバーが働いていた。時々配送先でドライバーと言葉が通じない問題が発生するのは、このためである。
- トラクターヘッドはルーマニア、シャーシはオランダナンバーというように、所属国が異なるヘッド・シャーシを連結して運転することが可能である。また別の例として、越境をしないドイツ国内発着貨物でもオランダ等外国ナンバートラックによる輸送も可能である。
- 日本同様、乗務員の労働環境（勤務時間）や人材不足は欧州でも大きな問題である。女性、外国人や移民ドライバーが増えている。
- 日本では20フィートコンテナ輸送時は20フィート専用、40フィートは同専用シャーシが必要なので場合によってはシャーシ交換のため車庫へ戻り、連結・切離の交換作業が必要だが、欧州では真ん中で分離する2×20フィート積載用シャーシ（図8-15）、40フィートでも45フィートでも積

---

[12] 日本人には少し理解し難いが、たとえば筆者はしばしばドイツとベルギー間を鉄道で移動する。その際、プラットフォームを含めて駅や線路は同じだが、ドイツ鉄道の特急も来るし、ベルギーの会社が運行する特急もあるので、好きな方を選ぶことができる。インフラ面（駅、線路、区間）は同じでも、運行会社は車両・クルー含めて異なるので、運賃やサービス内容が異なる。切符も、利用する会社のWEBやアプリから予約をする。貨物も同様でいろいろな国のいろいろな運行会社がある。船会社が運行会社に輸送を委託するケースもあればフォワーダーが委託するケースもある。

図8-14 ドイツのノイス・デュッセルドルフ港（左）と
デュイスブルク（右）の漢字表記のコンテナ
（出所：筆者撮影）

載可能なシャーシがある。
・国境を越えた道路運送に関してCMRによって規定が定められている。

(5) その他のフィーダーサービス

オランダのティルブルクやドイツのデュイスブルクなど、バージ・鉄道・トラックの3つの輸送モードの積替ポイント（Trimodal Terminal）が欧州各地にある。バージや鉄道によるフィーダーサービスが充実することで主要港の混雑防止、ドライバー不足や環境問題に対応している。内陸物流拠点の場所を知るとともにその機能を理解・活用することで、環境に優しい物流サービスを提供できる。

8.4.2 地図を見る（国や国境線を見ない）

「ドイツのゲートポートはハンブルグだけじゃない、地図を見ろ」

若いころの筆者が、ドイツ・ケルン郊外向け見積もり入手のためにハンブルグ支店に問い合わせた際に先輩から言われた言葉である。

「ドイツ向け」ということで、それまでの指導どおりにコンテナ船のスケジュール表を使って日本からの直行が配船されているハンブルグ港を見つけ、見積依頼をしたのだが、何が悪かったのか。

先輩の教えは「欧州向けは必ず仕向地の場所を地図で確認。その際、国名や国境線を無視せよ」とのことだった。すると、ドイツのケルンに最も近いのはベルギーのアントワープ港、次にオランダのロッテルダム港だった。これらはハンブルグ港よりも約半分の距離である。

8.4 欧州の物流事情　　　　　　　　　　　　　　　　　　　　　　157

図8-15　2×20フィートシャーシ（左）と45フィートと40フィートコンテナ（右）
（出所：筆者撮影）
積卸作業時は切り離し、作業終了後再連結する

　その後本船の寄港順からロッテルダムを「荷揚港」として、同港からケルンまでの内陸費用を問い合わせたことでトラック運賃が安くなった。
　オーストリア、チェコ、ハンガリーなど中東欧発着案件は、イタリア・トリエステやスロベニアのコペル港も選択肢になる。アジアからの船の場合、ロッテルダムやハンブルグ港と比べ本船の航行距離が短くCO_2が削減される。加えて、ターミナルハンドリングチャージをはじめ、諸チャージが比較的安いなどメリットもある。
　同様なことは航空貨物でもいえる。ドイツ・ルール工業地帯のエッセン、ドルトムント、デュイスブルクの場合、ドイツ・フランクフルト空港よりも隣国ベルギー・リエージュ空港の方が距離は短い。ドイツ向けだからフランクフルト空港とは限らない例である。
　このように欧州向けは、仕向地の場所をまず地図で確認をしてから荷揚港や到着空港を候補にして、フィーダーサービスの輸送モード、頻度、輸送日数等総合的に判断して顧客に提案するのが2つ目のポイントである。

8.4.3　EU加盟国でも通貨も異なれば法律も税金も異なる

　EUとはいえ、通貨が€（ユーロ）の国もあれば、ポーランドやデンマーク、スウェーデンのように独自通貨の国もある。VAT（付加価値税）のパーセントも国により異なる。
　また、EUに加盟していないノルウェーやスイスだが、シェンゲン協定[13]に

---
[13]　協定への参加国間は国境での審査、検査なしで自由に出入国できる制度。2024年3月現在29か国が加盟している。

図 8-16　ドイツ・デュッセルドルフ郊外の風力発電設備
（出所：筆者撮影）

加盟している国もある。「欧州連合」なので、一見すると欧州一括りで同一にみえてしまうかもしれないが、加盟 27 か国ごとに法律から祝祭日、民族・言葉も異なることを認識・意識しなければならない。

先の事例でドイツのルール工業地帯はベルギー・リエージュ空港の方がフランクフルト空港より近いと述べたものの、同一国同士の方が法令を調べるときなど言葉の面では便利なはずだ。また、非居住者在庫、納税代理人制度ら税制優遇措置も国によって運用が異なるので、実務面では「この貨物についてその条件ならば〇〇港に揚げた方がよい」など変わってくる。

8.4.4　安さ重視だけは間違いか

物流の世界に限らず仕入れコストをできる限り安く抑えるのは普通だが、欧州の場合、次の 2 つについても意識することが重要だ。

(1) 環境対応

EU は 2050 年に域内の温暖化ガス排出量を実質ゼロにする目標を掲げ、世界の気候変動対策をリードしている。このプログラム（環境政策）は企業経営にも影響を及ぼす。たとえば、航空や長距離トラック輸送は高速かつ柔軟な配

送ができるものの環境負荷が高い。鉄道へのモーダルシフトや排出量取引などを検討・意識する必要がある。

(2) Port to Port だけで比較をしない

　たとえば、東京から米国中西部シカゴドア向けの引き合いがあった際、船会社に東京港からロサンゼルスまでの海上運賃を聞かずにシカゴまでの鉄道込みの運賃を聞く。

　一方、欧州向け海上運賃は東京港〜ロッテルダム港のように港から港間で比較されることが多い。これでは船会社による荷主への直接オファーや一括仕入れのメガフォワーダーと比べて負けてしまう。仕向地がロッテルダム、ハンブルグ港ら主要港湾周辺地域向けであるものを除き、これからは米国同様に欧州域内の主要ハブまでの海上運賃を取って比較検討したい。

　先に述べたオランダのティルブルクやドイツのデュイスブルクのみならず、たとえばオランダのルールモントやドイツのノイス・デュッセルドルフ港も立派な物流ハブをもっている（両港の距離は 50km 程度しか離れていない）。このような物流拠点を有効活用することで、空コンテナの返却も含めてドレイの距離を短くし、環境、ドライバー不足問題に対応しながら安価な運賃を荷主に提供できるので一石三鳥以上の効果が期待できる。

　そのほか、物流のプロならば知っておきたいのが、ハンブルグやアントワープ港は河川港で海に面していないことだ。ハンブルグはエルベ川の河口から約 100km、アントワープ港はスケルト川の河口から 65km の場所に位置している。

【参考文献】
1) 世界銀行, "International LPI",
   https://lpi.worldbank.org/international　（2024 年 5 月 28 日確認）
2) 中遠海運湊口有限公司ウェブサイト,
   https://ports.coscoshipping.com/sc/Businesses/Portfolio/　（2024 年 5 月 28 日確認）
   招商局港口控股有限公司ウェブサイト,
   https://www.cmport.com.hk/business/Haiwai.aspx　（2024 年 5 月 28 日確認）
3) 新華網, "习近平在纳扎尔巴耶夫大学的演讲（全文）", 2013 年 9 月 8 日,
   http://news.xinhuanet.com/world/2013-09/08/c_117273079_2.htm　（2024 年 5 月 28 日確認）
4) 搜狐, "中老铁路累计发送旅客超 2889 万人次 运输货物超 3305 万吨", 2024 年 2 月 21 日,
   https://news.sohu.com/a/759105565_120578424　（2024 年 5 月 29 日確認）
5) 东北网, "俄企业家期盼中俄国际道路运输协定尽快落实", 2018 年 11 月 15 日,

https://baijiahao.baidu.com/s?id=1617161753463163938&wfr=spider&for=pc　（2024 年 5 月 28 日確認）

6）第一財経，"直击中蒙俄货运试运行：" 点对点直达 " 比铁路更快 "，2016 年 8 月 18 日　https://www.yicai.com/news/5065497.html　（2024 年 5 月 28 日確認）

7）European Commission, EU Solidarity with Ukraine,
https://eu-solidarity-ukraine.ec.europa.eu/eu-sanctions-against-russia-following-invasion-ukraine/sanctions-transport_en#:~:text=a％20full％20ban％20of％20Russian％20and％20Belorussian％20freight,and％20semi-trailers％20from％20transporting％20goods％20to％20the％20EU（2024 年 5 月 29 日確認）

8）United States Department of Transportation, Bureau of Transportation Statistics, National Transportation Statistics, Section 1.D - Travel and Goods Movement, Table 1-50 - U.S. Ton-Miles of Freight，2022 年 6 月 14 日，
https://www.bts.gov/content/us-ton-miles-freight　（2023 年 9 月 18 日確認）

9）United States Department of Transportation, Bureau of Transportation Statistics, National Transportation Statistics, Section 1.D - Travel and Goods Movement, Table 1-58 - Freight Activity in the United States，2020 年 7 月 16 日　確　認，https://www.bts.gov/content/freight-activity-united-states-1993-1997-2002-and-2007　（2023 年 9 月 18 日確認）

10）CSX Corporation, History and Evolution, https://www.csx.com/index.cfm/about-us/history-evolution/（2023 年 9 月 18 日確認）

11）Norfolk Southern Corp., The Norfolk Southern Story, https://www.norfolksouthern.com/en/about-us/our-history（2023 年 9 月 18 日確認）

12）BNSF Railway Company, History and Legacy, https://www.bnsf.com/bnsf-resources/pdf/about-bnsf/History_and_Legacy.pdf　（2023 年 9 月 18 日確認）

13）Union Pacific Corporation, history, https://www.up.com/heritage/history/index.htm，（2023 年 9 月 18 日確認）

14）野尻俊明（1988）『US フレイト・インダストリーズ―ディレギュレーション・シンドローム』日通総研選書，日通総合研究所

第9章　サードパーティ・ロジスティクス

9.1　サードパーティ・ロジスティクスとは何か

　わが国で「サードパーティ・ロジスティクス」（3PL：Third Party Logistics）が注目されるようになったのはバブルが崩壊した1990年代後半以降である。

　ちなみに、「First Party Logistic」とは荷主企業自らの自社物流、Second Party Logistic が物流事業者による物流を指すのに対して、3PLとは荷主企業および物流事業者のどちらにも属さない「運送取扱事業者（フレイト・フォワーダー）」による物流のことである、とするのが通説になっている。ただし、最近では、フレイト・フォワーダーが総合物流事業者へと進化していることから、3PL はいまや物流事業者のメイン業務のひとつになっている。

　3PLに関する定義としては、国土交通省が策定した「第一次総合物流施策大綱（1997年度～2001年度）」[1]（1997（平成9）年4月4日閣議決定）によると、サードパーティ・ロジスティクスとは、「荷主に対して物流改革を提案し、包括して物流業務を受託する業務」と定義している。さらに、「物流システムの構築の提案を行い、かつ、それを包括的に受託し、実行すること。荷主でもない、単なる運送事業者でもない、第三者として、アウトソーシング化の流れの

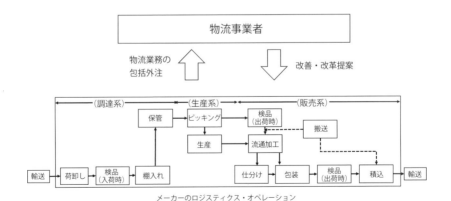

図 9-1　3PL の概念

（出所：苦瀬博仁（2022）『ソーシャル・ロジスティクス』白桃書房、p.46 をもとに筆者作成）

なかで、物流部門を代行し、高度な物流サービスを提供すること」と定義している。

次に、国土交通省が設立した3PL人材育成促進事業推進協議会が作成した3PL人材育成研修のテキストによると、「3PL事業者とは、荷主の物流機能である輸送、保管、在庫、荷役、情報サービスなどを荷主に代わって、一括（フルライン）して提供するか、もしくは、これらの機能を個別に、またはいくつかの機能を組み合わせて、一定期間の契約に基づいて、提供する事業者のこと」と定義している。

また、日本ロジスティクスシステム協会（JILS）の基本ロジスティクス用語辞典（第3版）[2]によると、「サードパーティは第三者の意味であるが、物流では貨物取扱業者（フォワーダー）を意味する。荷主と輸送業者との関係で第三者にあたることから、このように呼ばれる。サードパーティ・ロジスティクスは、荷主に対して、物流改革を提案し、包括して物流業務を受託する立場。また、荷主に対しては、荷主の立場に立ってロジスティクスサービスを戦略的に提供する事業者を活用すること。荷主のコアコンピタンス（本業）への回帰を目的とし、規制緩和による利用運送事業者の自由化によって、わが国でもその事業が大きく発展しつつある。3PL事業者は、荷主との長期契約に基づいて、荷主と情報を共有し、荷主のロジスティクスまたはサプライチェーンマネジメント（SCM）を含めて、全面的に物流を担うことが多い」と説明されている。

次に、日本最大手の総合物流事業者である日本通運[3]によると、サードパーティ・ロジスティクス（3PL）とは、「ファーストパーティをメーカー、セカンドパーティを卸売・小売業者といった買い手側と見た場合、ロジスティクス機能を担う第3の勢力を意味」する。つまり、サードパーティとは、荷主側の物流を全面的に代行する事業者のことである。いまひとつの見方は、メーカー・卸売・小売業者を荷主側としてファーストパーティ、キャリア（実運送手段をもつ物流事業者）をセカンドパーティとみて、実運送手段をもたない事業者をサードパーティとするものである。これまでの物流事業者は、荷主側のシステムのなかで輸送手段や保管機能を供給するものであったが、サードパーティは荷主側に物流システムを提案し、全面的に物流業務を受託する事業者のことである。さらに、「運輸省（現、国土交通省）でも、「荷主に対して、物流改革を提案し、包括して物流業務を受託する新しいサービス」（総合物流施策大綱）と説明しています」と、解説している。

上記の定義や解説を要約すると、「3PL とは、相反する荷主企業と物流事業者双方が戦略的パートナーシップ（Win-Win の関係）に基づいて、3PL 事業者（物流事業者）は荷主企業の立場に立って、荷主企業の物流に関する改善・改革提案等を行い、荷主企業の物流を一括（包括）して代行すること」である。

　ところで、3PL の事業形態には、実物流資産（倉庫やトラック等）を自ら有していないが高度な専門性と情報システムの開発力を武器に 3PL を提案する「ノンアセット型」（コンサルタント系が多い）と、自ら有する物流資産をベースに 3PL を提案する「アセット型」があるが、いまはアセット型による 3PL が主流となっている。

　また、コスト低減後に生まれた利益（成果）は契約に基づいて、荷主と 3PL 事業者とで分配する「Gain Sharing」がポイントになるが、わが国には、① Gain Sharing に関する商慣習がないこと、② 3PL の成果である利益は荷主企業の帰属物と考えていることから、うまくいっていないのが実態である。

9.2　わが国の 3PL 普及の背景

　3PL は 1980 年代に米国の州際交通委員会（ICC）がトラック事業（運賃等）の規制緩和を行ったことからトラック業界の競争が激化、新規業容の拡大を図って進出した領域である。

　わが国で "3PL" が注目されるようになったのは 1990 年代後半以降である。当時のわが国の物流業界は、①プラザ合意（1985 年 9 月）の影響による産業の空洞化に伴う貨物量の減少、②物流二法（貨物自動車運送事業法と貨物運送取扱事業法）の改正による規制緩和（1990 年 12 月施行）に伴う相次ぐ物流業界への新規参入、③バブル崩壊（1991 年 11 月）による長引く景気の低迷とデフレ経済に伴う厳しい取扱料金の値下げ要求、④物流の最適化に伴う集荷競争の激化と収受料金の減少等もあり、既存顧客の保持と新規業容の拡大による売上げ増を図ることが喫緊の課題となった。

　ちなみに、国土交通省公表のデータをみると、1990 年の全国トラック事業者数は 40,072 者、1991 年は 41,053 者、1992 年は 42,308 者、1993 年は 43,450 者、1994 年は 45,015 者と年々増加している。一方、国内貨物トン数は、1990 年が 67 億 7,100 万トン、1991 年は 69 億 1,900 万トン、1992 年は 67 億 2,500 万トン、1993 年は 64 億 3,000 万トン、1994 年は 64 億 4,600 万トンと、バブルが崩壊した 1991 年 11 月以降年々減少している。

そこで、課題解決の一環として荷主が注目したのが「高度な物流を通して調達・生産・販売の全体最適化を図るロジスティクス」である一方、物流事業者が注目したのが"3PL"である。さらに、当時3PLが荷主と物流事業者の双方から注目された背景には、時の橋本内閣が、バブル崩壊による長引く不況下で、530万人の新規雇用を創出する手段として第一次総合物流施策大綱で3PL政策を打ち出したことがある。その後、2004年に国土交通省は3PL人材育成促進事業推進協議会を設立、同協議会主催の3PL研修会が各地で実施された。

前述のように、3PL事業者には、自社の物流資産の活用を前提にした「アセット型」と他社の倉庫やトラックなどの実運送は下請けを使って3PLを提供する「ノンアセット型」があるが、アセット型は物流事業者、ノンアセット型は情報システムを武器にしたコンサルタント系や商社系企業などが多い。

また、筆者の経験では、国内での3PL事業はアセット型またはノンアセット型のどちらでも問題ないが、開発途上国では実物流を担うローカル企業のレベル（現場力、実運送等）が低く責任感が薄いことからみて、アセット型が望ましいように思われる。

9.3　3PLに対する基本的な考え方

3PLを実施する際のキーワードは、①荷主企業と3PL事業者が戦略的パートナーシップをベースに互恵契約に基づく同期化、②物流業務を3PL事業者へ一括（包括）外注したことで生じた余剰となったリソース（人・金・物流資産）の経営のコアコンピタンス（核）への再配分、③優れた情報システム、強い現場力、物流に関する高度な専門性をもった人材、改善・改革提案力、④荷主企業の立場で考えること、⑤3PL導入の決定等は上意下達が必要なこと等である。

①　戦略的パートナーシップに基づく互恵契約の締結

戦略的パートナーシップに基づく互恵契約の締結とは、元来相反関係にある荷主と3PL事業者が同等の立場（Win-Winの関係）で、荷主のための全体最適な物流を構築することである。つまり、3PLでは、荷主の要望を受けて、3PL事業者が有する個別または複数の物流サービスを提供して、長期契約に基づいて、荷主の物流を一括（包括）して、対等の立場（Win-Win）で、改善・改革提案に基づいて、受注することである。

また、互恵関係が基本である3PLでは、3PLの成果である利益を得てして

荷主だけの利潤だと考えがちだが、3PLでは荷主と3PL業者が一定の割合で分配（Gain Sharing）することが重要である。

② 3PL事業者に一括（包括）して外注（委託）すること

従来の形態では、物業を委託する際に、輸配送はA運送、保管はB倉庫、通関・船積みはC業者と業務ごとに別個の事業者に委託されていた。そのために、煩雑かつ複雑な事務管理、無駄な時間とコストの浪費、多くの人員を要してきた。

しかし、1990年代のバブル崩壊以降の長引く景気の低迷等もあり、コスト削減が緊急課題になったことで、従来の物流機能別のコスト削減方法に限界を感じた荷主は社内の物流管理部門を一括（包括）して、3PL業者に外部委託（アウトソーシング）、または売却することで、社内物流費を固定費から変動費に変え、コスト削減を図ろうとした。さらに、アウトソーシングした結果生じた余剰となったリソースを、企業のコアコンピタンスの部門に再配分することで利益の拡大を図ろうとするものである。

だが、物流部門を一括して外注するという考え方は、荷主の物流部門に在籍するスタッフにとって自分の職場（仕事）がなくなることを意味していることから、3PLへの移行に消極的な傾向が強い。そこで、3PL導入の検討および実行の決定に際しては、「上意下達」が望ましいといえよう。

③ 情報システムの開発力と強い現場力、高い専門性

3PL業務を受託・実行するためには、「高度な情報システムの開発力と資金力」、「強い現場力」、「豊富な実務経験と幅広い知識および高い専門性を有する人材」が必要である。

特に多国間に跨るリアルタイムでの在庫管理や進捗管理、省人化およびペーパーレス化による効率的な国際物流を構築するためには、高度な情報システムの開発が必須条件となる。その際のポイントは、適正価格で容易に荷主のシステムとインターフェースできるシステムを開発することである。ただし、情報システムは日進月歩であることから、柔軟な対応が必要となってこよう。

具体的には、荷主が有する基幹システムと3PL事業者が有するTMS（Transport Management System）やWMS（Warehouse Management System）等といかにインターフェースするかであろう。

これは余談だが、有名なS化粧品メーカーがH物流に物流子会社を売却して3PLに移行したときにその理由を尋ねたところ、「自社で日進月歩の情報シ

ステムの開発・管理をタイムリーに行うよりも 3PL 業者のシステムを活用すれば絶えず最新のシステムが活用できるし、その方が安い」との話であった。

3PL では、情報システムがセールスポイントであることがよくわかる一例である。

また、3PL では、アセット型、またはノンアセット型に関係なく、優れた物流改善・改革提案力と強い物流現場力が絶対的な必要条件である。強い現場力とは、安全・安心・正確・迅速・柔軟性等で、現場での基本は 5S（整理・整頓・清潔・清掃・躾）であると考える。荷主の立場で考えることは、3PL では、荷主の物流部門をそっくり肩代わりすることであることから、荷主として改善提案を行うことであり、荷主の立場で考えるのは当然である。だが、元々荷主とは相反関係にある。なぜ相反関係にあるかといえば、物流事業者の利益は荷主の費用だからである。

たとえば、トラックの積載効率が向上すると、必要台数が減少するため、荷主の物流コストは削減されるが、運送事業者の収受料金は減少するという、「トレードオフ」の関係にある。また、「在庫は悪[1]だ」と称して、在庫の削減が叫ばれているが、荷主と倉庫事業者の間でも同じ問題が発生する。

そこに、物流事業者側から積極的に物流効率化・最適化等の提案がなされない理由がある。だからといって、目先の利益ばかりを優先して、積極的な情報提供や改善提案等を怠っていれば、いずれ荷主の信頼を失い、同業他社に足元をすくわれかねない。

そこで、3PL の本筋である荷主の立場に立って、従来の受注業務の範囲だけでなく、取扱い領域を拡大することが結果として、顧客（荷主）の囲い込みと売上増につながることになる。

高度な物流とは、調達・生産・販売プロセスの全体最適化を図るための改善・改革提案を行い、実行することである。

ちなみに、全体最適化とはプロセス全体の無駄を省くことで物流コストを削減し、顧客（荷主・消費者）サービスの向上（欠品防止と販売価格の値下げ等）を図ることである。

したがって、情報システムの開発力と調整能力（ソフト面）と現場力（ハード面）の両面連携が重要だが、相反する企業同士が 3PL を通して同期化して、

---

[1] 「在庫」を「罪子」と書く人もいる。

最適物流の改善提案・管理・運営・調整を行うのはやはり人間である。そこで、豊富な実務経験と高度な専門的知識を有する人材育成が重要になってくることを重ねて申し上げておきたい。

9.4　3PLの発展過程とその業務内容

物流機能の最適化（輸送・保管・荷役等）によるコスト削減が注目された1970年代以降、物流がロジスティクスからサプライチェーン・マネジメント（SCM）へと進化してきた。これらシステムを管理・運営する手段である高度

第一段階	物流（物流機能ごとの部分最適化によるコスト削減）
＊保管・在庫管理、輸配送、荷役、包装、流通加工、情報管理機能の企画・管理・実行 ＊書類作成	

第二段階	ロジスティクス（高度な物流サービスによるロジスティクスプロセスの全体最適化とコスト削減）
＊経営戦略に基づくロジスティクスの企画・管理・実行 ＊ITによる物流DXの企画・管理・実行 ＊受発注管理 ＊在庫・入出庫等に関する管理基準の作成・管理・実行（最適在庫管理等） ＊調達、販売（納期・補充）計画・管理 ＊生産工程管理（部材等の補充・製品等） ＊進捗管理 ＊企業内の組織横断による情報共有化・管理 ＊3PL・4PL（LLP）による物流企画・管理・実行	

第三段階	SCM（企業の経済活動を止めないための円滑な供給連鎖網の強化）
＊SCMの企画・管理・実行 ＊ロジスティクス戦略および物流企画・管理・実行 ＊需要予測（マーケティング戦略との一体化） ＊キャッシュフローの改善、売上・利益の増大 ＊企業間に跨る情報の共有化、情報システム網の開発・管理・実行 ＊BCP（企業継続計画）・プリベンションの作成・管理	

第四段階	合弁企業設立（荷主と物流事業者の一体化による物流管理・運営会社の設立）
＊荷主の経営戦略に基づくロジスティクスやSCMの物流企画・管理・運営 ＊キャッシュフローの改善、売上・利益の増大 ＊3PLの企画立案・管理・運営	

図9-2　物流の形態別業務内容
（出所：筆者作成）

な物流サービスは"3PL"だが、その管理・運営を円滑に行うためには荷主と3PL事業者が一体化（同期化）することが重要である。

なお、一体化（同期化）とは、荷主と3PL事業者が「知恵、情報、人、金、モノ」を共有して、ロジスティクスやSCMプロセスの改善・改革を行う高度な物流サービスを共創して、これらプロセスの管理・運営を行うことである。

さらに、3PLが4PL（Fourth Party Logistics）、LLP（Lead Logistics Provider）へと進化するなかで、究極の3PLとは荷主と3PL事業者が合弁で物流管理・運営会社を設立することである。

ちなみに、4PL・LLPとは、3PLの発展系で、3PL事業者も倉庫・実運送会社などと同列の立場において物流システムを構成することである。"4PL"は米国のコンサルタント会社の登録商標になっていることから、欧州では、4PLに代わって、"LLP"が使われるようになった。

図9-2は米国のメーカーが考えている物流からロジスティクス（3PL）、SCM、合弁企業に至るまでの発展過程における業務内容の一例である。また、図9-3は、わが国の物流事業者が3PLサービスと称して、受託している業務内容である。

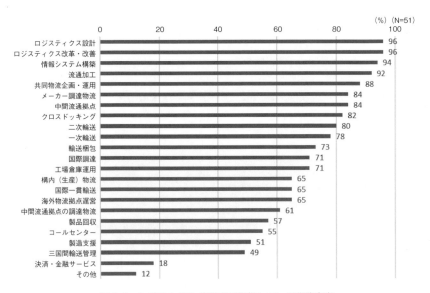

図9-3　わが国の3PL事業者が提供している業務内容
（出所：月刊ロジスティクス・ビジネス2022年9月号「特集3PL白書」）

ロジスティクス設計や企画・改善などの元請け型Lは本来の3PL業務といえようが、流通加工や一時梱包などは「単なる物流活動の請負」であり、3PLとはいえないように思われる。しかし、現実をみると、単なる輸配送や保管、書類作成業務などを3PL業務と称している物流事業者があまりにも多いように思われる。3PLといえるか否かは、物流改善提案を伴っているか否かである。

9.5　3PLのメリットとデメリット

荷主および物流事業者が3PLを導入するメリットとデメリットは以下のとおりである。

9.5.1　荷主からみた3PL導入のメリットとデメリット

荷主からみた3PL導入のメリットは、以下のとおりである。

① 社内の物流関連コストの固定費から変動費への変更に伴い、計算根拠が物量ベースに移行したことでのコスト削減ができる一方、費用も可視化される。
② 余剰となったリソース（人・金・物流資産等）を本業のコアビジネスに再配分できる。
③ 物流業務を一括（包括）して、プロの物流事業者（3PL事業者）等に委託することで、物流の効率化と最適化が図れる。
④ 人事・労働対策等が容易になる。物流改善・改革によって顧客サービスの向上が図れる。
⑤ 3PL事業者を通して、同業他社の物流に関するベンチマークを入手できる。
⑥ 3PL事業者が蒐荷した他社の物量をベースに、安い海上運賃などを活用できる。

一方、3PL事業者に物流を一括（包括）して委託（外注）した場合の最大のデメリットは、社内に物流に関するノウハウの蓄積や物流関連情報（運賃動向や港湾ストライキ他）などの直接入手がしづらくなることである。また、料金の妥当性も確認しづらくなる。

したがって、3PLに基づいて物流を一括（包括）して外部委託した場合でも、社内に物流管理部門は残しておくべきであろう。

9.5.2　3PL 受注のメリットとデメリット

3PL 事業者からみた 3PL 導入のメリットは、以下のとおりである。

① 　物流業務を、一括（包括）受注することで、従来の業務範囲（保管・輸送・通関等）だけでなく、その周辺領域にまで業容拡大できることで収益増が期待できる。
② 　荷主の業績・業容拡大に伴い、3PL 業者が不特定多数の荷主を対象にした新規集荷セールスを行わなくても、取扱量が自然に増える。
③ 　3P 業務を受注・管理・運営していくなかで、人材の育成・ノウハウの蓄積・実績づくり等が図れる一方、その取扱い実績が企業の差別化につながる。
④ 　荷主のコア情報を共有し同期化することで、荷主と対等の立場でロジスティクスや SCM を構築することになり、戦略的パートナーとしての信頼関係が自然に構築できる。
⑤ 　物流業務の一括（包括）受注を通して、荷主の囲い込みと他社の参入阻止が図れる。
⑥ 　長期契約に基づいて、3PL 業務を一括（包括）して受託することで、収益が安定する。

一方、3PL 事業者からみた 3PL 受託のデメリットは、以下のとおりである。

① 　3PL を導入（受託）した年は物流費の削減を容易に図れるが、次年度以降はコスト削減の新たな手法を考案する必要がある。
② 　3PL 契約が打ち切られた場合、システム開発費などの大きな損失が予想される。
③ 　3PL コンペ（提案）と称する見積もり競争で敗れたり、失注した場合、ノウハウのみをとられかねない。

9.6　3PL 導入時の課題と考え方

9.6.1　3PL 委託時の課題

3PL 流事業者が、3PL コンペや業務受注時およびそれを推進していくうえで注意すべき主な課題は下記のとおりである。

① 　3PL 事業者選定時の競合コンペ（物流コンペ）の激化と受注金額の下落。また、単なる値下げ手段として使われているケースが多々ある。
② 　日本では見積もりや提案書の作成、荷主の社内資料の代行作成、コンサ

ルティング業務（改善・改革提案・新規輸出入商品に関する通関や輸送ルートの設定他）等をサービス行為と考え、対価を支払う習慣がない。（課題は、提案のみで受注できなかった場合である）

③　高度かつ幅広い専門性を有した人材育成には多大な時間がかかる。PSI（Production・Sales・Inventory：製・販・物）管理や進捗管理等を行うシステム開発や構築には多額な資金が必要。

④　日本では、売れ筋商品、需要予測、調達・生産・出荷・販売計画・実績等のコア情報を開示する習慣がない（戦略的パートナーである3PL事業者とのコア情報共有ができていない）。

⑤　ロジスティクスやSCMの基本である組織を横断した情報の共有化ができていない。SCMでは企業間に跨る情報システムがバラバラである。

⑥　アセット型3PL事業者の場合、管施設、輸配送手段等に関して、融通性を利かせにくい。また、物流事業者が3PLを受託する場合、自社の物流領域の改善にこだわる傾向が強くなる一方、ノンアセット型2PL業者（コンサルタント会社系）は、自社開発した情報システムを武器に、調達・生産・販売プロセス全体の領域で考える傾向が強い。

⑦　3PL導入時の検討や決定は、荷主トップからの上意下達がない限り、進展しづらい。この一因は、日本には、ロジスティクス・SCMとマーケティングなどを垂直統括管理するCLO（Chief Logistics Officer）がいないことである。わが国でも、2024年2月13日に、物流総合効率化法案を閣議決定して、荷主にCLOの設置を義務付けようとしている。（2024年3月末現在）

⑧　日本では3PLの成果物（利益）の分配（Gain Sharing）の習慣がないため難しい。

⑨　業務が受注できればよいが、コンペに敗れたり、失注したりした場合は、プレゼンテーション等で提案したノウハウが流失してしまう。

⑩　荷主は「ロジスティクス・コンペ」と称して、毎年料金の値下げを要求してくる。

⑪　3PL導入時の翌年度は大幅なコスト削減が可能だが、次年度以降のコスト削減は期待できない傾向が強い。そこで、KPIやPDCAによるプロセス全体の最適化を図った方がメリットが大きいようである。

⑫　グローバル3PLの構築時には、国・地域ごとに情報システムおよびネッ

ト環境、言語、法律、商慣習、人材のレベル等が異なる難しさがある。

ところで、最近の傾向として、ネームバリューに関係なく、真の3PL事業者には荷主の方からアプローチしてきている。荷主も生き残るためには、たとえば自社の物流子会社や系列会社など、信頼して最適物流が構築できる戦略的パートナーとしての3PL事業者とのタイアップを真剣に模索している。

では、上記のような3PLをとりまく環境下で、荷主が考えている理想的な3PL事業者とはどのような事業者であろうか。荷主業界やマーケット、商品特性、ロジスティクスやSCM、調達・生産・販売・物流特性等のノウハウと情報を有しているのはやはり荷主自身である。そこで、荷主と一体化し、荷主のロジスティクスやSCM戦略に基づいて、荷主が要求するオペレーション・システムを適正価格で、迅速かつ的確に提供できる業者こそが荷主にとっての「理想的な3PL事業者」といえよう。

繰り返しになるが、商品特性や顧客情報を熟知しているのは、やはり荷主であることから、ロジスティクスやSCM構築時のイニシアティブは荷主が取り、そのベースとなる物流については3PL事業者が担うという組み合わせがよいように思われる。

顧客ニーズに合わせて、日々多岐・多様化し続ける荷主も大変だが、これに遅れることなく、確実に追随して、最新の物流システムを考案していかねばならない3PL事業者も大変である。同業他社と同じことをしていては生き残っていけない。

最近の荷主の話を聞くと、「ロジスティクスによるコスト削減も大事だが、より重要なのはマーケティングとロジスティクスやSCMとの一体化による売上（利益）増大やキャッシュフローの改善を重視した経営戦略だ」との意見もある。

図9-2で説明したように、究極の3PLとは、プロ同士である荷主と3PL事業者が同期化して合弁で物流管理・運営会社を設立、そこで経営戦略の立案やオペレーションを担っていくことであろう。

9.7　3PL契約書の作成事例

3PL業務の契約締結時の内容を参考までに記すと図9-4のとおりである。

```
第 1 条   目的                              第 14 条   機密保持義務
第 2 条   業務の細目                        第 15 条   機密情報
第 3 条   本件業務の遂行                    第 16 条   報告
第 4 条   委託業務の変更                    第 17 条   反社会的勢力ではないことの表
第 5 条   業務結果の管理と改善による効               明
         果の配分                          第 18 条   解約
第 6 条   再委託と責任                      第 19 条   解除
第 7 条   施設及び設備機器                  第 20 条   解約、解除、期間満了等、本契
第 8 条   委託料金及び支払い方法                    約の終了に伴う賠償等
第 9 条   事故の処理                        第 21 条   契約の有効期間
第 10 条  損害賠償                          第 22 条   法規の遵守
第 11 条  損害賠償の額                      第 23 条   合意管轄裁判所
第 12 条  免責事項                          第 24 条   契約書作成費用
第 13 条  善管注意義務                      第 25 条   その他
```

図 9-4　3PL 契約書の内容（参考）

(出所：国土交通省「3PL 契約書ガイドライン」およびロジソリューション提供)

9.8　わが国の物流を巡る今後の課題

2021 年 6 月 15 日に閣議決定された「第七次総合物流施策大綱（2021 年度〜 2025 年度）」[2] によると、わが国の物流が直面する今後の課題として次の 3 点を挙げている。

① 物流 DX 化や物流標準化の推進によるサプライチェーン全体の徹底した最適化（簡素で滑らかな物流）
② 労働力不足対策と物流構造改革の推進（担い手にやさしい物流）
③ 強靱で持続可能な物流ネットワークの構築（強くてしなやかな物流）

これらの具体的な対策としては、①「物流の DX 化や標準化」については、1）強力な物流デジタル化の推進、2）労働力不足や非接触・非対面型の物流に資する自動化・機械化の取組みの推進（物流標準化の取組みの加速）、3）物流・商流データ基盤の整備等、4）高度物流人材の育成・確保といった内容である。

次の ②「労働力不足対策と物流構造改革」については、1）トラックドライバーの時間外労働の上限規制を遵守するために必要な労働環境の整備、2）内航海運の安定的輸送の確保に向けた取組みの推進、3）労働生産性の改善に向けた革新的な取組の推進、4）農林水産物・食品等の流通合理化、5）過疎地域にお

---

[2] 日本政府が国民の生活に欠かせない社会インフラである物流を持続的に支えることを目的として、変化する社会背景を考慮したうえで日本の物流施策の指針を示し、関係各省が連携をして総合的な物流施策の推進を図る取り組み。1997 年の最初の策定以降、4 年ごとに策定されている。

けるラストワンマイル配送の持続可能性の確保、6）新たな労働力の確保に向けた対策、7）物流に関する広報の強化といった内容である。

最後の③「強靱で持続可能な物流ネットワークの構築」については、1）感染症や大規模災害等有事においても機能する、強靱で持続可能な物流ネットワークの構築、2）わが国産業の国際競争力や持続可能な成長に資する物流ネットワークの構築、3）地球環境の持続可能性を確保するための物流ネットワークの構築（カーボンニュートラルの実現等）といった内容である。

これらをみると、海外を含めて、荷主単体でロジスティクスやSCMを構築するには難しく、施策大綱でも指摘のとおり、高度なノウハウや実務経験をもつ物流事業者（3PL事業者）とのタイアップの重要性は増していくであろう。

9.9　3PLの将来

1991年11月のバブル崩壊以降、長引く景気の低迷とデフレ経済が続くなかで、荷主は3PLに基づく高度な物流によるロジスティクスやSCMを通して、調達から販売に至るプロセス全体の最適化によるコスト削減を図ろうとした。

一方、物流事業者も貨物量の減少による競争の激化と収受料金の減少が続くなかで、既存顧客を守り、新規業容の拡大と売上増大を図る最適手段として考えたのが「3PL」であることも既述のとおりである。

現に、2006年1兆1,240億円であったわが国の3PL市場は、2020年2兆7,457億、2021年3兆3,142億、2022年3兆4,758億円と着実に拡大している[4]。3PLは、物流改善・改革提案を通して、荷主の物流業務を一括（包括）代行することである。そのためには、「情報システムの開発」、そのための「資金」、「ロジスティクスやSCMを熟知した人材」が必要である。

最後に、労働力不足と高度な物流（海外を含め）の構築が求められるなかで、荷主と3PL事業者がコラボレーションした物流によるロジスティクスやSCMの構築がますます重要になってくるといえよう。

【参考文献】
1) 第一次総合物流施策大綱（1997年度～2001年度）、
　 https://www.mlit.go.jp/common/001001764.pdf（2024年6月20日確認）
2) 日本ロジスティクスシステム協会（2009）『基本ロジスティクス用語辞典』（第3版）白桃書房
3) 日本通運、3PL、https://www.nittsu.co.jp/Support/Words/0_9/3pl.html（2024年7月12日確認）
4) 「特集3PL白書」月刊ロジスティクス・ビジネス（2023）、9

第10章　グローバルサプライチェーンの強靱化

　物流とロジスティクス、そしてサプライチェーンの関係を図10-1に示す。
　「物流」は、輸配送、保管、荷役、流通加工、包装等の総称である。よく輸配送だけを捉えて「物流」ということがあるが正確ではない。
　一方、メーカー等の企業が、原材料を調達し、それを加工し、製品を生産する、そして出来上がった製品の在庫を適正にコントロールし、エンドユーザーまたは小売業に販売し、物流プロセスを経て届ける、という一連の流れが「ロジスティクス」である。見落としがちだが、原材料の保管、管理も重要な業務である。これらを複数国間に跨って行われるのが「グローバル・ロジスティクス」である。
　図10-1では矢印が双方向に向いているが、右向きは「モノの流れ」、左向きは「情報の流れ」である。メーカーは、エンドユーザーからの情報に基づき生産計画を立て、生産計画に基づき原材料や部品の調達計画を立て、サプライヤーに発注する。エンドユーザーからの情報はさまざまな部門を経由して生産管理部門に届くより、直接届く方が、情報の精度が高くなり正確であることはいうまでもない。

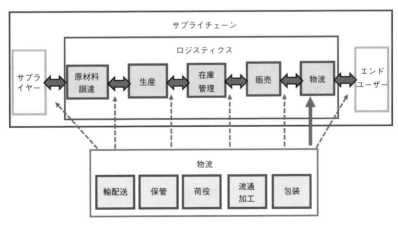

図10-1　物流・ロジスティクス・サプライチェーンの関係
（出所：筆者作成）

ロジスティクス活動の両端にサプライヤーとエンドユーザーがあるが、これらを含めた一連の流れが「サプライチェーン」である。一般的にこれを「供給の連鎖」というが、筆者は「補充の連鎖」とよんでいる。また、サプライヤー、エンドユーザーとも情報を共有し、一緒に効率化に取り組むことを「サプライチェーンマネジメント」（SCM）とよぶ。

図10-1下部の「物流」から矢印が何本も伸びているが、これは物流が「さまざまなところで発生する」ことを表している。サプライヤーから原材料・部品が届く際、また原材料を生産ラインまで運ぶ際、出来上がった製品を工場内の製品倉庫で運ぶ際、などで輸送や荷役、保管が繰り返される。これらを称して、「物流はサプライチェーンの関節」と筆者は表現している。関節が炎症を起こすと体がうまく動かなくなると同様に、物流が麻痺するとサプライチェーンが分断される。コロナ禍での海上輸送の混乱のようなケースである。昨今、地球上では、残念ながらこのグローバルサプライチェーンが脅かされる材料に事欠かない。気候変動、地球温暖化による異常気象、農産物の生産減少や地政学的リスクである。本章ではこのような状況のなかで、企業がどのようにグローバルサプライチェーンを強靭なものにしていくべきか、について述べる。

10.1　混沌とする世界経済

10.1.1　地域紛争と分断が渦巻く世界

平和な日本で暮らしているとあまり感じないが、世界ではあちこちで分断と紛争が起きている。シリア、スーダン、ミャンマー等での内戦、ロシア・ウクライナ戦争、イスラエル・パレスチナ戦争などである。

一方で、米国は静かなる内戦状態である。いわばトランプ支持者と反トランプ派の分断であるが、民主党内、共和党内も一枚岩ではない。

中国は経済低迷に苦しんでいる。ゼロコロナ政策の後遺症、改正反スパイ法の影響による外資の撤退、大手IT企業への過剰な締め付け等、米中対立以外の要素が多く、いわば政策不況である。若年失業率が20％を超えるという状況は危機的である。

我われは、このような国際情勢のなかでもビジネスを続けていかねばならず、しっかりとリスクと向き合わねばならない。

10.1.2　乱高下する国際運賃相場

（1）海上輸送

　国際輸送について、まず海上輸送から見ていく。図10-2で主要な航路の40フィートコンテナの運賃相場を示した。コロナ禍で海上輸送は麻痺状態に陥ったが、図10-2で示すように2020年半ばごろから、まずアジア発北米行きが変調をきたし始めた。相場の高騰について、当初4,000ドル、5,000ドルで大騒ぎしていたのが、2021年になるとさらに悪化し、同年後半には何と15,000ドルを超える水準になった。それでも最悪期には、このような高額な料金に同意しても予約が取れないという事態が発生した。なぜ、このようなことが起きたのか、下記のとおりまとめてみた。

① 2018・2019年頃の過剰な船腹と運賃の低迷、米中貿易戦争等でコンテナ船会社が貨物の減少を予想し、2020年には便数を減少させていたこと。

② 2020年6月以降、米国政府が大胆な経済支援策を打ち出し、経済が急回復し、アジアからの輸入が急増したこと。

③ もともとアジア米国間貿易ではアジアから米国行きの貨物が圧倒的に多い片荷構造であるのがさらに極端になり、回送できない空コンテナの米国での滞留で、アジアでのコンテナ不足が深刻化したこと。

④ 新型コロナ感染拡大が米国西海岸港湾での労働者不足を深刻化させ、荷役効率の低下、ドライバー不足によるコンテナ引き取りの遅れ等が発生したこと。

⑤ 新型コロナ感染者増加により上海港等の中国主要港湾でロックダウンがなされたこと等。

　しかし、米国の金融引き締めが始まり景気が悪化してくると輸入が減少し始め、コンテナ運賃も急落、2023年8月時点にはコロナ禍前の水準に戻った。ただ、一過性で終わったとはいえ15,000ドルという運賃水準は筆者にはまったく理解できない。いくら需給バランスで相場が形成されるとしても、1コンテナ当たりの商品価格は30,000ドル程度が多いことを考えると、経済合理性をはるかに越えている。

　この状況は、荷主にサプライチェーンの見直しを迫り、いずれアジアから北米に向かう海上コンテナ輸送の需要を大きく減少させることになるはずである。一方で、2023年後半以降、各船会社がコロナ禍の時期に発注した

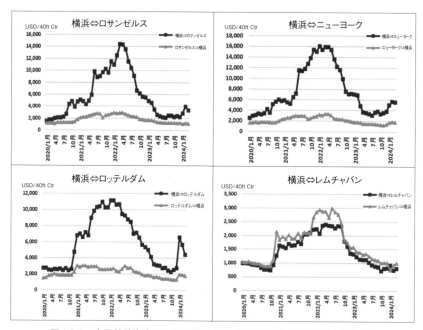

図10-2　主要航路海上コンテナ運賃相場（2020年1月～2024年3月）
（出所：日本海事センター2024年4月24日更新データから筆者作成）

20,000TEU積み以上の超大型コンテナ船が続々と投入されることを考えると、再び海上コンテナ運賃相場は長い冬の時代を迎えることになるのではと推察する。

　ところで、この4つのグラフを見て気になることはないだろうか。横浜～欧米間は往路については急騰しているが、復路は低位安定している。これは片荷構造だからである。一方で横浜～レムチャバン（タイ）は、上り幅は少ないが両方とも上昇している。これは、アジア～欧米間はマースクやMSC等メジャー船会社中心だが、イントラアジア（アジア域内）は、中国、台湾や韓国の船会社が中心でコンテナの需給が別であること、航行距離も短いのでコンテナの回送にも時間がかからないということによるものである。

（2）航空輸送
　次に航空輸送について述べる。図10-3に少々古いデータだが航空運賃相場

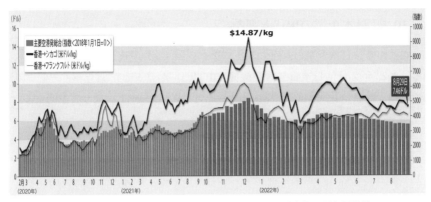

図 10-3　香港発・シカゴ、フランクフルト向け航空貨物運賃相場推移
(出所：2022 年 2 月 16 日および 9 月 2 日 日刊 CARGO 添付資料より筆者作成)

の推移を示した。太い折れ線が香港からシカゴ行きの運賃、細い線が香港からドイツのフランクフルト行き、棒グラフは 2018 年 1 月 1 日を 0 とした指数である。航空輸送もコロナの影響が直撃し、旅客便は大幅減便となった。

国際航空運送協会 (IATA) のデータによると、2020 年の旅客機の貨物スペース (ベリー) は 53.1％減だったのに対し、貨物専用機のスペースは増加したものの 20.6％増にとどまっている[1]。

旅客機に貨物だけ載せて飛ばしたり、大手フォワーダーが一機チャーターして顧客の輸送ニーズに応えたりするなど、関係者必死の対応をしたが、海上から流れてくる貨物もあり輸送需要は旺盛で運賃はやはり高騰。香港からシカゴ行きは kg 当たり 2 ドル程度から一時期は 15 ドル弱まで上昇した。

その後、新型コロナ感染症の流行が落ち着き、旅客便が戻り始めると航空運賃も大きく下落した。図 10-3 は、2022 年 8 月までしか示していないが、2023 年 10 月現在、香港発シカゴ行きは kg 当たり 5 ドル前後で推移している。しかし、まだ足下では旅客便は完全に元に戻ってはおらず、需要次第ではさらなる下落も起こりうる。

海上運賃も航空運賃もピーク時の運賃は、荷主には耐えられる水準ではない。これらがトリガーになって大幅なサプライチェーンの見直しがなされ、数年後、国際輸送の需要が大幅に減少するという事態が発生しかねない。

---

[1] IATA, Air cargo market analysis, December 2020 より引用

10.2 日本企業の現状と課題

ここから、日本企業の直面するサプライチェーンの現状と課題について述べる。2022年2月に日本貿易振興機構（JETRO）が発表した調査レポート「供給制約、輸送の混乱と企業の対応状況」[1]の関連するパートを使って説明する。

10.2.1 サプライチェーン見直しを加速させる日本企業

「サプライチェーンの見直し」に関する質問の回答をみると、「何らかの見直しをする」と答えた企業は約62％にのぼっている。販売、生産、調達それぞれに「見直す」という回答が増加している項目がある。そのなかで筆者が注目したのは「調達の見直し」についてである。調達先を切り替える、複数調達化する、という回答が大きく増加しているので、調達先を1社のみに頼っているところが多いのだと思われる。

特殊な原料や部品など、やむを得ない場合もあるだろうが、供給安定性と価格の妥当性を担保するという観点から調達の基本は「複数購買」である。調達先の拡大にはいうまでもなく調達部門の役割は大きい。しかし、日本企業の調達部門は、概して「値決め」部門、購買手続きを行う部門で、戦略的なソーシング機能を有していないケースが多い。のちほど詳しく述べるが調達部門の機能強化が必要な企業が多いように思われる。

10.2.2 原材料の供給に対する不足感

次は原材料調達についてである。「半導体や電子部品等の原材料の供給」に関する質問の回答で、「原料、部品不足」を感じる企業は約75％にものぼる。業界横断的な、囲い込み、奪い合いが発生しているとのことで、こういった状況になると日本企業は本当に弱い。前節で述べた海上輸送・航空輸送のブッキングも同様だが、少しでも安く調達したいという意識が働きすぎ中国勢の札束攻勢に負けてしまうというケースがよくみられる。また、後述するが、やはり、サプライヤーとの関係をしっかり築いてこなかった企業は売り手市場になった場合、優先度が下がってしまうということをよく理解しなくてはいけない。前の項でも述べたが調達の管理は昨今、特に重要性が増しており、そのなかでも「サプライヤー管理」は非常に重要である。

10.2.3　サプライチェーン見直し理由

サプライチェーンの見直しの理由については、「原料、部品不足」を大幅に上回り、「国際輸送の混乱」が最大の要因となっている。回答には「生産しても船のスペースが確保できず出荷できない」「海上運賃高騰により調達先の国内回帰が必要」などがあり、企業が相当に苦労したことが伺える。

国際輸送、特に海上コンテナ輸送がコンテナ不足で大混乱していた際にショッキングだったのは、米国向けで数万ドルという運賃を了承してブッキングはできたものの、コンテナがなく運べないことでキャンセルになった、という事例があったことである。

10.2.4　国際輸送の混乱に苦慮する企業

それでは、国際輸送の混乱や運賃の暴騰に対してどのように対応しているのか。「特段に対応していない」「何をしたらよいのかわからない」という企業が非常に多いのである。しかし、いつまでも立ちすくんでばかりでは同じようなことが再び起きた場合に、また同様に後手に回ってしまいかねない。冒頭述べたように、いまはサプライチェーンを分断させかねない懸案が目白押しである。究極的には、できるだけ輸出入が発生しない地産地消型サプライチェーンにしていく努力を始めないといけないが、もちろん時間がかかる。日本企業として改めなくてはいけないこと、また、比較的短期的に取り組めることを次のパートで詳しく述べる。

10.3　グローバルサプライチェーンの強靭化策

10.3.1　国際輸送の強靭化

まず、国際輸送を強靭化させるための手法として4点ほど述べる。一般論として、日本企業は多数の業者を起用する傾向が強く、また、発注量はその都度不安定というケースが非常に多い。これでは、船会社もフォワーダーもスペース確保に苦慮するのは当たり前である。

また、荷量の少ない荷主が船会社と直接取引するケースも多い。直接取引した方が安いと信じているのであるが、交渉力などあろうはずもない。第1章で述べたように、世界の海上コンテナ取扱量に占める日本のシェアはわずか2.6％

でしかない。2000年には5.8％あったが、存在感が下がっている[2]。存在感が薄い国の小さな荷主が直接船会社と取引して、しかも、わがまま放題の輸送手配を繰り返していたら相手にされなくなるのは当たり前である。いままでは、そういうことが起きていたのである。

（1）グローバルフォワーダーのパートナー業者としての活用

　筆者は、荷主企業にフォワーダー、特に大手グローバルフォワーダーの活用を強く勧めている。船会社にとって大手フォワーダーは、日系といえども、欧米系の大手ほどではないが大口荷主であり、影響力も価格交渉力もある。レーンごとではなく、北米、欧州というように方面ごとに大手フォワーダー1社に集約して発注量を増やす。そして「ドア・トゥ・ドア一貫輸送」で委託するのである。

　日系荷主はとかく海上輸送と国内ドレージ、さらには通関等を輸入地、輸出地それぞれで細切れに委託するケースが多い（図10-4上のパターン）。これでは、「伝言ゲーム」が多くなり、混乱した場合、混乱に拍車をかけてしまう。

　下のパターンが、輸入地のドレージまでひとつのフォワーダーが行ういわゆる「ドア・トゥ・ドア一貫輸送」である。輸入地の通関・ドレージは、グローバルフォワーダー（図中V）の現地法人が行うイメージである。もちろん船会社選定もリスク観点も含めてグローバルフォワーダーに任せる。出発地から到着地まで最適な輸送手段を駆使して、確実な輸送を行ってもらうということである。

　したがってグローバルフォワーダーは、かなりの大手フォワーダーでなくてはならない。もっというと物流業務全般を一括して請け負うサードパーティ・ロジスティクス（3PL）や、さらにそれに物流管理機能やコンサルティング機能も付加したフォースパーティロジスティクス（4PL）を任せられるフォワーダーが望ましい。グローバルフォワーダーに集約するというのは「情報セキュリティ」の上でも有効である。現在のように国際輸送が不安定な時代だからこそ少数のフォワーダーに集約した方が、情報がスムーズに流れる。これが重要で「細切れ委託」では「伝言ゲーム」が多くなり、どうしても情報が滞りがちになるのである。

---

[2] UNCTAD 2021年データより筆者が計算。

10.3　グローバルサプライチェーンの強靭化策　　183

図10-4　「細切れ委託」から「一気通貫委託」へ
(出所：筆者作成)

(2) 定期・定量輸送へのシフト

　次に重要なのが定期・定量輸送にシフトすることである。できるだけ発注量を平準化し、定期的に発注する。ある程度、長期的な大まかな予定をフォワーダーと共有する。そうすることによって、よりスムーズなブッキングが可能になる。日系荷主はとにかく「出たとこ勝負」、今回は5コンテナ、次は20コンテナ、というような発注をしがちである。

　また日系荷主では、日本あるいは東南アジアの工場から各国の販社に供給するケースが多いが、その場合、販社が販社在庫を管理し、発注するいわゆる「Pull型」が一般的である。販売活動の片手間に行うので発注量が不安定となり、時に緊急で航空便を使うなど工場の需給担当者を悩ませているケースが多い。販社の在庫であれば何らかの形で出荷側も在庫は把握できるはずである。出荷側が本社であればなおさらである。出荷側で在庫をみて、送り込む「Push型」にした方がよい。これができると在庫の偏在を防ぐことも可能になり、連結ベースでの棚卸資産の削減にもつながる。

（3）フォワーダーコンペ

　荷主企業は、大手フォワーダーに対して物流の改善だけでなく、在庫の適正化やデジタル化の推進など、サプライチェーン改善のためのより広範なソリューション提案を求めており、パートナーとして起用する動きは少しずつではあるが、顕在化している[3]。

　大手フォワーダーは、より幅広い顧客ニーズに応えるためにITを含めて機能を強化しているが、多くの荷主企業は、フォワーダーについて単なる国際輸送の手配を代行してくれる業者という程度の理解でしかなく、本当の機能を知らない。

　こうしたなかで、筆者は、荷主企業に対して「フォワーダーコンペ」の実施を勧めている。その場合、大事なのは、提案依頼書（RFP：Request For Proposal）である。応札する企業とは、まず「秘密保持契約」を結び、RFPと必要なデータを渡して、1か月程度時間を与え、各社から提案を受ける、という流れである。いまだに荷主企業は国際輸送に関しては、価格だけ提示させて、比較して、安い業者に決めるというのが一般的な業者選定のプロセスであるが、実にもったいないし、いざというときに真っ先に切り捨てられてしまう。

　荷主企業のロジスティクスやSCM改善につながるサービスを提供できるフォワーダーはたくさんいるが、筆者がフォワーダーコンペの際にお勧めしている価格以外の評価ポイントは下記のとおりである。

① 業務遂行体制：ドア・トゥ・ドア一貫輸送をスムーズに行うための着地側を含めた体制。
② 物流費データの提供：国際輸送費を荷主の指定するフォーマットで提供するサービス。
③ 業務効率化への提案力：改善事例を紹介。
④ 提供可能なITサポートツール：貨物動態管理やグローバル在庫可視化ツール等。
⑤ KPI管理に対する協力：荷主が必要なデータを提供できるか。
⑥ 国際物流での環境負荷低減の提案。

---

[3] 日刊CARGO、2021年10月8日号より。

（4）パートナーとのリスクシナリオ・対策の共有

　選定したパートナーと大規模自然災害や輸送トラブル等のリスクを共有し、さらに対策や手順も協議し、あらかじめ共有しておくことも重要である。そうすることで、いざというときに慌てない。するとパートナーのフォワーダーやフォワーダーが起用している船会社の優先順位も高くなる。「出たとこ勝負」ではいつまでもスポット顧客扱いで優先順位は低いままである。

　海上輸送から航空輸送への切り替え等代替輸送手段の確保、代替ルートへの転換というのもフォワーダーを使っていた方がよりスムーズに行える。2016年の韓進海運の倒産のような場合でも、船会社との直接契約の場合は、荷主が代わりの船会社を見つけなければならず大変だが、フォワーダーを利用していれば彼らのネットワークの中で代わりになる船会社を探してくれる。地味な取組みではあるが、国際物流の安定化のための手法では、最も重要で効果的と思われる。

10.3.2　生産拠点と調達先のリスク分散

（1）主力商品の複数生産拠点化推進

　次に生産拠点と調達先のリスク分散である。まず、生産拠点について、できるだけ主力商品は複数工場で生産する体制を作ることを強く提案したい。下記の事例はいずれも、複数生産拠点化の具体例である[4]。

① 　TDKラムダ：マレーシア・中国で生産する電源部品を国内でも生産開始。特注品を除く4,000品目のほとんどを2拠点生産できるように見直しを図る。同社は、2004年の中越地震で生産が停止。2011年の東日本大震災では部品調達が滞り、生産多重化を検討していたものの決断しきれなかったが、中国とマレーシアの工場が新型コロナ感染拡大による都市封鎖によって閉鎖となり、原則2拠点生産に向け、背中を思い切り押された。

② 　日本航空電子工業：品質重視で日本のみで生産していたスマートフォンの部品の一部を台湾でも生産開始。中長期的な国内外での安定供給を目指す。

③ 　セイコーエプソン：インドネシアで生産していたプリンターのインクタンクをタイでも生産可能にした。新型コロナ感染拡大の影響で2020年春

---

[4] いずれの事例も日本経済新聞2021年5月18日付朝刊より引用。

にインドネシアの工場が停止したことがきっかけになっている。

これらの事例では、製造コストは上昇していると思われるが、安定供給を重視したものである。筆者も経験があるが、いかなる理由があろうとも一旦供給を途切れさせると、バイヤー側は必死で代替サプライヤーや代替品を探すため、切り替えられると長期にわたってビジネスを失いかねない。それを取り戻すのには10年単位の時間と労力がかかるのである。

下記の表10-1は、これもサプライチェーンの見直しの例であり、日本国内への生産回帰の事例をまとめたものである。右側の3列はどういった観点で見直しを行ったかを示している。コストの問題と経済安全保障がほとんどであるが、海外のコスト増や国際輸送費の高騰等で日本での調達、生産のコスト競争力が相対的に増したものと思われる。

表10-1 近年における日系製造業の生産拠点の国内回帰の事例

稼働年 (予定含む)	業種	企業	備考	コスト競争力 (DX・ 地産地消)	経済安全保障 (米中露・ コロナ)	ESG経営 (人権)
2020年	医薬品	小野薬品工業	国内40年振りの大型設備投資		●	
	製紙	森紙業	国内40年振りの大型設備投資	●		
2021年	日用品	ライオン	国内52年振りの大型設備投資	●		
	電子	ローム	海外で手作業で行っていた組立工程を日本でDXで自動化	●	●	
	電子	ジャパンディスプレイ	日本と海外で分かれていた工程を日本に集約することで国際輸送コスト改善	●	●	
	アパレル	ワールド	コロナによるロックダウンによる調達リスクおよび中国・新疆での人権侵害関連のリスク軽減のため、国内生産へシフト	●	●	●
2022年	医薬品	塩野義製薬	中国からの供給リスク軽減のため、国内生産へシフト		●	
	医薬品	Meiji Seikaファルマ	中国からの供給リスク軽減のため、国内生産へシフト		●	
	医薬品	ニプロ	中国からの供給リスク軽減のため、国内生産へシフト		●	

(出所:2022年6月10日「日系製造業の「国内回帰・多元化」から読み解くグローバルトレンド」三菱UFJリサーチ&コンサルティング 長谷川賢氏に筆者が加筆し作成)

また、現在の日本は相対的に労働力コストの安い国になってしまった。これは投資の呼び水になり得る一方で、先端技術の技術者の給与水準を引き上げないと人材の国外への流出が起きてしまうリスクをはらんでいる。日本企業は、人材獲得競争でも「買い負け」しないことが必要である。

（2）地産地消型・エリア産エリア消型サプライチェーンの追求

　次は調達先のリスク分散の視点で、「地産地消型・エリア産エリア消型」のサプライチェーンへのシフトを追求するということである。輸出入はできるだけ避ける、輸出入する場合は、友好国、近隣国を原則とする。いわゆる「フレンドショアリング」とか「ニアショアリング」といわれるものである[5]。「輸出」より「現地生産」、「輸入」より「国内調達」に極力シフトすること等が、今後、重要になると考えている。地産地消型サプライチェーンが難しいことは筆者も百も承知である。しかし、すでに世界は動き始めている。

　世界一の経済大国である米国は、2022年8月に半導体の産業振興を目的とする「CHIPS法」を成立させ、半導体の自国生産化に大きく舵を切り、2020年以降に発表された半導体メーカーの2030年頃までの投資計画は2,100億ドルにのぼる。一方、電気自動車（EV）の購入に対する税額控除要件は北米での最終組み立て車両とし、部品の域内調達比率の要求レベルも高く、米国・カナダ・メキシコ協定（旧NAFTA）圏内からの調達比率が高くなるのは必定である。そもそもEVのバッテリーは危険品であり、長距離輸送には向かない。米国に限らず各国でのEV化率が上昇するにつれ自動車産業の地産地消化が進行するはずである。

　日本企業にとって悩ましいのは中国である。日本企業にとって半導体や半導体関連分野以外で中国依存を低下させるのは至難の業である。ロシアに対し、直接的な軍事支援はしていないものの経済的に支援している中国は、今後ESG（Environment:環境、Society:社会、Governance:ガバナンス（企業統治））リスクとも捉える必要があると思われる。また、「反スパイ法」の導入や福島第一原子力発電所からの処理水放出を巡っても、中国でのビジネスのリスクを増大させている。追加の大型投資は危険で、現在の現地法人のキャッシュフローでいかに回すかを考えるべきである。いずれにしろダイナミックな投資は避け

---

[5] 「生産拠点などを国外に移す「オフショアリング」や国内に戻す「リショアリング」に対し、「フレンドショアリング」は文字通り友好国への移転を意味」（日本経済新聞、2022年8月22日付）

た方がよい。

（3）サプライヤーリスク評価の実施

　調達関連でもうひとつ重要なのは、サプライヤーのリスク評価を実施することである。日本の製造業は自動車や家電等の組立て系を除き、原材料調達を甘く見ている。SCM組織に組み込み、サプライヤー管理と戦略的なサプライヤー探索、原材料ごとの調達リスク管理等をしっかり行うべきである。第13章で詳しく解説するが、下記の点が非常に重要である。基本的で地味なことばかりだが、できていない企業が多い。

① 「サプライヤーリスク評価」の定期的実施とその結果に基づく調達リスク低減のための調達戦略の推進。
② 原則複数サプライヤーからの調達の徹底。
③ 極力、特注品を避け、汎用品を使用することをR&D部門、事業部門に徹底。
④ ESG・SDGs (Sustainable Development Goals: 持続可能な開発目標) 観点でのリスク評価の実施。
⑤ 調達先のリスクに応じた適切な頻度による現地でのサプライヤー監査の実施。
⑥ 重要原料・部品はTier2レベル[6]まで調査⇒「サプライヤーデューデリジェンス」[7]の実施。
⑦ 原材料、中間品在庫の管理徹底と在庫適正化。

　どれも重要だが、「サプライヤーリスク評価」、これをルーチン化しなくてはいけない。特に現在はESG・SDGsの観点なしに、調達はできない。また、サプライヤー管理と原材料の調達先の分散と多元化も重要である。一方、原材料、部材の代替可能性を追求しておくのもいざというときのために重要である。

10.3.3　グローバル・ロジスティクス、SCM人材の育成

　次に、人材育成についてである。グローバルでSCM改善をしようとしても、そんなことができる人はいない、と多くの企業はいう。残念ながらこれは現実

---

[6] サプライヤーのサプライヤーのこと。
[7] 「デューデリジェンス」とは、M&A等で事前に相手先の経営状況や財務状況を調べておくことをいうが、「サプライヤーデューデリジェンス」は、サプライヤーが人権侵害等を犯していないかを含め事業実態を詳細に調べ上げることを指している。

である。日本では大学や専門学校で物流やSCMを教えるところは米国や中国等に比べて極端に少ない。特にロジスティクスを専門とする学科をもつ大学は、今や東京海洋大学1校のみになった。かつては神戸大学にもあったが、数年前の学部再編でなくなってしまった。いずれも旧商船大学の流れを汲む伝統のある学科である。社会科学系の学部のある大学でもロジスティクスやSCMと名のつく講座をもっているところは少数派、全くない大学も少なくない。

そこで、資金力のある企業は、外資系の大手のコンサルタント会社に改善提案を依頼する。しかし、コンサルタント会社に提案を頼む場合は、実務をきちんとわかる人が窓口を務めないと、言葉を選ばずに申し上げると食い物にされるだけである。やはり、外部のリソースを利用するにしてもグローバルSCMの知識をもった人材が必要である。しかし、そういった人材には、SCMのみならず下記のような非常に幅広い知識が求められる。

① SCM管理全般
② 貿易実務（含むFTA（自由貿易協定）・EPA（経済連携協定））
③ 財務・経理
④ 海外法人管理
⑤ 国際物流
⑥ リスクマネジメント
⑦ 人材育成

これらのことを社内で体系的に教育するのはおよそ不可能である。そのため、筆者は、日本ロジスティクスシステム協会（JILS）のセミナーを活用することを勧めている。JILSでは実務経験のレベルに応じて、「ロジスティクス基礎講座」、「物流技術管理士資格認定講座」、「国際物流管理士資格認定講座」、「ロジスティクス経営士資格認定講座」、「ストラテジックSCMコース」等さまざまなセミナーを提供している。主に一線で活躍されている実務経験豊富な専門家が講師を務めているので実例や最新の情報を交えた講義を行ってくれ、短期間に効率的に体系的に専門知識を得ることが可能である。ほとんどがオンラインで実施されているので地方や海外からの受講も可能である。また、受講者はさまざまな業種から参加しているため、異業種の人脈構築も可能である。これらを年次や等級ごとの「スキルマップ」とともに社内、あるいは部内の教育プログラムに組み込むことを提案する。

10.3.4 SCM統括部門の設立

次にSCM統括組織の設立についてである。日本企業でSCM本部、SCM統括部等を設けている企業はかなり少数派である。しかし、筆者は、SCMの改善の相談を受けた企業には必ず、SCM組織を作ることを勧めている。どんな機能をもたせるかにはいろいろなパターンがあるが、筆者が勧めているのは、図10-5に示すように「生産管理（生販バランス管理）」「原材料調達」「物流管理」等の機能を集約することである。さらにグローバルに展開している企業は海外法人のSCM関連の活動の可視化やサポートを行うグローバルSCM統括部も置くことを提案している。

SCM統括部門を作るメリットとしては、まず、会社として今後、SCMを強化するのだという経営から社内外のステークホルダーすべてに対する強いメッセージになるということである。

そして「部門間連携」、サプライヤーやエンドユーザー等との「企業間連携」がやりやすくなることである。逆にいうとこれらの機能が各事業部門に分散しているといろいろな流派が発生し、「SCMプラニング」等SCM関連のITシステムを導入する際にはカスタマイズが多くなり開発費用が嵩んでしまい、業務も非効率になりがちである。1か所にまとめて極力業務を標準化するのが望ましい。

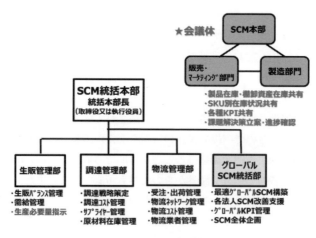

図10-5　SCM統括部門の例
(出所：筆者作成)

一方、いうまでもなくSCMを強化するには原材料調達、生産、販売、物流が情報の共有を密にし、ムダをそぎ落とすことである。特に有事の際には限られたリソースの中で「何を生産し、何を供給し、何を調達するのか、何を運ぶのか」等それぞれについて優先順位付けをしなくてはいけない。筆者は、これを「SCMトリアージ」とよんでいる。情報共有に優れたムダのない組織にすることによって、SCMはスムーズになるし、逆にそれぞれが別の組織でしかもそれぞれ担当役員が違ったりするとうまくいかない。ただし、これだけでは不十分で、月1回程度、SCM部門は、マーケティング部門、製造部門等関係部門と「SCM会議」をもち、品薄・品切れ等の状況や棚卸資産の水準等、共通の重要業績評価指標（KPI：Key Performance Indicator）を共有し、原因や対策等を議論する場が必要である。

　ところで人材育成面でもSCM部門の設立が重要である。国土交通省は、「高度物流人材の育成」を目標に掲げているが、物流会社ならともかく製造業で「物流」でのキャリア形成は困難である。しかし、生販バランス管理、原材料調達、物流管理、ましてやそれらのグローバルでの管理まで広げると、それらの4機能でローテーションすることで、十分、SCM・ロジスティクス専門職人材としてのキャリア形成が可能になる。SCMは諸外国では専門職で、企業ではSCMの専門教育を受け、その道でキャリアアップしているプロがSCMを管理している。日本の製造業も現在のように素人でSCMを転がしているようでは、グローバル競争に勝てるはずがない。逆にいうと、日本企業がグローバル競争に負け出しているのはSCMの差であると筆者は考えている。

10.3.5　FTAの積極的活用とそのポイント
（1）サプライチェーン強靭化とFTA

　日本は2018年12月に発効されたCPTPP（TPP11）以降、日EU、日英、日米貿易協定、RCEPと積極的にFTA網を広げていった。それまでは農産物保護のために決して積極的とはいえなかったが、CPTPPでの関税撤廃率95％をベンチマークにスタンスを大きく変え、いまでは米国に代わりFTA拡大の旗手となっている（第1章1.1.4参照）。FTAを締結している国々は基本的に友好国なのでFTA網を見据えたサプライチェーン戦略を考えてゆくことが肝要である。しかし、日本企業はあまり積極的にFTAを活用してこなかった、あるいは活用できなかった、という状況にあったが、2022年1月にRCEPが発

効したことが大きく潮目を変えた。何といっても日本にとっては最大の貿易相手国である中国、そして輸出相手国としては3位の韓国と初めて結んだFTAである。韓国や中国とのサプライチェーンをもつ企業は活用しなくてはいけない。RCEPの内容については後述する。

(2) FTA活用推進のポイント

　FTA活用において最も大きなハードルは「原産地証明手続」である。FTAの利用で最も利益を享受するのは「輸入者」だが、「対比表」や「生産ワークシート」等の原産性を証明するための根拠書類を作成する作業はほぼすべて輸出者が行う。しかし、輸出者によっては原材料の情報を輸入者に出したがらないケースもある。したがって輸入者は輸出者にいかに協力してもらうか、というのがカギになる。この点をまず理解しなくてはいけない。

　図10-6は、「関税分類番号変更基準」を活用する場合の対比表の例である。生産に利用したすべての材料、部品を記載する必要がある。非原産材料は、関税分類番号(HSコード)の変更が確認できれば原産性の裏付け資料は必要ない。原産材料は逆に原産性の裏付け資料は必要だがHSコードが異なる場合は非原産材料として扱うことが可能でその場合は裏付け資料は必要ないので、非原産材料扱いとした方が手間は少なくて済む。

　図10-7は、「付加価値基準」を使う場合の根拠書類である「計算ワークシート」である。「付加価値基準」の場合は、輸出価格から非原産材料の価額を差し引く「控除方式」と原産材料の価額を足し上げる「積み上げ方式」がある。これは控除方式の例である。図に示すようにそれぞれの単価を証明する書類が必要である。控除方式の場合は原産材料、積み上げ方式の場合は非原産材料の単価を証明する書類は不要である。

　日本は、ASEAN主要国とは、2国間FTAとASEANとのFTAと、複数のFTAを締結しており、それぞれで「品目別規則」や「原産地証明手続」が異なり複雑なので、実務部門任せにしているとなかなか活用が進まないというケースもよく見かける。

　実務部門のサポートを行う専任の担当者、できればFTA推進室のような専門の部署を設け、輸出者や税関、JETRO、商工会議所、経済産業省等、専門機関との連携を強化することをお勧めする。

10.3 グローバルサプライチェーンの強靭化策 193

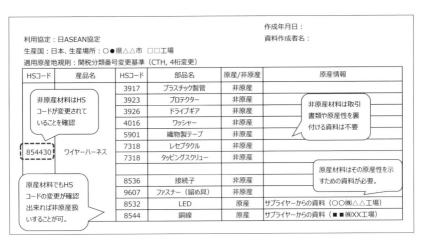

図 10-6 対比表の例
(出所：「TPP11 特恵関税活用のメリット」2021.1.13 JETRO 海外調査部　長島忠之氏講演資料を参照し筆者作成)

図 10-7 計算ワークシートの例
(出所：「TPP11 特恵関税活用のメリット」2021.1.13 JETRO 海外調査部　長島忠之氏講演資料を参照し筆者作成)

（3）原産地証明手続きのプロセス

原産地証明手続のプロセスとポイントを簡単に説明する。

原産地証明手続には大きく分けて 2 通りあり、ひとつが輸出国の指定発給機関（日本は日本商工会議所）に原産性を証明する根拠書類を提出し、「特定原産地証明書」を発給してもらい、それを輸入者に送付し、輸入申告の際に輸入国税関に提出し、特恵関税の適用を認めてもらう「第三者証明制度」である。もうひとつが、輸出者、輸入者、生産者などが自ら「原産地申告書」を作成し輸入国税関に提出する「自己申告制度」である。表 10-2 に原産地証明手続のプロセスを第三者証明と自己証明・自己申告制度とを並べて示した。原産性を証明する書類を揃えるのはいずれも同じなので要領をつかめば自己申告制度の方がはるかに作業負荷は少ないはずである。

（4）FTA の使い分け

既述のように日本は中国、韓国とは RCEP が初めての FTA となるが、ASEAN 諸国やオーストラリア、ニュージーランド等とは複数の FTA を締結しており、特に、ベトナムやシンガポールは RCEP で 4 つ目となる。関税率は

表 10-2　原産地証明手続のプロセス

証明手続の種類	第三者証明制度 （各国発給機関が発行）	自己申告制度（自己証明制度）
申請者	輸出者または生産者が申請	輸出者、輸入者、生産者が申告可能（輸入者自己申告もあり）
ステップ 1	輸出産品の HS コードを確認する	輸出産品の関税分類番号(HS コード)を確認する
ステップ 2	FTA 税率の有無や税率を確認する	FTA 税率の有無や税率を確認する
ステップ 3	各 FTA に定められた輸出産品にかかわる規則などを確認する	各 FTA に定められた輸出産品にかかわる規則などを確認する
ステップ 4	輸出産品にかかわる原産地性を確認する（原産品であることを明らかにする資料、裏付け資料の作成等）	輸出産品にかかわる原産地性を確認する（原産品であることを明らかにする資料、裏付け資料の作成等）
ステップ 5	「企業登録」をする	原産地証明書（原産地に関する申告文）を作成する
ステップ 6	「原産品判定依頼」を行う	
ステップ 7	「特定原産地証明書の発給申請」を行う	

（出所：「TPP11 特恵関税活用のメリット」2021.1.13 JETRO 海外調査部　長島忠之氏講演資料を参照し筆者作成）

FTAによって異なるのはもちろん、原産地証明手続、品目別規則も異なるので注意が必要である。単純に関税率だけでは決められない。表10-3に日本が締結しているFTAと原産地証明手続をまとめた。

一方、関税撤廃・削減スケジュールもFTAによって異なる。中には20年以上かけて少しずつ関税を下げていくものもあるので、そういった品目は毎年関税率が変更される。また、「品目別規則」ではたとえば「関税分類番号変更基準」と「付加価値基準」の両方が使えるか、どちらかしか使えないか、付加価値基準の原産資格割合（RVC：Regional Value Content）が何%以上かなどを比較して有利なものを選択する。RVCは低い方が原産性を認められやすい。

また、特に強調しておきたいのは、ASEAN絡みのFTAのRVCは概して40%以上と低いのと締約国が多いので原産性を認められやすく、非常に使いや

表10-3 日本が締結しているFTAと原産地証明手続

EPA／FTA	発効時期	第三者証明	認定輸出者自己証明	完全自己証明（自己申告制度）
日・シンガポール	2002年11月	○	-	-
日・メキシコ	2005年4月	○	○	-
日・マレーシア	2006年7月	○	-	-
日・チリ	2007年9月	○	-	-
日・タイ	2007年11月	○	-	-
日・インドネシア	2008年7月	○	-	-
日・ブルネイ	2008年7月	○	-	-
日・ASEAN	2008年12月	○	-	-
日・フィリピン	2008年12月	○	-	-
日・スイス	2009年9月	○	○	-
日・ベトナム	2009年10月	○	-	-
日・インド	2011年8月	○	-	-
日・ペルー	2012年3月	○	○	-
日・オーストラリア	2015年1月	○	-	○
日・モンゴル	2016年6月	○	-	○
CPTPP（TPP11）	2018年12月	-	-	○
日・EU	2019年2月	-	-	○
日米貿易協定	2020年1月	-	-	○（輸入者自己申告）
日・英	2021年1月	-	-	○
RCEP	2022年1月	○	○	○（日本のみ輸入者自己申告、日本以外は10年から20年以内に導入）

（出所：筆者作成）

すいということである。

　ASEANは中国、韓国、オーストラリア・ニュージーランド、インド、香港等とFTAを結んでおりASEANに生産拠点をもつ日本企業はASEANを起点としたFTA活用戦略も構築することが重要である。特に中国・ASEAN FTAは関税撤廃率が95％と非常に高く、付加価値基準のRVCも40％以上と低いので非常に使いやすい。最近は、米国向けの輸出拠点を中国からベトナム、タイ等に移転する企業が多い。中国とASEANを結ぶサプライチェーンをもつ日本企業は是非活用して欲しい。

（5）RCEPの活用

　最後にRCEPの説明をする。まず、関税撤廃率は、RCEP15か国全体では品目数ベース91％で、日本の関税撤廃率は、対ASEAN・ニュージーランド・オーストラリアで88％、対中国86％、対韓国81％となっている。

　また、対日本の関税撤廃率は、ASEAN・ニュージーランド・オーストラリア等で86〜100％、中国86％、韓国83％となっている。日本の関税撤廃率で特徴的なのは農林水産物の関税撤廃率を50〜60％程度と低く抑えており、コメや牛肉・豚肉などのいわゆる重要農産物5品目は関税削減の対象にすらなっていないこと、逆に工業品はほとんどが無税であることである。

　表10-4に中国と韓国の対日本の関税撤廃スケジュールをまとめた。発効年で工業品の無税品目は中国で508から1,260に、韓国は1,865から2,849に増えた。率にすると、中国の場合は7.5％から26.2％に、韓国は18.9％から47.9％に増加した。それぞれ段階的に関税の削減・撤廃が行われていき最終的には全体の無税品目が中国は86％、韓国は83％になるので中国、韓国とサプライチェーンをもつ企業は毎年、「譲許表」[8]をチェックし、取引の対象の品目の関税率を確認した方がよい。

　一方、RCEPで特徴的なのは「連続する原産地証明書」（Back to Back Certificate of Origin）が認められていることである。FTAでは原産地規則の中に「積送基準」という輸出国から輸入国への輸送に関する要件が定められており、ほとんどが「直送」が求められる。

　中継点で貨物を荷卸しし、開梱し、格納すると原産性が認められないが、

---

[8] 「譲許表」は、個別品目の関税の撤廃・削減の方法や、スケジュールが定められた表のこと。FTA締約国ごとに作られる。

表 10-4　RCEP 中国・韓国対日本関税撤廃・削減スケジュール（カッコ内は累計）

中国	無税品目		即時撤廃			～11年目撤廃			～16年目撤廃			～21年目撤廃			関税削減対象	除外品目
全体	699	8.4%	1,371	16.6%	(25.0%)	3,848	46.5%	(71.5%)	952	11.5%	(83.0%)	248	3.0%	(86.0%)	30	1,129
農林水産品	191	12.4%	111	7.2%	(19.6%)	731	47.6%	(67.2%)	184	12.0%	(79.2%)	72	4.7%	(83.9%)	0	248
工業製品	508	7.5%	1,260	18.7%	(26.2%)	3,117	46.2%	(72.5%)	768	11.4%	(83.9%)	176	2.6%	(86.5%)	30	881

韓国	無税品目		即時撤廃			～10年目撤廃			～15年目撤廃			～20年目撤廃			除外品目
全体	1,956	16.0%	3,113	25.4%	(41.4%)	3,965	32.4%	(73.8%)	669	5.5%	(79.3%)	455	3.7%	(83.0%)	2,085
農林水産品	91	3.8%	264	11.0%	(14.8%)	649	27.1%	(42.0%)	141	5.9%	(47.9%)	2	0.1%	(48.0%)	1,245
工業製品	1,865	18.9%	2,849	28.9%	(47.9%)	3,316	33.7%	(81.9%)	528	5.4%	(86.9%)	453	4.6%	(91.5%)	840

（出所：みずほリサーチ＆テクノロジーズ　菅原淳一氏「RCEP協定の意義と概要」『貿易と関税』2021.5 を参照し、筆者作成）

　RCEP では、「連続する原産地証明書」の有効期限が、「最初の原産地証明書」の有効期限を超えない、中継国で加工が行われないことなどの条件をクリアすれば原則、原産性が認められるのである。

　図 10-8 は「連続する原産地証明書」の例と条件をまとめたものである。

　日本・ASEAN FTA でも「連続する原産地証明書」が制度上は認められていてシンガポールが中継国となる場合によく活用されているが、日本の発給機関である日本商工会議所は対応していない。地理的に日本が中継国になることはあまり想定できないということも関係していると思われる。

　しかし、JETRO によると、RCEP の場合には、日本商工会議所は「連続する原産地証明書」に対応するとのことである。そうすると筆者は図 10-8 のように日本が中継国になるケースでは使いようがあるのではないかと考えている。

　いずれにせよ「連続する原産地証明書」を発給するか否かは中継国の発給機関の判断次第なので中継国の発給機関と税関と良くコミュニケーションを取る必要があるし、輸出者と輸入者は密に連携しなくてはいけないことはいうまでもない。

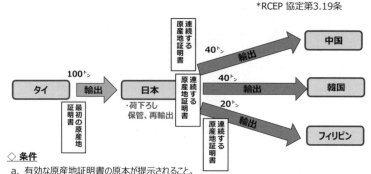

図10-8 「連続する原産地証明書」の例と認められるための条件
（出所：石川雅啓（2022）「RCEP利活用のための理解と手続〈輸入編〉」[2]をもとに筆者作成）

10.4　グローバルサプライチェーン強靭化に向けて

　冒頭で述べたように、いまは世界中に地政学的リスクが散らばっている。しかも、日本は、北朝鮮、中国とは海を隔てているとはいえ隣国同士であり、ロシアには北方領土を不法占拠されている状態である。ロシア軍の拠点のある国後島と北海道は最も近いところではわずか16kmしか離れていない。いつ、「北海道有事」が起きてもおかしくない環境である。筆者は、ロシア、中国、北朝鮮が連携し、「台湾有事」、「朝鮮半島有事」、「北海道有事」が同時に発生するシナリオも十分にあり得ると考えている。

　一方、新型コロナウイルスについては感染流行が完全に収束したわけではないものの治療法も確立し、現在は落ち着いてはいるが、また別の疫病の大流行も起こり得る。気候変動により、台風やハリケーンはよりパワフルになり、また進路が予測しにくくなっている。

　また、熱波による干ばつや山火事が世界中で頻発している。そして日本の場合、首都圏直下型地震、南海トラフ地震や富士山噴火も想定しなくてはならない。

　いまこそ日本企業は「グローバルサプライチェーンの強靭化」に取り組むべ

きである。そのキーワードは、筆者は、まず、「危機対応力の強化」だと考える。何か起きてあたふたするのではいけない。リスクシナリオを作り、対応策をまとめておき、さらに、できれば年1回、訓練も行うことをお勧めする。

　そして、「分散と地産地消」である。調達先を分散させる、生産拠点も極力分散させる、「地産地消型」の生産・販売体制へシフトすることである。決して簡単なことではないが、すでに半導体および関連産業や電気自動車関係の企業等は動き出している。他の産業の企業も挑戦しなくてはいけない。

【参考文献】
1) JETRO（2022）「供給制約、輸送の混乱と企業の対応状況」，
　　https://www.jetro.go.jp/ext_images/world/covid-19/info/logistics0217r.pdf （2024年7月10日確認）
2) 石川雅啓（2022）「RCEP利活用のための理解と手続〈輸入編〉」，
　　https://www.kanzai.or.jp/nagoya/nagoya_files/pdfs/cus_info/2022011806.pdf （2024年7月10日確認）

第11章　物流事業者とサービス・マーケティング

11.1　マーケティングの定義

　マーティングというと、得てして「有形財」（モノ）だけが対象であると考えがちだが、「無形財」（知的財産・著作権・サービス財など）を対象にしたマーケティングもある。ちなみに、有形財とは「固体、液体、気体」を指す。

　有形財と無形財のマーケティング戦略に関する基本的な考え方は同じであるが、経済学に「マクロ経済」と「ミクロ経済」があるように、マーケティングにも「マクロ・マーケティング」と「ミクロ・マーケティング」がある。ちなみに、マクロ・マーケティングとは、「財の流通を社会的・客観的にみたもの」であるのに対し、「ミクロ・マーケティング」とは、「マネジアル・マーケティング」のことで、「企業の立場からみたマーケティング」のことである。
　マーケティングの発祥の地は1900年頃の米国だが、その本来の意味は「生産と消費を結びつけるモノの経済活動のこと」で、「流通」と同義語であるということができる。だが、最近では、「マーケティング3.0」の考え方において

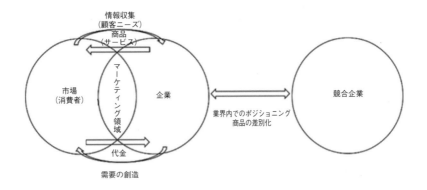

図 11-1　マーケティングの概念図
（出所：筆者作成）

経済活動（モノやサービスの価値）だけでなく、企業の社会的責任（環境・人権問題や福祉・労働問題等：CSR）を重視したソーシャル・マーケティングが注目されている。

そこで本章では、企業の立場からみた「ミクロ・マーケティング」について解説する。

本章で対象とするのは、物流事業者が供給する無形財の「物流サービス」である。物流事業者が物流サービスを供給する目的は、簡単にいえば、「物流事業者が有する物流機能とリソース（人・金・モノ）を使って創生したサービスを通して、CSRを考慮しながら、顧客（荷主）物流の管理・運営を担うことで顧客満足度（CS）を向上させて顧客の保持・業容の拡大を図り、売上・利益の増大を図ること」である。具体的な物流、サービスの内容としては、輸配送、保管・在庫管理、荷役、流通加工、梱包、情報システムの開発・管理、貿易物流（貿易実務＋国際物流）およびこれらに付随関連した一切の業務（以下、物流サービス）である。

ところで、わが国の物流業界で、マーケティングの重要性が注目されるようになったのはバブル経済が崩壊し景気の低迷が長く続いていた1990年代以降である。

マーケティングはもともと「モノの流通」が中心であったことから、現在出版されている書籍や論文などをみても大半が有形財を対象としたマーケティング論であり、サービス・マーケティングに関する著作物はほとんど見受けられない。

そこで、本章では、物流業界に在籍した筆者の経験を踏まえて、私見ではあるが、「物流事業者のサービス・マーケティング」について考察する。

11.2　マーケティングとは何か

米国マーケティング協会（AMA：American Marketing Association）では、マーケティングとは、「顧客価値を創造し、伝達し、提供するために、組織やそのステーク・ホルダーにベネフィットを与えるような方法で、顧客との関係を管理するための組織の機能であり、一連のプロセスである。」と定義している。また、日本マーケティング協会は、「マーケティングとは、顧客の要求と満足を探り、創造し、伝え、提供することにより、その成果として利益を得ることである」と定義（2017年改訂）している。（AMAの定義は筆者和訳）

これらのことから、「マーケティングとは、個人や組織の目的を満足させる交換を創出するために、アイディア、財、サービス・コンセプトの形成、価格設定、プロモーション、流通を企画し、実行する過程のことである」といえよう。

また、物流サービス・マーケティングの目的はすでに記したとおりだが、上記の定義を踏まえて、定義と目的を換言すれば、「顧客（荷主）の物流に関する要望や課題等を探り、CSR に従って、優れたソリューション（高度な物流サービス）を供給（提供）することで要望を満たし、課題等を解消することで顧客満足度（信頼度）を高めて既存顧客との関係を保持する一方、潜在需要を発掘・創荷して業容の拡大を図ることで売上・利益の増大を図ることである、といえよう。

11.3　マーケティング・コンセプト

マーケティングで大事なのは「マーケティング・コンセプト」で、「企業理念または社訓」を具体化したものである。いまのミクロ・マーケティングに関する基本コンセプトは「顕在需要に対する経済活動ではなく、潜在需要の発掘を含めた需要を創造すること」という「新規市場（潜在需要）に対する経済活動」という考え方である。

具体的にいえば、マーケティングでは、「市場をどのようにとらえるか、その市場の潜在的ニーズとは何か、その市場に適合する商品は何か」を探り、適合した市場ターゲットを定めることが重要である。

また、マーケティング活動に際しては、目先の取引だけに固執して、単にモノまたはサービスを売るのではなく、顧客と長期にわたる互恵関係を構築すること、個人の機能ではなく、組織の機能で、その目的は CSR を踏まえて経済的価値を創造し、すべてのステーク・ホルダーとの良好な関係を維持するように管理・運営することが大事である。

ところで、マーケティング・コンセプトには、①生産志向、②製品（プロダクト）志向、③販売志向、④顧客（ニーズ）志向、⑤マーケティング（社会性）志向があり、時代とともに、変化してきている。

（1）生産志向（マーケティング 1.0）

　生産志向は、需要が供給を上回る「モノ不足」の状態にある。わが国では、

戦後（1945～1950年頃）の経済が混乱していた時代で、市場に物資を出しさえすればすぐに売れるため、マーケティングなど不要であった。

輸送や保管施設は脆弱で、配送機器も少なく、指定された物資を指定された場所まで単に配達するだけの状態であった。

(2) 製品（プロダクト）志向（マーケティング1.0）

製品志向の基本的な考え方は、「まず製品ありき」で、「よい製品さえ作れば売れる」というメーカー側からみた「プロダクトアウト」の考え方である。

メーカーは、市場や顧客ニーズとは一切関係なく、メーカー側の一方的な思いだけで製品を売り出し、もし売れなければ、その販売方法に問題があると考える。ここでは、高性能・高機能の製品を開発することが競争優位につながるという考え方である。

これを物流事業者の立場でいうと、市場ニーズ（顧客の要望や課題）等は一切調査などせずに、物流事業者の一方的な思いだけでメニューを作り、結果として、売れないで計画倒れに終わる、となる。

(3) 販売志向（マーケティング2.0）

販売志向の考え方は、高度経済成長に伴い本格的に出現した消費市場に象徴されるように、大量生産・大量消費の時代である（1960～1970年代）。

この頃は、需要に供給が追いつかない売手市場の状態にあった。この時代の販売（営業）部隊の主たる仕事は、メーカー側の思いだけで投機戦略に基づいて大量生産した製品を、小売・卸売り等に対して数量の割り当てを行うことであった。欲しい消費者が多いため、市場コントロール（販売価格や流通チャネル等）はメーカー側が主導権を握っていたプロダクトアウトの状態である。やがて、市場が成熟化して、供給過剰の買手市場に代わると、今度は本格的に販売部隊を編成して、在庫の値引き・販売促進などを駆使して、積極的な購入の働きかけが行われた。また、製品をひたすら売ることで工場の稼働率が維持されるため、自らのノルマ達成のために、時には押込み販売が行われ、気がついたら流通在庫の山のみができていて、製品は全く売れていないこともあった。ちなみに、ドラッガーは、著書『マネジメント』にて、マーケティングの究極の目的を「セリング（押売り）を不要にすること」と述べている。

物流業界にあてはめれば、1960年代は、道路などの物流インフラが脆弱で、

貨物はあるが輸送手段等が弱かった。1960年代の後半になると、道路網は整備されてくるが、物流に関する規制が強く、業界全体が守られていた時代である。

　この頃の物流事業者は、顧客ニーズなどは調査せず、競合他社と類似したサービス・メニューを一方的に作り、大量の輸送機器や巨大倉庫を準備して、安い料金で売らせるやり方を行っていた。

（4）顧客（ニーズ）志向（マーケティング3.0）
　市場が成熟化しモノが溢れるようになると、顧客の要求は多様化し、差別化（個性化）を求めて、さまざまなニーズが生まれてくる。市場からの情報に基づいて、顧客が求めている（ウォンツ）製品を多品種少量生産方式で作り（プロダクトイン）、販売（営業）部隊だけでなく、企業全体がマーケティングを重視した体制を作り、市場の需要に対応していかなければ競争に敗れてしまうことになる。

　わが国では1980年代以降のバブル最盛期に、プライスリーダー権は川下（小売り）が握り、市場は細分化され、顧客サービス・満足度・個性化が重視されるようになった。

　物流事業者も顧客（荷主）との連携を強化したロジスティクスやサプライチェーンを重視するようになった。

（5）マーケティング（社会）志向（マーケティング4.0）
　顧客志向の発展の延長線上にあるのがマーケティング志向である。
　マーケティング志向では、企業の目的をターゲット市場の顧客だけにとどめるのではなく、市場全体における目先の利益と長期的な利益とに区分して、顧客個々と社会全体の福祉・労働・環境問題などを意識し、改善させるような方法（解決方法）を提供することで競合他社よりも高いレベルでCS（顧客満足）を向上させる。

　すなわち、企業は単に顧客との関係だけを注視するのではなく、環境破壊（CO_2の排出量削減）、資源不足、人権・人種問題（フェアー・トレードほか）、社会的問題（労働環境・福祉・労働条件他）など国際的・社会問題をCSR（企業の社会的責任）の視点から捉え、長期的社会貢献に合致した行動をとることが大事である。

また、マーケティング志向では、企業利益、顧客満足、社会利益の調和を図ることが重要となる。そして、この考え方は、企業が自らを社会システムの一員として、あるいは地域環境システムの一要素として、CSRを果たそうとする考え方で、今後の企業活動の規範となる概念である。

　この志向を物流事業者の立場で考えると、既存顧客のニーズ（要望・不満・課題等）を探り、高度な物流サービスを通して不満や課題などを解決しCSを向上させることで顧客との信頼関係を高めて顧客の囲い込みと業容の拡大を図ることが、ひいては売上・利益増大につながってくるのである。

　その一方で、相反する物流事業者と荷主が長期にわたる互恵的相互関係（Win-Win）を築く、というこの考え方はロジスティクスやSCM、3PLのいずれにも通ずるコンセプトである。さらに、物流業界では、CSRとして、地球温暖化や労働環境問題などについて、モーダルシフトや共同配送、再生可能エネルギーの活用、労働の生産性と効率化の向上を図るためのDX化など、積極的に取り組んでいる（図11-2）。

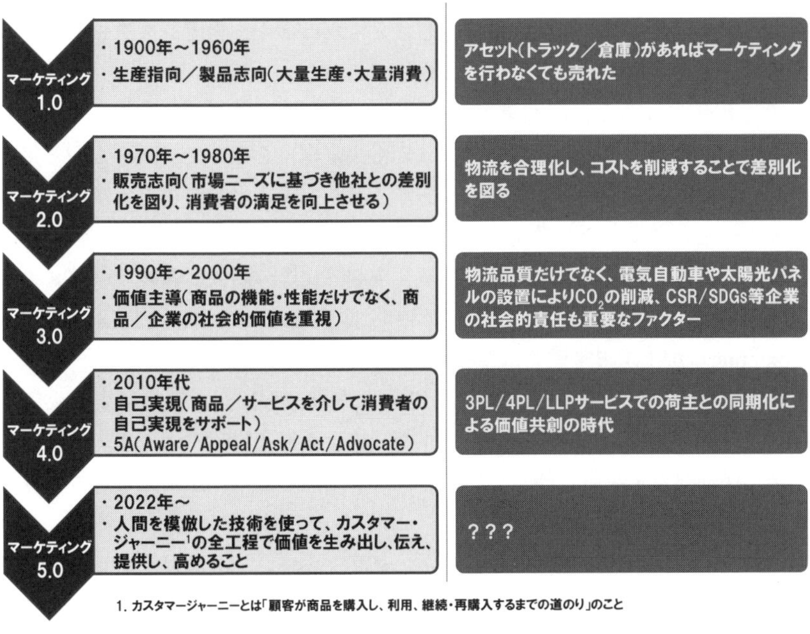

マーケティング	年代・内容	物流事業者の対応
マーケティング1.0	・1900年〜1960年 ・生産指向／製品志向（大量生産・大量消費）	アセット（トラック／倉庫）があればマーケティングを行わなくても売れた
マーケティング2.0	・1970年〜1980年 ・販売志向（市場ニーズに基づき他社との差別化を図り、消費者の満足を向上させる）	物流を合理化し、コストを削減することで差別化を図る
マーケティング3.0	・1990年〜2000年 ・価値主導（商品の機能・性能だけでなく、商品／企業の社会的価値を重視）	物流品質だけでなく、電気自動車や太陽光パネルの設置によりCO_2の削減、CSR／SDGs等企業の社会的責任も重要なファクター
マーケティング4.0	・2010年代 ・自己実現（商品／サービスを介して消費者の自己実現をサポート） ・5A(Aware/Appeal/Ask/Act/Advocate)	3PL／4PL／LLPサービスでの荷主との同期化による価値共創の時代
マーケティング5.0	・2022年〜 ・人間を模倣した技術を使って、カスタマー・ジャーニー[1]の全工程で価値を生み出し、伝え、提供し、高めること	？？？

1. カスタマージャーニーとは「顧客が商品を購入し、利用、継続・再購入するまでの道のり」のこと

図 11-2　コトラーのマーケティング・コンセプトの変遷と物流事業者の対応
(出所：筆者作成)

11.4　マーケティングの発展経緯

　終戦（1945年）から1950年代前半のわが国の市場をみると、深刻なモノ不足（供給不足）の時代で、市場に並べさえすれば、品質は別にして、何でも売れる「量的充足」の時代であった。

　ところが1950年代後半になると、「もはや戦後ではない」（1956年経済白書）、「所得倍増計画」（1959年）等からもわかるように、日本経済は高度成長期（1960年代）に突入、大量生産・大量消費の時代を迎えたことで、国民生活は一変し、市場には物資が溢れるようになり、消費者の好みが多様化、消費者が選択する「質的充足」の時代（1970年代）になった。

　つまり、わが国でも、大量生産・大量消費の時代に突入したことから、各メーカーはマーケティングの必要性（販売促進、差別化戦略等）を痛感したが、当時はメーカーが価格や流通経路をコントロールする「プロダクトアウト」の時代であった。

　この当時の物流（輸送・保管）は脆弱で、生産された商品をメーカー指定場所（消費地）まで単に一括大量輸送しさえすればよく、物流システムやサービス・マーケティング戦略など不要な時代であった。

　1970年代になると、流通業界では量販店（GMS：ダイエー・イトーヨーカ堂ほか）が台頭、プライスリーダー（価格決定権）を巡って、メーカーと量販店との間で主導権争いが激化[1]する一方、市場の成熟化と消費の多様化によるメーカー間の競争の激化等もあり、差別化を図るための新商品の開発・投入、海外からの安い輸入品（衣料品、雑貨、洗剤等）等の増大、顧客サービスの向上等を図るためのマーケティング戦略（4P戦略：Product・Price・Place・Promotion）がますます重要になった。

　1980年代に入ると、大量生産によるコスト削減方法から多品種少量生産やJIT（Just In Time）方式等に移行、在庫削減による最適物流システムの構築（輸配送、保管拠点・在庫管理等）によるコスト削減と効率性が求められるようになった。

　1990年代になると、顧客（荷主）ニーズに基づいて、調達・生産・販売・物流プロセス全体の最適化を図る「ロジスティクス」が注目された。2010年

---

[1]　松下電器産業とダイエー間での争いは特に有名である。

11.4　マーケティングの発展経緯

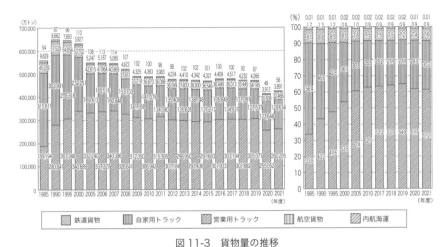

図 11-3　貨物量の推移
（出所：国土交通省「令和5年交通政策白書」）

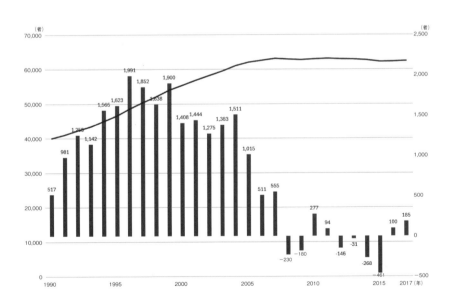

図 11-4　運送事業者数の推移貨物量推移
（出所：国土交通省「国土交通白書 2019」をもとに筆者作成）

代以降はマーケティングに力点をおくようになり、東日本大震災によるサプライチェーンの寸断があったこともあり、チェーン上の企業間で、調達・製造・販売・物流の一体化を重視した「サプライチェーン・マネジメント」が重視されている。物流事業者がサービス・マーケティングの重要性を認識し始めたのもこの頃からである。

当時の物流業界は、①プラザ合意（1985年9月）による生産拠点の海外移転に伴う産業の空洞化の進化等による貨物量の減少（図11-3参照）、②物流二法の改訂（自動車運送事業法と貨物運送取扱事業法）の規制緩和（1990年12月1日施行）に伴う相次ぐ新規参入[2]、およびそれに伴う限られたパイを巡る集荷競争の激化（図11-4参照）、③バブル崩壊（1991年11月）以降の長引く景気の低迷（デフレ経済）による貨物量の減少と荷主からの厳しい値下げ要求と事業者数の増大、が起こった。これらに起因する熾烈な集荷競争による、既存顧客（荷主）の囲い込みと積極的な業容拡大（創荷）による収益改善と売上げ増大を図る手段として、マーケティングが注目されたのである。

11.5　荷主と物流事業者の考え方の違い

物流業界の過去の行動をみていると、多くの事業者は、マーケティングと称して、既存顧客の顕在化した需要のみに合わせた物流サービスを設定・提供する傾向が強かった。物流事業者の多くは顕在化している目先の貨物のみをみて物流資産（倉庫建設や車両機器の購入等）への投資を行う貨物後追い型になりがちである。しかし、収益改善等を図るためにマーケティング手法を活用するのであれば、潜在的な顧客を掘り起こす（発掘する）ためには、市場調査や情報の先取り収集と分析、荷主ニーズにあった物流サービスの開発、物流施設の建設・輸送・荷役機器等の購入、人員配置、ロジスティクステクノロジー（LT）による物流のDX化等に対して先取り対応した「先行投資型」になる必要がある。物流事業者の旧習である貨物に追随して動く「荷主後追い型」であっては、いつまでたっても荷主の信頼は得られず、物流事業者の収支改善は望めないのではないだろうか（図11-5参照）。

ちなみに、この考え方に関しては、運輸政策審議会の答申（1981年）のなかで、「いつの時代でも物流事業者（原文は「運送業」）も需要充足型から需要創造型の経営に転換しなければならない」と述べている。

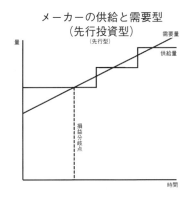 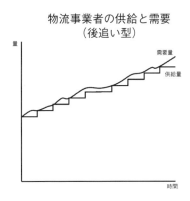

図11-5　荷主と物流事業者の投資スタイルの違い
(出所：中田信哉（1989）『運送業のマーケティング』白桃書房をもとに筆者作成)

11.6　サービス財の特徴の違い

　マーケティングは、本来特定産業や荷主に限定して適応されるものではなく、市場活動の対象であるものに普遍的に適合されるものだが、これまでのマーケティング理論やマーケティングテクニックの発展の経緯をみていくと、以下4項目が解説の中心テーマとなっている。
　① 商品の形態としての有形財
　② 一般消費市場を対象とした消費財
　③ 主体者としての寡占メーカー
　④ 対象市場としての国内外市場
　上記のことからも明らかなように、従来のマーケティングは、もともと消費財などの有形財が中心となっている。しかし、物流事業者が販売している商品(物流サービス財：輸送・保管・流通作業など) の経済活動行為の対象は無形財であり、その特徴は以下のとおりである。
　① サービス財の不可視性
　有形財は目に見える商品であるのに対し、サービス財は提供する場や道具は目に見えるが、サービスそのものは目に見えない。
　② サービス財の需給同時性
　サービス財は、生産と消費が同じ場所で、同じ時間に行われる。

③　サービス財の瞬間性

　サービス財は、在庫ができない。たとえば、今日稼働できなかったトラックのスペースは在庫できないため、明日まで持ち越すことができない。

　つまり、製品の場合は、製造した時から販売するまでの距離的・時間的懸隔を当初から考慮しており、今日の製品価値と明日の製品価値にずれが生じることは少なく、販売できれば、製造原価等の回収を行うことができる。しかし、サービス財は、稼働できなかった場合、別の日に同じスペースを使って稼働できたとしても、できなかった日の経費は別な日の売上で賄うしかない。よって、サービス財は在庫ができないということである。

④　サービス財の個別性（非均一性）

　サービス財の評価は、それを受けた顧客、また同じ人間が受けても顧客の状況（時間、気分、天候など）によって異なるということである。

　また、サービス財は本来均一であるべきだが、たとえば、熟練ドライバーと新人ドライバーとでは、自然と各々の対応が変わってくる。熟練ドライバーは貨物のより安全な積み方や固縛の方法を知っている。当然ながら、標準手引書（作業マニュアル）等を作成し、誰が行ってもサービスレベルに変わりがないように努めていても、ドライバー個人の能力や態度、受け手側の経験やレベル、その日の天候や体調等によって、同じ人間が同じサービスを提供しても受け手側の印象は変わってくる。

⑤　サービス財の非継続性

　サービス財は保有することができないため、時間の経過による品質変化はない。有形財がレディメイドとすると、サービス財はオーダーメイドになる。

　このように、本来マーケティングの意義のなかには、サービス業が含まれていながら、実際は別なものとして扱われているのである。

11.7　サービス・マーケティングの考え方

　有形財と無形財に対するマーケティングの基本的な考え方は同じである。
　図11-6にマーケティング全体を体系的に整理した。
　マーケティングで最も大切なことは「コンセプト」である。ちなみに、コンセプトとは「経営戦略」のことであることは11.2で、すでに記したとおりである。
　一般的な物流事業者の経営理念というと、「安心・安全」や「総合物流企業

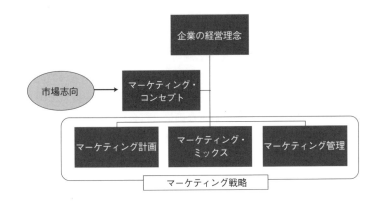

図 11-6　マーケティング体系
（出所：中田信哉（1989）『運送業のマーケティング』白桃書房をもとに筆者作成）

として社会に貢献します」などといった抽象的なものが多い。企業経営だけを考えればこれで十分だろうが、マーケティング戦略を展開しようとした場合はもっと具体的な目標設定でないと、難しいように思われる。

たとえば、宅配便業界の雄であるヤマト運輸には設立以来変わらぬ社訓があるという。それは「ヤマトは我なり、運送行為は委託者の意思の延長と知るべし、思想を堅実に礼節を重んずべし」[2] というものである。しかし、この社訓は抽象的で、マーケティング（営業）活動をどのように行うかについて、方針を立てることはできない。

そのため、当時の小倉昌男社長は「電話1本で集荷、1個でも家庭へ集荷、翌日配達、運賃は安くて明瞭、荷造りが簡単」という宅急便のマーケティング・コンセプトを生み出したという。マーケティング・コンセプトが固まれば、それをもとにマーケティング機能（テクニック）を組み合わせて、行動するのがマーケティング戦略である。そのマーケティング機能の組合わせが「マーケティング・ミックス」である。マーケティング・ミックスの構成要素は、一般的に次の「4P」と呼ばれているものである。

① 商品（Product）
② 価格（Price）

---

[2] ヤマト運輸ウェブサイト、グループ企業理念より。

③　販売促進（Promotion）
④　場所・流通経路（Place・Chanel）

　簡単にいえば、①適切な商品を、②適切な価格で、③適切な販促を用いて、④適切な場所で販売していくこと、である。これを物流事業者の立場で考えれば、顧客（荷主）ニーズ（要望や課題等）を的確に把握し、顧客が望んでいる最適な物流サービス（製品）を、適正な価格（料金）で、遅滞なく（迅速・確実に）提供することである。また、販売促進に関しては、人的営業、ウェブサイトや雑誌・業界誌・広告・メディア媒体・口コミなどの方法がある。
　しかし、昨今は、有形財または無形財に関係なく、市場の細分化と高度化が進んでいる。すなわち、有形財でいえば、市場の成熟化が進み、商品が溢れ、顧客の需要が多様化していて、価格による差別化に加えて、質的要求が高まっていることである。一方、供給側（メーカー）からみれば、市場を細分化して多様化した顧客ニーズを的確に捉え、差別化を図るための商品開発や価格設定を行っていくことであろう。新たな販売促進の媒体としては、SNSの積極的な活用もあろう。
　次に、物流業界のマーケティング戦略について考えてみたい。
　企業のグローバル化と業容の拡大、企業を取り巻く厳しい外的要因（円安・人手不足・サプライチェーンの寸断ほか）の影響を受けて、荷主ニーズが多様化し、業容の拡大が進むなかで、今後物流事業者のマーケティング志向の方向性として、以下の2点が考えられる。

①　高度な物流サービスを通しての荷主との同期化

　企画／開発・調達・生産・販売・物流プロセスの全体最適化を図るロジスティクスまたはSCMを通して、顧客（荷主・消費者）サービスの向上と売上げ増大（利益の最大化）を図ろうとしている。ちなみに、ロジスティクスまたはSCMのキーワードは「高度な物流サービス」である。
　高度な物流サービスに必要なのは、①強い現場力、②高い専門性と豊富な経験をもった人材、③積物流に関する積極的な改善・改革の提案力、④情報システムの開発力、⑤3PLほかである。

②　特定分野に特化することでの差別化

　他社との差別化を図ることは重要である。そのためには、他社に負けない特定分野（たとえば、危険品や食品等）で高い専門知識と経験等をもって特化することである。つまり、経営戦略では対象領域を絞ることは、荷主および物流

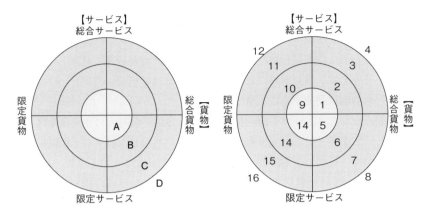

図 11-7 3つの軸によるポジショニング
A：ローカル、B：リージョナル、C：ナショナル、D：インターナショナル
（出所：中田信哉（1989）『運送業のマーケティング』白桃書房をもとに筆者作成）

業界内における自社のポジショニングを自から決めることになる。ポジショニングを決めるにあたっては、図 11-7 のように、①限定された貨物か、広い範囲の貨物か、②限定されたサービスか複合的な各種のサービスか、③エリアはどうか、などと考えるとわかりやすい。

ヤマト運輸の宅急便を例に説明すれば、「宅配」という限定された貨物をグローバルに取扱う経済活動をしていることから、ポジショニングは「16」となる。一方、総合物流事業者である日本通運は、文化財から工業製品（自動車部品等）までさまざまな貨物を、専門的知識をもってグローバルに取扱っているため、ポジショニングは「4」となる。

11.8 SWOT 分析

自社のポジショニングを検討する際の一般的な手法として「SWOT 分析」（図 11-8）がある。マーケティング・プロセスの第一歩は、日々刻々と変わる市場環境を的確に分析して、ビジネス機会を探すことである。そのひとつの方法として、ここでは SWOT 分析を紹介する。

SWOT 分析では、ファーストステップとして、分析対象のビジネス環境が、自社にとって外的要因からみて「機会」（Opportunity）と「脅威」（Threat）にあたるのか、さらに、内的要因からみて、自社の「強み」（Strength）と「弱み」

(Weakness) にあたるのかを分けて洗い出すところから始まる。

　発見した機会と脅威、強みと弱みを自社のマーケティング戦略のなかで有効に活用するためには、競合他社と比較して自社の実力を適確に把握することが重要で、その結果、物流業界における自社の地位（ポジショニング）や荷主の評価などを的確に把握することができる。

　成熟した市場では、ソフト面や付加価値による競合他社との差別化を図ることが難しい旧態然とした物流事業者は、コストを無視した値下げと価格転嫁できない過剰サービスによる勝負しかできないため、「負け犬」となる。そこで、無駄を省き、荷主を満足させ、高い利益を確保するための第一歩として、SWOT 分析が有効な手段となる。

　なお、SWOT 分析で注意すべき点は、漠然と分析を始めないことである。何のために分析するのか、その目的を明確にすることで、洗い出す情報の種類や重要度が自ずと見えてこよう。

(1)「機会」と「脅威」とは何か

　まず、外的要因である「機会」と「脅威」を洗い出すためには、ミクロとマクロの双方の視点から見極めることが重要である。ミクロ環境に基づく分析では、顧客および競合他社の動きがポイントとなる。

　顧客については、その経営戦略や業績についてはもちろんだが、どのようなタイプの物流事業者から最も影響を受けているか、また、どのような物流事業者に最も興味をもっているかといった要因を探ることで、物流サービス・価格・営業・現場・コミュニケーションといったマーケティング変数に加えて、顧客をとりまく経済的・技術的・政治的・社会的環境要因を理解することができる。競合については、経営戦略や業績、投資状況、サービス内容など、分析の目的に沿った情報を収集する。

　マクロ分析では、景気等の経済的・技術的・法律的（法改正や規制緩和・撤廃）環境要因等を把握することがポイントである。

(2) 自社の「強み」と「弱み」とは何か

　自社の「強み」を知るための第一歩は、業界内における自社の総体的なポジションを知ることである。具体的には、現在受注しているサービスを通して、①何が荷主を満足させ、②なぜ荷主が起用してくれているのか、③荷主に自信

をもって提供できる自社の強み（武器）は何か、などを知ることである。さらに、
① その強み（武器）をさらに強化するためには何が必要か
② 弱みのために失っているものは何か
③ なぜ起用してもらえないのか
④ なぜ失注した（顧客から切られた）のか
⑤ なぜ見積もりコンペに敗れたのか
⑥ なぜクレームが発生したのか

などを分析して、「弱み」を「強み」に変えることが大事である。

その際、最低限検討すべき項目としては、提案力・情報収集力・情報開発力・財務力・現場力・ネットワーク力・人材力（人材育成）・組織力（営業体制を含む）・営業姿勢（意欲）力・ITによるDX構築力・クレーム処理能力（対処力を含む）・情報共有力等が重要となってくる。

(3) クロス分析と戦略オプションの策定

次に、これらを整理した自社をとりまく環境の「機会」と「脅威」、自社の「強み」と「弱み」の4つの組合わせを分析し、今後進めるべき方向性を検討する。そのために、「機会」「脅威」と「強み」「弱み」それぞれを掛け合わせた図11-7のようなマトリックスを作成して考察する。なお、分析の目的によっては、すべてを実施する必要はなく、重点ポイントのみに注力すべきである。

① 機会 × 強み

自社の強みで取り込める事業機会の創出を検討する。積極的に攻めるべき分野である。

② 機会 × 弱み

自社の弱みで事業機会を取りこぼさないための対策を検討する分野である。段階的な施策が必要となる。

③ 脅威 × 強み

自社の強みで脅威による悪影響を回避するために取り組むべきことを検討する分野である。場合により、事業機会の創出も検討する。

④ 脅威 × 弱み

自社の弱みと脅威という最悪の組合わせのため、回避するべき策の検討が難しい分野である。防御策または撤退を検討すべき分野である。

図11-8 SWOT分析
(出所：筆者作成)

　以上を検討・議論することで、問題点や課題が明らかになり、新たに実施すべきこと・改善することが見えてくる。そして、これらの解決策を探り出すことができれば、そこにSWOT分析を実施した価値が生まれてくる。
　SWOT分析の最終目的は、自社の物流サービスが顧客にとって本当に役立っているのか、また、なぜ起用してくれているのか、さらに今後起用してくれる可能性のある顧客はどれだけいるのか、そのための荷主の要望と課題は何なのか等を探り出すことを通して、①競合他社との差別化を図って自社の強み（武器）を生かして、②将来にわたって収益性が高く、③自社の将来にとって存立基盤となる荷主や業種を探し出すことである。これができれば、SWOT分析は成功した、といえよう。ただし、この際の重要なポイントは、自社の「強み」を活用して、荷主の要望や課題を解決してやることのできるマッチング・ポイントを見出せるか否か、である。さらに、SWOT分析で肝心なのは、自社内だけの一方的な評価（思い込み）のみにとどめ、競合他社との相対的比較を怠った場合、その結果が荷主とのミス・マッチングにつながる大きな要因となる可能性があることである。その一因としては、担当者等の経営戦略に対する認識の甘さ、レベル・熱意の低さ、情報収集力と分析力の欠如などを挙げる

ことができよう。

11.9　サービス・マーケティングの目的

　物流事業者の多くは、マーケティングというと、潜在市場のターゲッティング・セグメンテーション・SWOT 分析などを通して、潜在市場を探り、自社のポジショニング・強み・弱みなどを知ることで新規顧客を掘り起こし、売上・利益の増大を図ることだ、と考えがちである。しかし、これだけでは目先の利益を追求しているだけで、マーケティング本来の目的を 100％活用したとは言い切れない。サービス・マーケティングの本来の目的は、顧客ニーズを的確に把握して、物流サービスを通してニーズを満たすことで顧客満足度（CS）を高めて顧客との信頼関係を構築することで、長期にわたって顧客保持を図ることである。また、サービス・マーケティングの管理・運営に際しては、既存の経済活動だけでなく、企業の CSR の視点から、環境・人権問題や社会問題（福祉・労働問題等）なども加味したマーケティング戦略を考えることが重要である。

　最後に、生き残りをかけた企業間の競争がますます激化するなかで、CS や CSR に基づく物流サービスを通して既存顧客と長期的な信頼関係を構築することが最も重要である。

　マーケティングの対象には有形財と無形財があるが、仕組みは違っても考え方の基本は同じである。今後、マーケティング思考はますます大事になるといえよう。

第12章　標準化のグローバル展開とデジタル化動向

　現代は、ロジスティクス4.0の時代といわれている。一般的に「物流の装置産業化」の時代ともいわれており、倉庫ロボットや自動運転などの普及、AIによる省人化が進展するとともに、サプライチェーン全体で物流機能がつながることでの標準化も進展している時代と考えられている（図12-1）。

　しかしながらわが国では、倉庫ロボットや自動運転などの普及やAIによる省人化については注目を集めているものの、サプライチェーン全体での物流機能の連携による標準化についてはほとんど進んでおらず、日本のロジスティクス関係者が見ているロジスティクス4.0の絵は、欧米のロジスティクス関係者が見ている絵とは異なるのではないかとも思われる。

　実は欧米では、図12-1で示したとおり、サプライチェーン全体での物流機能の連携による標準化は、ロジスティクス2.0の時代のユニットロード化と呼ばれるトレーラー、コンテナ、パレット等輸送容器・デバイスの標準化、その後のロジスティクス3.0の時代のデータ形式、コード体系の標準化という形をとって20世紀の半ばから始まっていたのである。

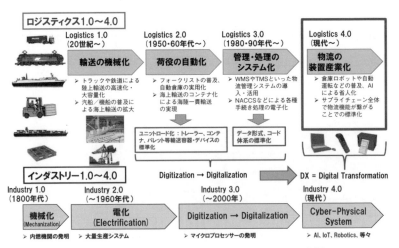

図12-1　ロジスティクスにおけるイノベーションの変遷
（出所：小野塚征志（2019）『ロジスティクス4.0』日本経済出版社、図表0-1、Turan Paksoy et.al（2020）"Logistics 4.0"等をもとにNX総合研究所作成）

国際間貨物輸送に極めて関係の深いこの2つの標準化は、日本では機械化・自動化・システム化・電子化と捉えられ、「標準化」という本質については、残念ながら十分に理解され推進されたとはいいがたいであろう。

そこで本章では、欧米における標準化の展開過程とそのグローバル展開に焦点を当てるとともに、それを背景とした国際間貨物輸送のデジタル化動向について述べていくこととする。

12.1　標準化のグローバル展開

日本では一般的に、ロジスティクスは経営戦略の一環と認識されることが多く、標準化（Standardization）ではなく、個々の荷主のニーズに適したテーラーメイドな物流を構築することが、ロジスティクスの本来の役割であると考える傾向があると思われる。そのような Customization 中心のロジスティクスは、一見正しいように思えるが、全体最適よりも個別最適に向かいやすく、日本の物流の低い生産性の一因になっているという見方もできる。

そこで本節では、欧米を中心とするグローバルな標準化に焦点を当てて、それがロジスティクスに与えた影響について考察を進めていくこととする。

12.1.1　オペレーションの標準化としてのユニットロード化の展開

一般的にユニットロード化は、「貨物を機械器具による荷役に適するよう標準化された単位にまとめて梱包して輸送・保管すること」と定義されており、具体的には貨物をコンテナやパレット単位にまとめて輸送・荷役・保管することと考えられている。

そこで、ユニットロード化を作業・オペレーションの標準化の一環と位置付け、それがどのように進展し、ロジスティクスにどのような影響を与えてきたか、表 12-1 の年表に沿って述べていくこととする。

(1) 米国のユニットロード化

20世紀初めの米国では、工業製品の荷役は主として手作業で行われていた。しかし、第一次世界大戦中にパレットの利用が開始され、荷役作業が飛躍的に効率化された。1920年代になると、木製パレットの規格が統一され、パレットによるユニットロード化が始まった。

表 12-1　ユニットロード化の歴史年表（その１）

時　期	トレーラー	コンテナ	パレット
1898年	(米国) アレキサンダー・ウィントン、セミトラックとトラクター・トレーラーのコンビネーション"AutomobileHauler"を発明。		
1914年	(米国) デトロイトの鍛冶職人兼馬車職人であるオーガスト・チャールズ・フルハーフ、地元の製材業者の注文によりT型フォードで牽引できるトレーラーを製作する。		
1915年			(米国) 最初のフォークリフト（ローリフト）発明。底板のないスキッドの利用開始。
1918年	(米国) オーガスト・チャールズ・フルハーフ、フルハーフ・トレーラー社設立、トレーラーの生産に乗り出す。		
1925年			(米国) スキッドに底板を取り付けたパレットが誕生。積み上げが可能となる。 (米国) ハワードT.ハロウェル、「リフトトラック・プラットフォーム」とよばれるパレットの特許を初めて取得。
1927年		(欧州) ロンドン・ミッドランド・スコットランド鉄道がコンテナ3,000個を運送。	
1920年代		(米国) ペンシルバニア鉄道、スチール製小型コンテナ導入。	
1932年	(米国) ワシントン州スポーケンのブラウン・インダストリーズ、トレーラーの生産開始。		
1933年		(欧州) フランス国鉄をはじめとする各国の鉄道、ヨーロッパにおける国際コンテナ貨物の取扱いについて協議するため国際コンテナ協会（ICB）を発足。	
1939年			(米国) ジョージ・レイモンド、新型フォークリフトのデザインに合わせたパレットの特許取得。
1930年代	(米国) 道路運送がトラック輸送からトレーラー輸送に移り変わる時代。		
1945年			(米国) ロバート・ブラウン、4方向パレットの特許取得。 (米国) ノーマン・カーナーズ、使い捨てパレットの特許取得。
1948年		(米国) 米軍が小型のスチール製コンテナ（コネックス・ボックス）を私物の運搬に使用開始。	
1949年		(米国) ブラウン・インダストリーズ、長さ30'（約9m）の内航船の甲板に2段積みが可能、かつトラックが牽引するシャーシに積むことも可能なアルミ製の世界初の海上コンテナを設計。	
1940年代			(米国) 48"×48"（1,219mm×1,219mm）型パレットが、米国および同盟国間で標準パレットとなる。
1950年代前半	(米国) トレーラーを平台貨車で鉄道輸送するサービス、「ピギーバック輸送」登場。		
1956年4月26日		(米国) パンアトランティック海運、ニュージャージー州ニューアーク港で、老朽T2型タンカー"アイデアルx号"に58個のアルミ製コンテナ積み込みの上、ヒューストン向けに出荷。	
1956年5月		(米国) パンアトランティック海運、「シーランド」の名称でコンテナ輸送サービスを開始、ニューアーク〜ヒューストン間を週一回往復（4月から12月まで44往復）。	
1956年秋		(米国) シーランド、35'コンテナ（ニュージャージーの母港へ向かうハイウェイで認められた最大サイズ）226個のセル方式を採用。コンテナとシャーシにはツイスト・ロック方式採用。並行して、ガントリー・クレーンも開発。	

表 12-1　ユニットロード化の歴史年表（その２）

時期	トレーラー	コンテナ	パレット
1957年	（米国）トレーラートレイン社、40'トレーラー2台を積める85'の大型貨車を導入。		
1959年		（米国）第五荷役機械委員会（MH5）、コンテナの長さにつき12'と24'、17'と35'、20'と40'と決定。	
1959年 4月		（米国）米海事管理局（MARAD）の規格委員会、MH5が「規格」と認めた6通りの長さを調査の上承認。一方、高さについては8'と決定。	
1950年代			（米国）北米におけるトラック輸送の発展にもとづき、トレーラーのサイズに合わせて48"×40"（1,016mm×1,219mm）型のパレットが開発される。
1961年			（欧州）欧州の鉄道会社、国際鉄道連合（UIC）の講演のもと、パレットの標準化に乗り出す。
1961年 4月14日		（米国）全米企画協会（ASA）、長さ10'、20'、30'、40'のコンテナのみを規格品とすることを決定。	
1964年		（国際）国際標準化機構（ISO）第104技術委員会、幅8'、高さ8'、長さ10'、20'、30'、40'のサイズをISO規格として認める。	
1966年		（米国）全米企画協会（ASA）第5荷役機械委員会（MH5）、8'6"の高さを認める。	
1968年		（米国）軍事海上輸送部（MSTS）、コネックス・ボックスを廃止し、商業用20'コンテナを採用。 （国際）国際標準化機構（ISO）、ISO668、ISO790で20'コンテナと40'コンテナを標準コンテナとして規定。	（カナダ）カナダの複数の食品会社が、48"×40"（1,016mm×1,219mm）型4方向パレットを標準パレットとする。
1960年代			（米国）米国食品製造業協会（GMA：Grocery Manufacturers Association）、48"×40"（1,016mm×1,219mm）型4方向パレットを標準パレットとする。
1970年		（国際）国際標準化機構（ISO）、ISO1897でコンテナに関する全規格の草案を発表。	
1970年代後半	（米国）地上から13'6"の高さのトレーラー（コンテナ部分の高さ9'6"）が普及。		
1977年			（カナダ）カナダ・パレット評議会（CPC：Canadian PalletConcil）が発足。
1980年代前半	（米国）45'トレーラーが普及。		
1983年	（米国）48'までの長さのトレーラーの通行が認められる。		
1991年			（欧州）欧州パレット協会（EPAL：TheEuropean Pallet Association）発足。
1993年		（国際）長さ40'、高さ9'6"のコンテナがISO規格化。	
1990年代	（米国）米国で53'までの長さのトレーラーの通行が認められる。		（欧州）欧州パレット協会（EPAL）、コンテナ輸送のグローバル化を踏まえて、欧州オリジナルの800mm×1,200mm（31-1/2"×47-1/4"）型EUR-1パレットに続いて、1,200mm×1,000mm（47-1/4"×39-1/3"）型パレットを標準パレットEUR-2、EUR-3として認定。
2005年		（国際）長さ45'、高さ9'6"のコンテナがISO規格化。	

（出所：マルク・レビンソン（2019）『コンテナ物語』日経BP、大宮日出夫（1975）『シーランド物語』日本コンテナ新聞社等をもとにNX総合研究所作成）

1930年代になると、コンテナの利用が開始され、当初鉄道輸送に用いられていたコンテナは、1950年代にはトラック輸送や船舶輸送にも導入された。物流の効率化が進むとともに、荷役作業の機械化も始まり、ユニットロード化がさらに加速した。1960年代には、規格化されたパレットの再利用が進み、パレットプールが設立され、複数の企業が共同でパレットを使用し、再利用することで、廃棄物の削減と物流コストの削減を実現した。

　自動搬送システムや倉庫管理システム（WMS：Warehouse Management System）が普及し始めた1980年代には、商品の自動搬送や在庫管理を通じて物流の効率化が実現した。また、この時期には、バーコードスキャナーも普及し、貨物の追跡・管理も盛んに行われるようになった。

　2000年代には、物流においても環境負荷の軽減が重視されるようになり、リサイクル可能な材料の梱包材や、再利用可能な容器・パレットの使用が普及し、その標準化と並行して、中古パレット市場も形成された。

　2010年代には、IoT技術の導入が進み、物流の自動化や追跡がより効率的に行われるようになった。また、RFIDタグの標準化も進み、商品やパレットにRFIDタグを取り付けることで、貨物の追跡や在庫管理がさらに容易になった。

　2020年代の現在でも、環境に配慮した物流システムの標準化が引き続き進行中である。持続可能な物流システムに必要な規格や認証が策定され、企業がより環境に配慮した物流を実現するための枠組みがさらに整備されつつある。

（2）欧州のユニットロード化

　1960年代の欧州では、木材の輸送に使用されるパレットで、ユニットロード化が開始されたが、その時点ではまだパレットは標準化されていなかった。

　1970年代に入ると、欧州経済共同体（EEC）が、ユニットロードの調査研究のための専門家グループを設立し、標準化されたユニットロード・デバイスの開発に関する調査研究を開始した。この調査研究を通じて、現在ではヨーロッパで一般化しているEURパレット（ユーロパレット）が開発された。

　1980年代には、標準化されたユニットロード・デバイスの使用の一般化が進み始め、この時期に標準化されたパレットに加えて、コンテナなど、他のユニットロード・デバイスも普及し始める。

　1990年代に入ると、物流部門における標準化の重要性を認識した欧州委員会が、多数の標準化関連法律を採択した。物流部門における標準化が推進され

たことにより、物流の効率化が進み、標準化されたユニットロード・デバイスの利用がより一般化した。

2000年代には、標準化されたユニットロード・デバイスの利用がEU全体に拡大し、新しい標準パレットが開発されて一般的に利用されるようになるとともに、コンテナの標準化も進み、より多くの貨物がユニットロード輸送されるようになった。

2010年代以降、標準化されたユニットロード・デバイスの利用が欧州全体で一般的になり、ユニットロードの追跡や視認性を高めるための技術も開発され、より効率的な物流が実現した。

(3) 欧米のユニットロード化が実現したもの

トレーラーがシャーシから離れて四角い箱になったコンテナは、鉄道や船舶に容易に積載することが可能となり、それら多様な輸送モードを利用した大量幹線輸送が可能となった。また、コンテナのサイズ・仕様の標準化により、ガントリークレーン、トランスファークレーン、ストラドルキャリア等のコンテナ荷役機器も標準化された結果、港湾や鉄道ターミナルにおけるコンテナの荷役作業が標準化され、作業効率が格段に向上した。

加えて、コンテナやトレーラーのサイズ・仕様の標準化に基づくパレットサイズの標準化により、コンテナやトレーラーの積み卸し荷役作業も標準化され、工場・倉庫・物流センターにおける作業効率も格段に向上した。

さらに、コンテナやトレーラーの配達先や引取り先での台切り（Drop & Pull）により、ドライバーが手待ち時間や荷役作業から解放され、貨物輸送に専念することが可能となった。

12.1.2 物流におけるデータ形式、コード体系の標準化とデータ連携

これまで述べてきたように、ユニットロード化を通じた作業・オペレーションの標準化が、バーコードスキャナーの普及の進展に伴い、物流の追跡・管理等を通じて、データ形式やコード体系の標準化、そして産業横断的なデータ連携につながってきた。これが現在におけるデジタル化の潮流、そしてその後のDXの潮流を形成していくことになる。

そこで、データ形式やコード体系の標準化がどのように進展し、物流にどのような影響を与えてきたか、表12-2の年表に沿って述べていくこととする。

表 12-2　データ形式、コード体系の歴史年表

時 期	データ	コード
1968 年	（米国）自動車業界および鉄道業界の電子文書交換の標準化をめざして米国運輸データ調整委員会（TDCC：the United States Transportation Data Coordinating Committee）が設立。	
1969 年		（米国）店舗でのチェックアウトプロセスをスピードアップする方法を模索していた米国の小売業界、統一食品識別コードを模索する臨時委員会を設立。
1973 年		（米国）同委員会、統一製品コード（UPC：Uniform Product Code）を、製品識別のための最初の統一標準として選択。
1974 年		（米国）統一製品コード（UPC）を管理するために統一コード評議会（UCC：Uniform Code Council）が設立。
1974 年 6 月 26 日		（米国）リグレーのチューインガム・パック、店舗でスキャンされる UPC バーコード付きの最初の製品となる。
1977 年		（欧州）欧州商品番号協会（EAN：European Article Numbering Association）がブリュッセルに設立、12 か国から創設メンバーが参加。
1979 年	（米国）EDI 標準化団体（ANSI：American National Standards Institute）、EDI 標準 ANSI ASC X12 を開発。	
1983 年	（米国）統一コード評議会（UCC：Uniform Code Council）、電子データ交換（EDI：Electronic Data Interchange）標準の取組開始。	
1986 年	（米国）自主業際商取引標準化協会（VICS：Voluntary Interindustry Commerce Standards Association）、製造スケジュールと需要変動への対応の改善をめざし、大手消費財メーカーと小売企業多数により発足。	
1986 年後半	（米国）VICS、ANSI ASC X12 に準拠した小売業界の電子データ交換標準の確立・維持を目指し、EDI 標準保守委員会を設立。	
1990 年		（米国・欧州）EAN と UCC がグローバルな協力協定に署名、両協会メンバー合計 45 か国に拡大。
1995 年	（米国）ウォールマートとマサチューセッツ州ケンブリッジのソフトウェア開発会社ベンチマーキング・パートナーズ、CFAR：Collaborative Forecasting and Replenishment プロジェクトを立ち上げ。	
1996 年	（米国）ベンチマーキング・パートナーズは、ウォールマート、IBM、SAP、および Manugistics の資金援助を受けて、ソフトウェアとしての CFAR を開発し、仕様を公開するとともに、シアーズ、J.C. ペニー、ジレット等 250 社に対してブリーフィングを行う。	
1996 年 7 月 30 日	（米国）ベンチマーキング・パートナーズ、ウォールマートのサプライヤー、その他の小売業者、および UCC の幹部、CFAR のパイロットの結果をハーバード大学で開催された CFAR 業界セッションで公表。続いて、ベンチマーキング・パートナーズ、CFAR を VICS に提示。VICS、CFAR を国際標準として展開する準備をすべく業界委員会を設立するとともに、名称を Collaborative Planning, Forecasting and Replenishment(CPFR) に変更。	
1998 年	（米国）統一コード評議会（UCC）、グローバルデータ同期（Global Data Synchronization）と UCCnet を導入。 （米国）VICS、CPFR のガイドラインを公表。	
1999 年		（米国・欧州）EAN と UCC、Auto-ID センターを立ち上げ、RFID に使用できる標準電子製品コード（EPC：Electronic Product Code）を開発。
2003 年		（米国）UCC、EPCglobal US の立ち上げ。
2004 年	（米国・欧州）EAN と UCC、取引先が製品マスターデータを効率的に交換するグローバルなインターネットベースの先駆けとなるグローバルデータ同期ネットワーク（GDSN：Global Data Synchronization Network）を立ち上げる。	
2005 年	（米国・欧州）EAN と UCC の加盟国は 90 か国以上となり、両社はグローバルな標準システムを提供する組織という意味を込めた GS1 という名称を使用開始。 （米国・欧州）UCC の UCCnet と EAN の Transora、統合の上 1SYNC データプールを形成。	
2007 年	（中国）VICS、北京にアジア太平洋地域支部として「VICS Asia Pacific」を設立。	
2010 年		（米国）米国の医療業界向けに確立された GS1 グローバルロケーション番号（GLN：Global Location Numbers）の稼働開始。
2011 年		（米国）米国の小売店業界向けに確立されたクーポン用 GS1DataBar® の稼働開始。
2012 年 9 月 10 日	（米国）複数の業界のサプライチェーンにまたがる米国の二大標準化組織である GS1US と VICS：Voluntary Interindustry Commerce Solutions Association が事業統合。	

（注）CPFR：米国の標準化機構 VICS の提唱するビジネスプラクティス。メーカーと小売店が在庫削減や欠品防止のために協力し、それぞれが出した商品の需要予測結果を持ち寄っての確にに在庫を補充していく取組み。共同で（Collaborative）計画（Planning）や予測（Forecasting）をし、それに基づいて在庫を補充（Replenishment）する。
（出所：アビームコンサルティング調査レポート等をもとに、NX 総合研究所作成）

(1) データ形式、コード体系の標準化の展開

バーコードを含むコード体系については、米国では UCC（Uniform Code Council）が、欧州では EAN 協会（European Article Numbering Association）がそれぞれ標準化を推進してきた。1990 年に UCC と EAN がグローバルな協力協定を締結したことにより、先進 45 か国においてコード体系の標準化が進んでいくことになる。

データ形式については、米国において EDI 標準化団体 ANSI（American National Standards Institute）が、1979 年に EDI 標準 ANSI ASC X12 を開発した。1986 年には、製造スケジュールと需要変動への対応の改善をめざし、大手消費財メーカーと多くの小売企業により発足した自主業際商取引標準化協会（VICS：Voluntary Inter-industry Commerce Standards Association）が、ANSI ASC X12 に準拠する小売業界の電子データ交換標準の確立・維持を目指し、EDI 標準保守委員会を設立した。

一方、UCC も、1983 年に電子データ交換（EDI：Electronic Data Interchange）標準の取組みを開始し、1998 年にはグローバルデータ同期化（Global Data Synchronization）と UCCnet を導入した。さらに、2004 年に EAN と UCC は、取引先同士が製品マスターデータを効率的に交換するグローバルなインターネットベースの先駆けとなるグローバルデータ同期ネットワーク（GDSN：Global Data Synchronization Network）を立ち上げた。

その翌年の 2005 年には、EAN と UCC の加盟国が 90 か国以上となったのを機に両者は、グローバルな標準システムを提供する組織という意味を込めた GS1 という名称を使用開始した。

(2) 欧米のデータ形式、コード体系の標準化とデータ連携が実現したもの

データ形式、コード体系を標準化することにより、企業間・業界内・業界横断的な情報の共有化が可能となった。それにより、企業・業界の枠を超えたサプライチェーン・プロセスの標準化・最適化が実現した。

さらに、それらが実現したことにより、業界内のみならず業界横断的なコラボレーションの実現が可能となり、かつ新規取引先とのビジネス展開も格段に容易になった。

そして、下記の CPFR（Collaborative Planning, Forecasting and Replenishment）活動のように、パートナー間で需要と供給に関する情報を共有し、協働して需

給予測を行うことによるサプライチェーン全体の最適化が可能となったのである。

(3) 米国における CPFR の展開

CPFR は、情報共有を基盤とした需要予測と補充計画の最適化手法であり、サプライチェーンにおいて生産量や在庫の最適化、顧客サービスの向上などが実現され、企業の収益や顧客満足度の向上につながると考えられている。主な特徴として、協働的な計画、予測精度の向上、補充の最適化、リードタイムの短縮、情報の視認性が挙げられる。

1990 年代初頭に VICS により概念が形成され、1998 年に詳細が公開された CPFR は、2000 年代初頭に普及し、2010 年代初頭に改良と新しい用途への活用が始まった。その後、2013 年に GS1 が標準化を推進し、2015 年にオムニチャネル戦略に活用され、2017 年にブロックチェーン技術と組み合わせられた。2020 年代には新型コロナウイルス感染拡大におけるサプライチェーンのリスクマネジメントに活用されている。

CPFR により、小売業者とメーカーが POS データ、販売予測、在庫情報、製造計画、物流情報を共有することで、需要予測の正確性、欠品リスクの低減、在庫コストの削減、生産量の最適化、リードタイムの短縮、在庫管理の効率化などが推進されている。

また、WMS が管理する在庫情報を CPFR に提供し、CPFR が提供する需要予測情報を WMS に反映することで在庫レベルの最適化、加えて補充情報や物流情報を WMS や TMS が CPFR に提供することにより、正確な補充計画や物流計画の策定・最適化にもつながっているとみられる。

(4) EU が推進する GAIA-X

GAIA-X は、欧州のデジタル主権を確保するために設立されたデータインフラストラクチャーで、信頼性の高い、安全で透明性のあるデータスペースを構築することを目的としている。データスペースとは、国や企業といった組織の枠を超えたインターネット上の活動空間のことで、サプライチェーンに関わる情報等のさまざまなデータが交換、共有される場を意味する新しい概念である。

GAIA-X は、ドイツとフランスの産業大臣の発案で始まったデータインフラストラクチャーで、EU、欧州各国の政府、そして民間企業のコンソーシアム

によって2020年に共同設立された。GAIA-Xはオープンで中立的なデータスペースを提供し、プライバシーやセキュリティの保護が重視されている。

2021年には欧州データシェアリングパートナーシップを発表し、さまざまな業種で利用されることを想定した最初のバージョンがリリースされた。2022年に8つの新しいワーキンググループを発足させ、データの流通や共有をより安全にするための新しいセキュリティ規格を発表している。

欧州の企業や政府機関がGAIA-Xを利用して、自社がもつデータを安全かつ効率的に共有することが想定されている。たとえば、製造業者が生産ラインから得られるデータを次に述べるIDSコネクターを通じて企業間で交換し、小売業者が在庫管理や発注処理を行うことができる。ただし、GAIA-Xは自主的なプロジェクトであるため、各企業や組織が自主的に参加し、データの共有・連携を検討する必要がある。

GAIA-Xの基盤を利用することで、WMS／TMSに蓄積されたデータを他の企業や機関と安全に共有できる。データの所有権は各企業が保持し、必要に応じて共有できるようになるため、ビジネスの拡大やイノベーションが促進される。ただし、GAIA-Xはまだ開発途上のプロジェクトであり、実際のデータ連携がどのように実現されるかは今後の展開によって変わる可能性がある。

GAIA-XとGS1は、データ流通を促進するために設立された組織として共通の目的をもち、相互に協力することで、より効果的なデータ共有インフラストラクチャーを構築する方向に進むとみられている。両組織は、データ交換に関する標準化やセキュリティ対策に関する協力を行い、データ標準化やセキュリティの観点から相互に協力し、より信頼性の高い、効率的なデータ共有インフラストラクチャーの構築を目指しているとみられる。

(5) ドイツが主導するIDS

IDS（International Data Spaces）はデータ所有権、セキュリティ、プライバシーの問題を解決するために設計された仕組みであり、異なるデータプロバイダー間で安全かつ信頼性の高い方法でデータを共有することを目的としている。IDSは、製造業界や健康保険業界など、異なる業界やアプリケーションで使用でき、IDSアーキテクチャ、コンポーネント、認証および権限管理、データマーケットプレイスから構成されている。

ドイツの産業界がIDSのアイデアを生み出し、2015年にIDSA（International

Data Spaces Association）が設立され、2016年に最初のバージョンがリリースされた。2019年には第2版がリリースされ、2020年にはISO／IEC JTC1の一部として、情報セキュリティマネジメントに関するガイドラインやクラウドサービスのセキュリティとプライバシーの要件のガイドラインに組み込まれた。

IDSを使用することで、製造データ、ログデータ、センサーデータ、顧客データなど、異なる組織間でデータを交換できるとされており、共有されたデータは、製品の品質管理、トラブルシューティング、ビジネスプロセスの改善、コンプライアンスの監視、設備の管理や監視、顧客に対してよりパーソナライズされたサービスの提供など、さまざまな目的に使用されている。

WMS／TMSシステムからIDS上で輸送情報や在庫情報、輸送状況データを共有することで、異なる組織間での情報共有や効率的な在庫管理、輸送プロセスの追跡・調整が可能になり、共有されたデータを基にした予測分析により、将来の需要予測や最適化に役立つことが期待されている。

なお、GAIA-XやIDSアーキテクチャに準拠したデータ連携基盤（データスペース）が産業別に次々に構築されている。物流分野のデータスペース構築はオランダが主導しており、2021年に設立されiSHAREの機能を拡大させかつ国際標準に準拠したDLDS（Dutch Logistics Data Space）の開発が現在進行中である。

（6）英国が主導するproductDNA

productDNAは、英国の小売業者やサプライヤー、メーカーなどが参加し、製品情報を共有するための包括的なデータベースであり、GS1が技術基盤を提供し、規格を定めている。これにより、製品情報を正確かつ迅速に入手し、在庫管理、販売、マーケティングなどの業務をより効果的に行うことが可能となる。GS1 UKは、業界内でのコミュニケーションを促進するために、関連するイベントやワークショップを開催し、productDNAの普及を図っている。

また、GS1 UKは2015年に製品データの標準化に向けたプロジェクトチームを立ち上げ、2016年にはproductDNAの最初の概要が公開された。さらに2018年には最初のバージョンが発表され、小売業者やサプライヤー、メーカーなどの業界関係者によるパイロットプロジェクトが開始された。2019年にはproductDNAの利用拡大のため、トレーニングプログラムが提供され、2020年にはデジタル化の需要が高まったことから、productDNAの導入をさらに推進

するための取組みが開始された。

productDNA では、製品情報、価格情報、在庫情報、配送情報を共有することで、小売業者は製品管理や在庫管理を正確かつ効率的に行うことができ、製造業者は製品情報の管理を一元化できるとされている。また、価格情報の共有により、小売業者は正確な価格設定やプロモーション計画が立てられ、製造業者は価格設定に関するコミュニケーションのコストを削減することが可能となる。在庫情報の共有により需要に応じて補充が、また配送情報の共有により製品の流通状況を把握し、受取の準備が可能になるといわれている。

製造業者が製品情報を productDNA に登録することにより、小売業者や物流業者が製品名、ブランド、製品番号、重量、寸法、原材料、食品などの栄養成分、カロリー、アレルギー情報、消費期限などの情報が参照可能となっている。また、小売業者が製造業者に発注する際の注文情報や、製造業者が受注する際の受注情報、物流事業者が商品を配送する際の配送情報も登録され、関係者が参照できるようになっている。

12.1.3　標準化のグローバル展開において日本が取るべき進路

これまで述べてきたとおり、欧米では、作業・オペレーションにおいても、データ連携においても、各業界内はもちろんのこと業界横断的に、しかも最終的にはグローバルなレベルにまで拡げることをゴールに置いて標準化が行われてきている。それに対し日本では、残念ながら作業・オペレーションの面でも、データ連携の面でも、標準化は極めて限られたレベルでしか実施されてこなかったのが実情であろう。

欧米に比較して低いといわれている日本の物流の労働生産性を向上させるには、グローバルレベルの標準化を推進することが不可欠であろう。

12.2　国際間貨物輸送のデジタル化動向

本節では、前節で述べた標準化のグローバル展開を背景に、米国で進展した貨物輸送の規制緩和が国際間貨物輸送のデジタル化の大きな推進力となったことに注目し、米国の貨物輸送の規制緩和が貨物輸送業界に与えた変化の観点から、標準化の果実としてのデジタル化の動向と貨物業界へのIT企業の参入について述べていきたい。

12.2.1　米国内陸輸送の貨物輸送のデジタル化（Digitization）

　第8章でも触れたとおり、米国の内陸輸送は厳しく規制され、運賃・サービスの自由競争が大きく制約された時代が長らく続いたが、1970年代の後半から規制緩和（Deregulation）が漸次実施されたことに伴い、輸送業界にも競争原理・市場原理が導入された。

　特に、かつて鉄道運賃は認可制となっており、「Tariff Bureau」と呼ばれる機関の管理下で従量制の公共タリフ運賃の適用が義務付けられていた。コンテナやトレーラーの鉄道輸送についても1台当たりのボックス・レートではなく、すべての荷主に対して従量制の公共タリフ運賃が適用されていた。

　しかしながら、1980年に「Staggers Rail Act of 1980」が発効し、鉄道輸送も漸次規制緩和されることとなった。コンテナやトレーラーの鉄道輸送についても、ボックスカー（有蓋車）や生鮮品の輸送とともに個別荷主との契約運賃適用と1台当たりのボックス・レートが認められ、市場原理に基づく自由競争の時代が始まった。この規制緩和により、鉄道輸送は1980年代半ばから大きく伸長し、米国の主要輸送モードのひとつとしての地位を確立するに至った。

　コンテナ・トレーラー輸送については、ボックス・レートと契約運賃が普及するに従い、鉄道によるコンテナ・トレーラー輸送も成長・発展し、コンテナ・トレーラーの輸送に特化したブロックトレインの仕立ても拡大した。現在米国では鉄道によるコンテナ輸送の主流となっているダブルスタックトレイン（コンテナを2段重ねにして輸送する列車）も、このような状況を背景に、1980年代半ばから急速に発展・普及した。

　また、1980年に米国では「Motor Carrier Act of 1980」も発効、鉄道輸送の規制緩和と並行してトラック運送事業の規制緩和も進行し、米国の内陸輸送はコンテナ・トレーラーのインターモーダル輸送の時代に入っていった。

　そのようなトレンドが進行する1980年代の米国の鉄道輸送におけるコンテナ・トレーラーの動静管理システムでは、鉄道操車場やターミナル等の各結節点でカメラにより撮影されたコンテナ・トレーラー番号がデジタルデータとして収集され、自動的にコンテナ・トレーラーが識別されたうえで、データベースにアップロードされた。このデータベースには、コンテナ・トレーラーの出発地、目的地、現在の位置、発着時刻などの情報も含まれており、結節点を通過するたびにリアルタイムで情報が更新され、顧客や関係者は、特定のコンテナ・トレーラーの情報にリアルタイムにアクセスできるようになった。

コンテナやトレーラーという鉄の「箱」の上に表示されたアナログデータであるコンテナ・トレーラー番号をカメラで取り込んでデジタルデータ化（Digitization）する時代の始まりである。

12.2.2　コンテナ輸送の発展に伴うロジスティクス SaaS の展開

一方、米国発着の国際間コンテナ輸送に目を向けると、1984 年に海事法（Shipping Act of 1984）が発効したことにより、海運業界でも同盟船社・盟外船社にかかわらずコンテナ 1 本当たりのボックス・レートの設定が可能となった。加えてサービス契約（Service Contract）の締結による契約運賃の適用も可能になったこと、1995 年にそれまで米国内輸送の規制を取り仕切っていた州際交通委員会（ICC：Interstate Commerce Commission）が廃止される過程のなかで、海事法を管理する連邦海事委員会（FMC：Federal Maritime Commission）が米国内輸送も含む通し輸送の規制緩和も推進し、米国発着のコンテナ輸送は大きく発展し、それに伴って欧州やアジアでもコンテナ輸送システムが広範に拡大していくことになった。

そのような状況を背景に 1990 年代後半以降、それまで船会社・鉄道会社・トラック会社ごとに個別に開発されてきたコンテナ・トレーラーの動静管理システムを統合し、輸送モードやキャリアを横断してひとつのプラットフォームでリアルタイムに動静情報が把握できるソフトウェアを提供するサービス、ロジスティクス SaaS（Software as a Service）が多数現れることになる（表 12-3）。

これらの SaaS のなかには、単にコンテナ・トレーラー単位の動静情報を提供するだけではなく、B/L 単位やオーダー単位にまで落とし込んで提供するサービス、輸送中の貨物動静のみならず WMS や OMS（Order Management System）との統合により倉庫・物流センター内の動静情報やオーダーのプロセス情報を提供するサービス、またそれらをダッシュボード化して提供するサービス等も現れている。さらに、貨物の動静情報をリアルタイムに提供するだけでなく、蓄積された過去データをもとに現在進行中の輸送の到着日時を予報するサービスも現れている。

国際間貨物輸送のデジタル化は、アナログデータのデジタルデータ化（Digitization）の時代から、作業・業務プロセスのデジタル化（Digitalization）の時代に向かって、現在進行中であると考えてよいだろう。

表 12-3　世界の主要ロジスティクス SaaS 一覧

No.	会社名	本社所在国	設立／サービス開始	H P
1	Infor Nexus	米国	1998 年	https://www.infor.com/solutions/scm/infor-nexus
2	Siemens Digital Logistics	ドイツ	1999 年	https://www.siemens-digital-logistics.com/home-en
3	CargoSmart	香港	2000 年	https://www.cargosmart.com/en-us/
4	E2open	米国	2000 年	https://www.e2open.com/
5	INTTRA	米国	2001 年	https://www.inttra.com/
6	FREIGHTOS	香港	2012 年	https://www.freightos.com/
7	Trasnporteca	デンマーク	2012 年	https://transporteca.com/
8	XENETA	ノルウェー	2012 年	https://www.xeneta.com/
9	Fourkites	米国	2014 年	https://www.fourkites.com/
10	kontainers	英国	2014 年	https://kontainers.com/
11	Project44	米国	2014 年	https://www.project44.com/
12	Skuchain	米国	2014 年	https://www.skuchain.com/
13	Shippabo(Galleon Technologies)	米国	2015 年	https://www.shippabo.com/
14	Freight Waves	米国	2016 年	https://www.fourkites.com/
15	FreightBro	インド	2016 年	http://landing.freightbro.com/
16	ItsMyCargo	ドイツ	2016 年	https://www.itsmycargo.com/

（出所：主要ロジスティクス SaaS 各社のウェブサイトをもとに NX 総合研究所作成）

12.2.3　ロジスティクスマーケットプレイスの展開

　1998 年に成立し 1999 年に発効した米国改正海事法（OSRA：Ocean Shipping Reform Act of 1998）により、従来の海事法でも規定されていた国際間利用運送業者である NVOCC と荷主に代わって輸出手配を行う Ocean Freight Forwarder が、海上運送仲介事業者（OTI：Ocean Transport Intermediary）として再定義された。

　また、従来は紙で FMC にファイル（届出）されていた船会社や NVOCC のタリフを、電子的手段によって公表することが義務付けられたことにより、米国発着の内陸輸送も含む国際間運賃データのデジタル化が急速に進むことになる。

　2005 年には、それまでは船会社と荷主の間でしか認められていなかった契約運賃が、NSA（NVOCC Service Arrangement）という契約に基づき、NVOCC と荷主の間でも認められることになり、運賃データのデジタル化はさらに進展することとなった。そのような背景のなかで現れてきたサービスが、ロジスティクスマーケットプレイスである（表 12-4）。

　それまでは、荷主が船会社や NVOCC の運賃やサービスのなかからどれかを選ぼうとした場合、個々のキャリアのウェブサイトにアクセスするか、見積もりを依頼するなどして、それらキャリアの運賃やサービスを比較しなければな

表12-4　世界の主要ロジスティクスマーケットプレイス一覧

No.	会社名	本社所在国	設立／サービス開始	HP
1	CargoSmart	香港	2000年	https://www.cargosmart.com/en-us/
2	INTTRA	米国	2001年	https://www.inttra.com/
3	FREIGHTOS	香港	2012年	https://www.freightos.com/
4	Trasnporteca	デンマーク	2012年	https://transporteca.com/
5	freight filter	英国	2013年	http://freightfilter.com/
6	eurosender	ルクセンブルグ	2014年	https://www.eurosender.com/
7	NYSHEX	英国	2014年	https://nyshex.com/
8	CoLoadX	米国	2015年	https://www.coloadx.com/
9	Shipwise	ドイツ	2015年	http://shipwise.co/
10	Andalin	インドネシア	2016年	https://www.andalin.com/
11	cogoport	インド	2016年	https://www.cogoport.com/
12	Shiplyst	インド	2017年	https://www.shiplyst.com/
13	cargo.one	ドイツ	2019年	https://www.cargo.one/

（出所：主要ロジスティクスマーケットプレイス各社のウェブサイトをもとにNX総合研究所作成）

らなかった。

　しかし、ロジスティクスマーケットプレイスでは、まるでホテル比較サイトのごとく、複数の異なるキャリアの運賃やサービスをひとつのプラットフォームの画面上で比較してみせ、さらに選択したキャリアへのブッキングまでできる機能をもつものも現れた。

　さらに、表12-3および表12-4が示すとおり、ロジスティクスSaaSを提供する企業のなかからも、ロジスティクスマーケットプレイスのサービスを提供する企業が現れ、船会社・フォワーダー・NVOCC等の貨物動静・運賃・サービス等を可視化し、さらにそれらキャリアのサービスの利用にまで統合的に導くプラットフォームが拡大していくことになる。

12.2.4　デジタルフォワーダーの出現

　2001年9月11日に発生した米国同時多発テロ事件以降、米国への大量破壊兵器等の流入防止の観点から、それまでは船会社に対してだけ義務付けられていた米国向け貨物のマニフェスト（積荷目録）データの米国税関（CBP：Customs-Border Protection）への電送が、すべての船会社・NVOCCに義務付けられた。

　これは「AMS」（24-Hour Advance Vessel Manifest Rule、24時間ルール）と呼ばれ、2002年12月2日に施行、3か月の試行期間後、2003年2月2日より

本格稼動した。当該ルールでは、すべての船会社およびNVOCCは、米国向け本船に積載されるすべての貨物に関する24項目にわたるデータを、船積みの24時間前までにCBPに電送することが求められた。

この24時間ルールは、その後北米・欧州を中心に実施国が漸次拡大し、2014年には日本と中国も実施に至り、現在では世界9か国にまで拡大している。それらの国々向けの貨物情報がデジタルデータ化され、輸出入に利用されるという時代に入ったのである。

そのような状況を背景に現れてきたのが、デジタルフォワーダーという事業形態である（表12-5）。

ここで注目すべきは、デジタルフォワーダーという事業形態における「フォワーダー」の概念が、先に述べた米国の改正海事法に規定された「Ocean Freight Forwarder」の定義「荷主に代わって、キャリアに対して貨物スペースの予約を行い、貨物の輸出・船積みに必要な書類作成および関連諸手配を行う事業者」に近く、通関処理や輸送手配等を含む輸出入の貿易事務を荷主に代わって行う事業者、すなわち日本における乙仲に近い事業者であるという点であろう。

船会社等キャリアから仕入れた輸送サービスをもとに運送責任を負って自社サービスとして荷主に販売するNVOCC事業を行う場合もあるが、必ずしもそ

表12-5 世界の主要デジタルフォワーダー一覧

No.	会社名	本社所在国	設立／サービス開始	HP
1	iContainers	スペイン	2008年	https://www.icontainers.com/
2	Hermes BorderGuru	ドイツ	2014年	https://www.hermesworld.com/int/about-us/hermes-group/borderguru/
3	Flexport	米国	2014年	https://www.flexport.com/
4	Shippabo(Galleon Technologies)	米国	2015年	https://www.shippabo.com/
5	SHIPPION.COM	ドイツ	2015年	https://www.shippion.com/
6	FREIGHT HUB	ドイツ	2016年	https://freighthub.co/
7	FREIGHT WALLA	インド	2016年	https://www.freightwalla.com/
8	InstaFreight	ドイツ	2016年	https://www.instafreight.de/en
9	Quicargo	オランダ	2016年	https://quicargo.com/
10	Shippio	日本	2016年	https://www.shippio.io/
11	SHYPPLE	オランダ	2016年	https://www.shypple.com/
12	Oversea (Forsea Technologies SAS)	フランス	2017年	https://www.ovrsea.com/en/
13	Twill	オランダ	2017年	https://www.twill.net/
14	Zencargo	英国	2017年	https://www.zencargo.com/
15	NOWPORTS	メキシコ	2018年	https://www.nowports.com/en

（出所：主要デジタルフォワーダー各社のウェブサイトをもとにNX総合研究所作成）

れには拘泥せず、荷主に代わって輸出入貿易実務を行うことに軸足を置くのが「フォワーダー」である。

従来のフォワーディング業務は、手作業・目視での確認が多かったため、転記・記載ミス、処理漏れ、手違い等がしばしば発生し、また属人的な作業が多いため、手続きや手配等の処理の品質が均一化されず、サービスレベルにバラツキが生じる傾向が強く、荷主の不安・不満が長年存在していた。

そのようなフォワーディング業務を、先端技術を駆使して事務処理をシステム的にワークフロー化させ、スピードや品質を担保できるプラットフォームを構築し、荷主に提供する事業者がデジタルフォワーダーであり、近い将来フォワーディング業界に大きなインパクトを与える可能性があると考えられる。

12.2.5 フォワーディングビジネスにおけるデジタル化の概観と展望

これまで述べてきたロジスティクスSaaS、ロジスティクスマーケットプレイス、デジタルフォワーダーにおけるデジタル化の概観を以下にとりまとめてみた（表12-6）。

表のとおり、国際間貨物輸送のデジタル化は、国や地域、船会社やNVOCCのようなキャリアの枠を超え、横断的に発展しつつある。

さらに、これまでに本節で示してきた表12-3～12-5をこの表12-6と照らし合わせると、国際間貨物輸送ビジネスにおけるデジタル化を推進している企

表12-6　国際間貨物輸送ビジネスにおけるデジタル化の概観

ビジネスモデル	プラットフォーム上での輸送サービス取引		プラットフォーム事業者の運送責任
ロジスティクスSaaS	クラウド（＝プラットフォーム）上で、キャリア、物流事業者、荷主などに対して、必要な機能、サービス、情報などを提供する		なし
ロジスティクスマーケットプレイス	多数の物流サービス販売者と、多数の物流サービス購入者が参加するオープンなプラットフォーム上で、輸送サービスの売買を仲介する		なし
	自社だけがクローズドなプラットフォーム上で、購入者と取引する	キャリアの代理としてフォワーダーや荷主に輸送サービスを販売する（事業形態：貨物代理店）売買に伴う手数料や利用料は販売者から徴収	なし
デジタルフォワーダー		キャリアと荷主の輸送サービスの売買を仲介（事業形態：取次業、ブローカー）売買に伴う手数料や利用料は購入者から徴収	なし※国によって必要な物流系ライセンスを保有
		キャリアから仕入れた輸送サービスを、荷主や他の物流事業者に販売する（事業形態：利用運送業、NVOCC）	あり※国によって必要な物流系ライセンスを保有

（出所：各種情報をもとにNX総合研究所作成）

表 12-7 アジア発米国向け NVOCC ベスト 25 ランキングの推移

順位	2022年 会社名	TEU (1-7月)	順位	2021年 会社名	TEU (1-8月)	順位	2020年 会社名	TEU (1-8月)	順位	2019年 会社名	TEU (1-6月)
1	Expeditors International	216,385	1	Apex Group	307,897	1	Apex Group	238,940	1	Expeditors International	160,540
2	C.H. Robinson	213,186	2	Expeditors International	288,719	2	Expeditors International	220,255	2	Apex Group	159,778
3	Apex Group	212,301	3	C.H. Robinson	273,807	3	C.H. Robinson	210,180	3	C.H. Robinson	159,080
4	Kuehne + Nagel International	188,353	4	OEC Group	236,033	4	OEC Group	185,148	4	OEC Group	149,430
5	OEC Group	167,301	5	Kuehne + Nagel International	230,914	5	Honour Lane Shipping	166,254	5	Kuehne + Nagel International	127,792
6	Honour Lane Shipping	149,033	6	Honour Lane Shipping	219,641	6	Kuehne + Nagel International	160,886	6	Honour Lane Shipping	106,659
7	Flexport	127,649	7	The Topocean Group	153,382	7	The Topocean Group	128,664	7	The Topocean Group	85,750
8	The Topocean Group	127,158	8	Hecny Shipping	120,045	8	Hecny Shipping	106,177	8	Hecny Shipping	68,895
9	DHL	100,670	9	DHL	117,720	9	DHL	75,675	9	De Well	60,837
10	De Well	92,392	10	De Well	102,935	10	China International Freight Co.	69,447	10	DHL	56,336
11	SeaMaster Logistics	87,561	11	Orient Star Transport International	100,232	11	De Well	69,290	11	DB Schenker	54,790
12	MCL Multi Container Line	80,300	12	China International Freight	98,513	12	Orient Star Transport International Ltd.	67,796	12	MCL Multi Container Line	53,217
13	China International Freight	74,865	13	SeaMaster Logistics	93,626	13	SeaMaster Logistics, Inc.	65,902	13	UPS Supply Chain Solutions Inc.	49,249
14	De Well	74,727	14	MCL Multi Container Line	90,811	14	MCL Multi Container Line	60,898	14	SeaMaster Logistics Inc.	47,252
15	DFDS Group	67,383	15	Flexport	76,811	15	UPS Supply Chain Solutions Inc.	58,795	15	China International Freight Co.	46,104
16	Safround logistics	63,435	16	UPS Supply Chain Solutions	74,538	16	Flexport	55,808	16	Orient Star Transport Intl. Ltd.	45,895
17	Orient Star Transport International	59,854	17	DFDS Group	74,193	17	DT Logistics (Hong Kong) Ltd.	55,168	17	Panalpina	44,622
18	EFL	57,412	18	EFL	62,279	18	DB Schenker	54,839	18	Translink Shipping	36,343
19	UPS Supply Chain Solutions	50,617	19	Safround logistics	61,257	19	Safround logistics	48,448	19	Pudong Prime International Logistics	33,886
20	Global Transportation	49,262	20	Cohesion Freight (H.K.)	60,583	20	DFDS Group	44,868	20	FedEx Trade Networks	32,378
21	Kintetsu World Express	48,806	21	DT Logistics (Hong Kong)	60,368	21	Pudong Prime International Logistics	39,981	21	Cohesion Freight (H.K.)	31,060
22	DB Schenker	48,166	22	Translink Shipping	57,524	22	Cohesion Freight (H.K.)	39,195	22	Kintetsu World Express	30,124
23	Pudong Prime International Logistics	46,337	23	Global Transportation	57,204	23	Translink Shipping	38,702	23	Yusen Logistics	29,907
24	Cohesion Freight (H.K.)	46,232	24	DB Schenker	55,891	24	FedEx Trade Networks Transport & Brokerage	38,454	24	Safround logistics	28,720
25	Translink Shipping	44,038	25	T3EX Global Holdings	53,292	25	Joosung Sea & Air Co.	37,115	25	DFDS Group	28,633

(出所：JOC Top 25 Asia-US import NVO rankings をもとに NX 総合研究所作成)

業の多くが、従来国際貨物輸送業界をリードしてきた大手グローバル企業ではなく、これまで物流周辺のITソリューションに取り組んできたIT企業であることに気付くであろう。

　たとえば、表12-5の3番目に登場しているFlexport（2014年設立）というデジタルフォワーダーは、2020年にアジア発米国向けNVOCCベスト25の16位に忽然と初登場し、2022年には7位に飛躍した、2023年時点で最も注目されている企業である（表12-7）。

　同社の創業者Ryan Petersen氏は、カリフォルニア大学バークレー校とコロンビア大学出身のIT系の若手経営者であり、Flexport立ち上げの前にImportGenius.comという国際間貿易のデータサービス企業を創業している。

　多くの歴史ある大手グローバル企業も、貨物動静の可視化、運賃・料金の見積もりのデジタル化・自動化、輸出入手続きのデジタル化等を推進しているが、表12-7から消えていった企業もあることに目を向ける必要があるだろう。

　一般的に伝統的な大手グローバル企業は、彼らが抱える大規模な既存ビジネスに大きく依存しているため、新しいビジネスへ進むための意思決定が遅れる傾向にあり、デジタル化を自社オペレーションの機械化・自動化・省人化を中心に考える傾向がある。

　さらに自社のサービスを営業の中心に考えるため、他社サービスを含めて荷主に客観的な選択肢を提示しない傾向もある。大手グローバル企業がこのような傾向をもち続けた場合、漸次この業界のメジャープレーヤーの世代交代が進行し、勢力図が変わっていくことになるであろう。

【参考文献】
1) 小野塚征志（2019）『ロジスティクス4.0 〜物流の創造的革新〜』日経BP
2) Turan Paksoy, Cigdem Gonul Kochan, Sadia Samar Ali（2020）"Logistics 4.0 - Digital Transformation of Supply Chain Management." CRC Press
3) マルク・レビンソン（2019）『コンテナ物語』日経BP
4) 大宮日出夫（1975）『シーランド物語』日本コンテナ新聞社
5) Alexander Winton, "Father of the Tractor Trailer", ILoca Services, 2016-11-22, https://semitrailers.net/semi-trailers/alexander-winton/ （2023年9月18日確認）
6) Truckstop, "History of the Truck", 2017-05-23, https://truckstop.com/blog/history-of-the-truck/ （2023年9月18日確認）
7) Boxwheel Trailer Leasing, "Interesting Facts About Semi Trailers and Their History", 2020-06-17, https://boxwheel.com/interesting-facts-about-semi-trailers-and-their-history/ （2023年9月18日確認）

8) Institute for Transportation, "Origins of the semi-trailer truck", Iowa State University, 2017-10-23, https://intrans.iastate.edu/news/origins-of-the-semi-trailer-truck/ （2023 年 9 月 18 日確認）
9) PartnerShip, "The Early History of Semi-Trucks", 2016-06-15, https://www.partnership.com/blog/post/the-early-history-of-semi-trucks （2023 年 9 月 18 日確認）
10) Great Western Transportation, "The History of Semi Trailer Trucks", https://www.gwtrans.com/the-history-of-semi-trailer-trucks/ （2023 年 9 月 18 日確認）
11) Aborn & Co., "The History of the Semi Truck", 2018-08-27, https://medium.com/@abornandco/the-history-of-the-semi-truck-6b6c022e7f91 （2023 年 09 月 18 日確認）
12) Discover Containers, "Shipping Container History: Boxes to Buildings", 2022-06-21, https://www.discovercontainers.com/a-complete-history-of-the-shipping-container/ （2023 年 9 月 18 日確認）
13) Container Home Association, "The History Of ISO Shipping Containers", https://containerhomeassociation.org/history-of-shipping-containers.htm （2023 年 9 月 18 日確認）
14) Judah Levine, "The History of the Shipping Container", Freightos, 2016-04-26, https://www.freightos.com/the-history-of-the-shipping-container/ （2023 年 9 月 18 日確認）
15) InBox Projects, "The History of the Shipping Container and How it Changed the World!", 2020-02-24, https://www.mobilbox.co.uk/history-shipping-container/1472 （2023 年 9 月 18 日確認）
16) インサイト / ホワイトペーパー (2010)「CPG メーカーの実態から探る日本型 SCM の将来」アビームコンサルティング, https://www.abeam.com/jp/ja/topics/insights/RR074 （2023 年 10 月 10 日確認）
17) EDI Academy, "EDI STANDARDS HISTORY", 2016-01-07, https://ediacademy.com/blog/edi-standards-4/ （2023 年 9 月 18 日確認）
18) GS1 US, "Our Mission and History", GS1 US, https://www.gs1us.org/what-we-do/about-gs1-us/mission-history （2023 年 9 月 18 日確認）
19) Association of American Railroads, "Chronology of America's Freight Railroads", 2023-09, https://www.aar.org/chronology-of-americas-freight-railroads/ （2023 年 9 月 19 日確認）
20) Federal Maritime Commission, "FMC History", 2023-09, https://www.fmc.gov/about/fmc-history/ （2024 年 7 月 10 日確認）
21) Federal Maritime Commission, "Bureau of Certification and Licensing", 2023-9, https://www.fmc.gov/about/bureaus-offices/bureau-of-certification-and-licensing/ （2024 年 7 月 10 日確認）
22) DESCARTES Datamyne, "Q2 2022 - Top U.S. NVOCCs Report", 2023-09, https://www.datamyne.com/wp-content/blogs.dir/1/files/2022/09/Top-U_S_NVOCCs-Report_Q22022.pdf （2023 年 9 月 19 日確認）

第13章　グローバル・ロジスティクスにおける管理会計の重要性

　グローバル・ロジスティクスにおいてコストとは、国際輸送費を含む輸配送費、保管・荷役費用等いわゆる物流費、通関諸費用、関税・付加価値税（日本は消費税）等である。これらの費用を把握、分析し、常に改善していかねばならないが、残念ながら国内物流費も含めて物流費を管理できていない企業は驚くほど多いのが現実である。もちろん損益計算書を作成できるレベル、言い換えると財務会計としての管理はできているが、ロジスティクス部門が分析可能なデータとして管理できていないということである。損益計算書を作成できるレベルとすれば、物流費をすべて「販売費及び一般管理費」として計上してしまえばよいが、それでは改善活動はできない。改善活動を行うには、「どこで発生した費用か」、「いつ発生した費用か」、できれば「どの商品で発生した費用か」ということが把握されないといけない。

　一方で忘れてはいけないのが在庫・棚卸資産の管理である。これには製品だけでなく原材料や中間品等も含まれ、さらには実在する在庫だけでなく輸送中の在庫＝オンレール在庫も含まれる。過剰な在庫はキャッシュフローを悪化させ損益計算書上は黒字であっても最悪の事態として黒字倒産につながりかねない。

　適切なロジスティクスコストと棚卸資産の管理には、財務会計とは別の管理の仕方が必要になる。それが「管理会計」である。

　では、どのように管理すべきか。ロールモデルはほとんど見当たらない。本章では、筆者がコンサルティング業務のなかで各企業にアドバイスしてきたことを紹介する。

13.1　企業価値を高めるためのロジスティクス管理

13.1.1　経営に求められるロジスティクス戦略

　現代の企業経営では、企業の「経営的付加価値」と「社会的付加価値」両方を向上させて企業価値を向上させなくてはいけない。企業価値の尺度とは何であろうか。株価、そして「株価×発行株式数」の時価総額である。それらを向上させるには、投資家に評価されなくてはいけない。投資家に評価されるよ

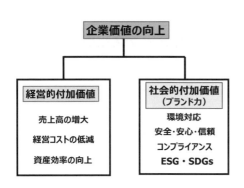

図13-1 企業価値の向上
(出所:筆者作成)

うになるには、まず、売上高を増やし、コストを削減し、リソースを有効に活用し、売上利益を増大させることで「経営的付加価値」を上げる。さらに、環境対応を適切に行い、顧客や社会から安全、安心、信頼を勝ち取り、ESG・SDGs 等にも取り組み「社会的付加価値」を向上させることが重要である。

図13-1 に示すように、これら「経営的付加価値」と「社会的付加価値」両方を自動車の両輪のように高めていかなくてはいけない。

ところで、ESG とは、企業の持続的な成長のためには「環境」「社会」「ガバナンス」を意識した経営が必要である、という考え方で、SDGs は、民主的なガバナンスと平和構築、気候変動と災害に対する強靱性のために国連開発計画 (UNDP) が国際目標として定めた 17 の目標のことである。企業は、SDGs が掲げる目標を経営戦略に組み込むことで、持続的に企業価値が向上する、という考え方である。ESG・SDGs の観点は、現在では原材料調達の面でも強く意識する必要がある。サプライヤーが人権侵害や環境破壊につながるようなことをしていないか、しっかり見張る必要がある。対応を誤ると不買運動につながりかねない。

では、「経営的付加価値」を高めるロジスティクス戦略とは何か。コストミニマムを追求するのはもちろんだが、顧客満足度を高めることにつながるロジスティクスを構築することによって売上高を向上させ、棚卸資産を最適化することで資産や資本を効率化し、経営効率を向上させること、などである。

「社会的付加価値」を向上させるロジスティクス戦略とは何か。できるだけ二酸化炭素 (CO_2) 等、温室効果ガス (GHG) を排出させない輸送手段を選択すること、輸送トンキロを減らすムダのないサプライチェーンや物流ネットワークの構築、積載効率や保管効率を高める包材設計等である。また、今後は、荷主企業も物流企業も排出している GHG を可視化することも重要になってくる。

13.1.2 財務諸表（Financial Statements）の見方

ロジスティクスの管理をするうえでは、財務諸表は読めなくてはいけない。なぜならロジスティクス改善に取り組むと財務諸表にその成果が表れるからである。また、海外に赴任した場合、特に財務・経理が専門でなくても担当する、あるいは役員として管掌することは十分あり得るので、最低限の知識はもっていないと困る。最低限の知識とは、筆者の経験からすると、公認会計士監査や本社の監査部門の監査に対応できるレベルである。

では、どのようにロジスティクス改善の取組みの成果が財務諸表上に表れるであろうか。一例としては、コストダウンできると損益計算書上の「販売費及び一般管理費」が下がり、営業利益増に貢献する。

一方で在庫削減に取り組んだ場合、財務諸表のどの部分に成果が表れるだろうか。もし、対象の商品が営業倉庫に保管されていた場合には、保管費と荷役費が下がるのでこれらも損益計算書上の「販売費及び一般管理費」が下がる。

在庫削減の場合、製品在庫にしても原材料在庫にしても「棚卸資産」なので貸借対照表の資産の部にある「棚卸資産」が減少する。

大企業だとなかなか財務諸表に現れるくらいの成果を挙げるのは難しいが、海外法人に出向するとまさに自分の働きが数字になって見えるので非常に励みになる。それぞれの財務諸表の見方を以下で簡単に解説する。

（1）損益計算書（Profit & Loss Statement：PL）

表13-1に損益計算書の例を示した。

損益計算書では、「収益（売上）－ 費用 ＝ 利益」という構造で表され、その会社や事業の収益性がわかる。「売上原価」には、原材料の購入費や工場でのエネルギー費等の「製造変動費」、製造に携わる人達の人件費や機械設備、建物の減価償却費等の「製造固定費」等が含まれる。原材料の購入で発生した物流費は「製造変動費」に入る。

営業部門や本社部門の人件費はどこに含まれるのかといえば、それらは「販売費及び一般管理費」となる。製品の販売に伴って発生した輸配送費、保管・荷役費等物流費もこのカテゴリーである。「営業外収益」は、主には余裕資金を運用して得た利益、「営業外損失」は、借入金の支払利息などが主なものである。「特別利益」、「特別損失」は、その年だけに特異的に発生した利益や損失で主には不動産の売却に伴うものである。

表 13-1　損益計算書の例

費　目	費目（英語）	内　容
売上高	Sales	商品を販売して得た金額
売上原価	Cost of Goods	商品の製造や仕入れに要した費用。製造部門の人件費も含まれる
売上総利益	Gross Profit	商品を製造した段階での儲け
販売費及び一般管理費	Sales and General Adminstration Expenses	商品を売るのに要した費用、営業部門や本社部門の人件費費用等も含まれる
営業利益	Operating Profit	営業活動によって得た儲け。いわば本業で稼いだ利益
営業外収益	Non Operating Income	受取利息等本業以外で得た儲け
営業外費用	Non Operating Expenses	支払利息等本業以外で発生した費用または損失
経常利益	Ordinary Profit	経営活動全体で稼いだ儲け
特別利益	Extraordinary Profit	土地や株の売却等、当該決算期で特異的に発生した利益
特別損失	Extraordinary Loss	災害やリストラ等により、当該決算期で特異的に発生した損失・費用
税金等調整前当期純利益	Profit before income tax	特別損益も差し引きした利益
法人税	Corporate income tax	利益に課税される税金、税率は国や州によって異なる
当期純利益	Net Profit (Profit After Tax)	最終的な儲け、ここから配当額を捻出する

（出所：筆者作成）

損益計算書上で利益が計上されているというのはもちろんよいことであるがそれだけでは企業の健全性はわからない。利益は出ているのに資金繰りに行き詰まり「黒字倒産」ということも起こり得る。後程、詳しく説明する。

(2) 貸借対照表 (Balance Sheet：B/S)

表 13-2 は貸借対照表の例である。

貸借対照表は、「資産（会社の財産）＝負債（借金）＋純資産（返済不要のお金）」で表される。「会社の財産と、その財産を手に入れるための資金をどうやって捻出したか」を示すもので、会社の健全性がわかる。左側が「資産の部」で文字どおり会社の財産で資金の使い道である。右上が「負債の部」でいわば資金の集め方を示している。銀行から借り入れる長期、短期の借入金、投資家から借り入れる社債等である。右下が「純資産の部」で「資本の部」ともいう。これは資本金である株主資本や利益の蓄積である利益剰余金等からなり返済不要の資金であり、いわゆる「自己資本」である。総資産に占める「自己資本」

の割合が自己資本比率である。自己資本比率は製造業の場合は30％くらいが目安といわれている。高い方が安全ではあるが、高すぎてもそれは資金を眠らせている状態、成長に向けての投資を行っていないと投資家に見られてしまう。

一方、会社の最終利益である当期純利益から配当を引いた分がいわゆる「内部留保」となるが、貸借対照表上は、「利益剰余金」に積まれ、株主資本および純資産は増えていく。しかし逆に赤字が続くと「利益剰余金」が減少していき遂にはマイナスになる。さらに赤字が続き、「利益剰余金」のマイナスが株主資本を上回ると最終的には「純資産」がマイナスになる。

これが「債務超過」といわれるもので、会社の資産をすべて売却しても負債が残る状態でいわば倒産状態の会社となる。キャッシュが回っている間は事業

表13-2　貸借対照表の例

【資産の部】	Assets	【負債の部】	Liabilities
流動資産	Current Assets	流動負債	Current liabilities
現預金	Cash and cash equivalent	買掛金	Accounts payable-trade
売掛金	Account recevables	短期借入金	Short term loan payable
受取手形	Notes receivable - trade	未払金	Accounts payable-other
有価証券	Marketable securities	前受金	Advanced received
棚卸資産	Inventories	その他	others
製品	Finished goods	固定負債	Fixed liabilities
半製品・中間品	Semi-finished goods	社債	Bonds payable
原材料	Raw materials	長期借入金	Long term loans payable
繰延税金資産	Deferred tax assets	負債の部合計	Liabilities Total
貸倒引当金	Allowance for doubtful accounts		
短期貸付金	Short term loans receivables	【純資産の部（資本の部）】	Net assets
その他	Other current assets		
固定資産	Fixed assests	株主資本	Shareholder's equity
有形固定資産	Tangeble assets	資本金	Capital stock
建物	Buildings	資本剰余金	Capital surplus
機械装置	Machinery and equipment	資本準備金	Legal capital surplus
工具、器具、備品	Tools, furnture and fixture	利益剰余金	Retained earnings
土地	Land	評価・換算差額等	Valuation and translaton adjustments
無形固定資産	Intangeble assests	少数株主持分	Minorty interents
のれん代	Goodwill	純資産の部合計	Net assets total
ソフトウェア	Software	負債・純資産合計	Liabiities・Net assets total
投資その他の資産	Investments and other assests		
投資有価証券	Investment securities		
関係会社株式	Stocks of subsidiaries and affiliates		
資産の部合計	Assets Total		

（出所：筆者作成）

を継続でき、倒産にはならないが、「債務超過」になると銀行は融資してくれなくなり、「貸しはがし」されるので注意が必要である。筆者は、インドネシアに駐在していたとき、長年赤字続きで倒産しそうな会社の社長をしていたので取引銀行からは「債務超過」だけは避けるように随分釘を刺された。「債務超過」が確実になったら追加出資する「増資」を行うか、海外子会社であれば「増資」か親会社からの借り入れに切り替えるかの対応が必要である。いずれにせよ、現地法人の社長にとっては非常に骨の折れる仕事である。

また、よく見張ってほしいのが左側の「資産の部」の「流動資産」のカテゴリーにある「棚卸資産」である。これは製品、中間品、原材料等の在庫金額の合計で、これと売上高や純利益とのバランスでキャッシュフローの善し悪しを判断する「棚卸資産回転日数」という管理指標がある。この左側の「資産」を使ってどれくらい効率よく稼いでいるかという「総資産利益率」（ROA：Return On Assets）という指標もある。いずれも後程詳しく説明する。

一方、比較的現金化しやすい資産である「流動資産」と短期的に返済しなくてはいけない「流動負債」のバランスもチェックポイントである。「流動資産」に対して「流動負債」が大きくなりすぎると、キャッシュフロー上不安が出てくる。（流動資産÷流動負債）×100で計算される「流動比率」を管理指標にするとよい。200％以上は「優良」、100％以下は「危険」といわれている。

(3) キャッシュフロー計算書（C/S：Cash Flow Statement）

表13-3はキャッシュフロー計算書の例である。前の期と比較して、現金がどのように動いたかを示す。まさに会社がキャッシュを生み出せているかがわかるのである。キャッシュフロー計算書では下記の3カテゴリーをしっかり押さえるのが重要である。

① 営業活動によるキャッシュフロー

当該期で本業の事業から「どれだけ現金を得られたか」を表す。健全な企業であればプラスで、大きければ大きいほどよい。逆にマイナスの場合は、事業は行っているものの現金が流出していることを意味し、これを「キャッシュドレイン」とよび、かなりまずい状態である。ただ、「キャッシュドレイン」状態の会社は、設立間もない海外法人ではよくある。当初は資本金を食いつぶして何とかなるが、しっかり稼げるようにならないと、いずれ「増資」するか「借入金の増加」ということになる。これらも現地法人の社長は本社との交渉に大

変な労力を割かれることになる。

② 投資活動によるキャッシュフロー

将来のために、どれだけ投資しているかを表す。投資すると現金は出ていくので、通常、成長している会社の場合はマイナスになる。プラスの場合は、会社が所有している土地や株等を売却して現金を得たと考えられるため、要注意である。

表 13-3　キャッシュフロー計算書の例

区　　分		金　額
I. 営業活動によるキャッシュフロー	I. Cash flows from operating activities	
税引前当期純利益	Profit before income taxes	＋・・・・・
減価償却費	Depreciation and amortization	＋・・・・・
売上債権の増加	Increase in trade and other receivables	－・・・・・
棚卸資産の増加	Increase in inventories	－・・・・・
仕入債務の増加	Increase in trade and other payables	＋・・・・・
法人税等の支払額	Income tax paid	－・・・・・
営業活動によるキャッシュフロー合計	Net cash provided by operating activities	Ⅰの合計 ①
II. 投資活動によるキャッシュフロー	II. Cash flows from investing activities	
有形固定資産の購入	Purchase of property, plant and equipment	－・・・・・
有形固定資産の売却	Proceeds from sales of property, plant and equipment	＋・・・・・
有価証券の購入	Purchase of finncial assets	－・・・・・
有価証券の売却	Proceeds from sales of financial assets	＋・・・・・
投資活動によるキャッシュフロー合計	Net cash provided by investing activities	Ⅱの合計 ②
III. 財務活動によるキャッシュフロー	III. Cash flows from financing activities	
借入金の増加	Increase in borrowings	＋・・・・・
借入金の返済	Repayment of borrowings	－・・・・・
財務活動によるキャッシュフロー合計	Net cash provided by financing activities	Ⅲの合計 ③
IV. 現金及び現金同等物の増加額	IV. Net change in cash and cash equivalents	(①+②+③) ④
V. 現金及び現金同等物の期首残高	V. Cash and cash equivalents at beginning of the year	⑤
VI. 現金及び現金同等物の期末残高	VI. Cash and cash equivalents at end of the year	④＋⑤

(出所：筆者作成)

③ 財務活動によるキャッシュフロー

会社がどれだけお金を借りたか、あるいはどれだけ返済したかを表す。借りた額の方が多ければプラスとなり、返済した額の方が多ければマイナスとなる。業績がよく、営業キャッシュフローがプラスの会社は、借入金を借り増しするよりも返済する金額の方が多いはずなので、財務キャッシュフローはマイナスとなる。

（4）キャッシュフローと損益計算書上の損益

損益計算書上では利益が出ているにも関わらず、必要な運転資金が足りなくなり、借入金がどんどん増え、最悪、「黒字倒産」してしまうことがある。帳簿上の売上・利益の計上と現金の入出金のタイミングは必ずタイムラグがあるのでキャッシュフローをよくウォッチすることが重要である。

図13-2の例は、手元資金が500万円ある企業が、1個20万円商品を50個仕入れ1個30万円で25個ずつ2回に分けて販売。支払サイトは売掛45日、買掛30日のケースである。8/1に資金ショートを起こしており、支払期限を延ばしてもらうか売上金の入金を早めてもらえないと倒産する。これはかなり単純なモデルだが似たようなことは実際に起きる。

無理に売り上げを作ろうとして支払いサイトが長いビジネスを増やすケースである。「黒字倒産」は決して珍しいことではない。東京商工リサーチのデータによると2021年の日本で中小企業の倒産の38.6％が「黒字倒産」とのことである[1]。

「黒字倒産」の原因の主なものは下記のとおりである。

① 売上債権の増加

単に「売上」ばかり追いかけるあまり、支払サイトの長い取引条件の取引を増やす、売掛金の管理が杜撰で未回収の売上債権が積み上がる等が原因。いくら利益率の高い商品であっても、売上債権を回収できなければ、その利益は「絵に描いた餅」である。

② 棚卸資産（製品在庫＋原材料・中間品在庫）の増加

在庫は、現金を製品や原材料といった資産に変えたもので、販売して初めて売上げとなり利益となる。しかし、売れることを見越して仕入れた在庫が倉庫

---

[1] 東京商工リサーチ「倒産企業の財務データ分析（2021年）」より

内で眠っていては、キャッシュを寝かせているのと同じ。仕入代金は情け容赦なく先に出て行くので、売上高が確定して入金がない限り、キャッシュフローはマイナスとなる。売れるまでに時間がかかる在庫であればあるほど、キャッシュフローは悪化し、事業に悪影響を及ぼし、致命的な問題となる場合がある。

③ 過剰な投資

本業でキャッシュを十分生み出していないのに、銀行借入などをして無理な投資を行うと、当然キャッシュフローは悪化し、最悪の場合、倒産に至るケースもある。

筆者は企業経営で最も重要なのは「キャッシュフローの管理」と考えている。特に設立間もない海外法人の社長は少なくとも月次、できれば日次でキャッシュフローを管理することを是非、心掛けてほしい。

13.1.3　キャッシュフロー経営のための管理指標

ここで、「キャッシュフロー経営」を実践するにはどういった数字を経営指標として追いかけていけばよいのか、について述べる。

(1) 投下資本営業利益率（ROIC：Return on Invested Capital）

ROICは「投下資本営業利益率」とよばれている。税引き後営業利益を使っ

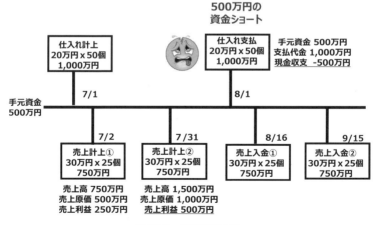

図 13-2　黒字倒産の例
(出所：筆者作成)

て計算するのがポイントで、「投下資本」に対して「本業」でどれだけ稼いでいるかを示すもので、3%から5%が標準といわれている。以下の数式で求められる。

ROIC（%）=（税引き後営業利益÷投下資本*）×100

＊投下資本：① 固定資産＋正味運転資本（売上債権＋棚卸資産－仕入債務）
②　総有利子負債＋自己資本

かつては「キャッシュコンバージョンサイクル」（CCC：Cash Conversion Cycle）が経営指標としてもてはやされていた。これは仕入債務を支払ったのちに売上債権の回収までの所要日数を示す財務指標で、棚卸資産を軽くすると改善する一方で仕入先への支払いサイトを長くする、逆に販売先への支払いサイトを短くすると改善する。そのため、取引先に対し強引に支払条件を変更することなどが起き、最近はあまり使われなくなった。

ROICの計算式に含まれている「投下資本」には上記のように2通りの計算の方法があり、①は資金運用の視点、②は資金調達の視点で「投下資本」に対しての利益率をみる。営業利益を増やすこと、固定資産、棚卸資産を減らすことで向上する[2]。

ROICは、投資家の視点、社内の管理指標、両方に使える指標といえる。固定資産を含め、資産を圧縮する、または営業利益を改善することで数値はよくなる。「Asset Light」がキーワードである。

(2) 総資産利益率（ROA：Return on Assets）
「総資産利益率」は下記の計算式で求められる。5%あれば優良といわれている。

総資産利益率＝当期純利益÷総資産（流動資産＋固定資産）

会社の資産を使ってどれだけ効率的に利益を上げているかを示す指標である。利益を増やすか、資産を軽くすると「総資産利益率」が改善する。ロジスティクス視点で説明すると、製品在庫や原材料の在庫の低減は流動資産である棚卸資産の減少となり、「総資産利益率」の分母を小さくする、また、在庫が

---

[2] Layers Consulting ウェブサイト、ビジネス用語集「ROIC」より引用。

減少すれば、在庫を保管、管理するための保管費用や荷役費用を下げ、「総資産利益率」の分子である利益を増やす。

このように在庫の低減は「総資産利益率」の改善に大きく貢献する。これは計算も簡単で、ロジスティクス・SCM の改善が「総資産利益率」の改善、そして、キャッシュフローの改善にもつながるので SCM 目標として非常に使いやすい。競合他社との比較も容易である。

（3）棚卸資産回転日数（Inventory Turnover Days）

次は、「棚卸資産回転日数」である。製品や原材料、中間品の在庫である棚卸資産が何日で売上になるかという指標であり、60 日弱が製造業の標準である。ただ、業種によって違いがあるので要注意である。たとえば日配品を中心に展開している食品メーカーは 30 日程度でライフラインを担っていて、欠品が許されない医薬品や医療材料メーカーは 100 日程度が標準である。

計算式は下記のとおりである。

　　棚卸資産回転日数(日) ＝ 棚卸資産 ÷ 1 日当たり売上高(または売上原価)

売上高を使うか売上原価を使うかについては、計算がしやすい「売上高」を使うことをお勧めしている。この指標を使うメリットを列記した。

① 計算が簡単で他社との比較、また、社内の事業部門間での比較も容易。
② 総資産利益率、ROIC 等、他の指標の改善にもつなげられる。
③ キャッシュフロー改善に及ぼすインパクトが非常に大きい。

当然、「棚卸資産回転日数」の改善はキャッシュフローの改善に直結するし、ROIC や「総資産利益率」の改善にもつながるのだが、最も大きなメリットは、他社との比較、また、社内でも事業部門間の比較や海外法人間の比較が容易だという点だろう。一言でいうと「誰にもわかりやすい」指標ということである。筆者は、これはとても大事だと考えている。いくら経営者が「この指標の改善を目指すぞ」と言ってもそれが第一線で働いている人達の努力がみえにくいものであれば、モチベーションの向上にはつながらない。また、海外法人の管理で共通の「重要業績評価指標」（KPI：Key Performance Indicator）を設定するのは前提条件を揃えるのが困難なために意外に難しいが、「棚卸資産回転日数」は単純に比較可能なので非常にお勧めの共通 KPI である。たとえば、60 日を標準として各海外法人の目標とする。それを越えると改善努力をさせる。80

日以上になったら本社から支援に行く、といった運用である。

では、実際の数字を使って改善効果を計算してみる。

表 13-4 は、A 社、B 社、C 社の 2017 年会計年度の財務諸表から拾った数字で「総資産利益率」、「棚卸資産回転日数」を計算したものである。いずれも加工食品メーカーである。C 社は効率経営で有名な企業で「総資産利益率」が 10.4％、「棚卸資産回転日数」が 14.2 日という驚異的な数字を示している。A 社と B 社は同じ業種でいわゆる「アーチライバル」である。

A 社と B 社は売上高営業利益率に関してはいずれもほぼ 3％ と同じレベルだが「総資産利益率」は A 社が 1.9％、B 社が 3.2％、「棚卸資産回転日数」は A 社が 73.5 日、B 社が 57.7 日と B 社に分があり、B 社の方がより筋肉質である

表 13-4 棚卸資産回転日数の計算例

損益計算書より (億円)	A 社 金額 (億円)	対売上比	B 社 金額 (億円)	対売上比	C 社 金額 (億円)	対売上比
売上高	1,802.2	100.0%	3,249.0	100.0%	2,542.2	100.0%
売上原価	1,474.4	81.8%	2,710.3	83.4%	1,408.4	55.4%
売上総利益	327.8	18.2%	538.7	16.6%	1,115.7	43.9%
営業利益	54.6	3.0%	102.3	3.1%	288.4	11.3%
経常利益	58.3	3.2%	103.3	3.2%	286.2	11.3%
当期純利益	32.6	1.8%	80.7	2.5%	189.4	7.5%

貸借対照表より (億円)	金額 (億円)	対売上比	金額 (億円)	対売上比	金額 (億円)	対売上比
流動資産合計	821	45.5%	1,373	42.2%	979	38.5%
固定資産合計	828	45.9%	1,085	33.3%	841	53.8%
繰延資産合計	2	0.1%	40	1.2%	23	0.9%
資産合計	1,649	91.5%	2,458	75.6%	1,820	71.5%
総資産利益率[*1]	1.9%		3.2%		10.4%	

*1　純利益を総資産で割って算出

貸借対照表より (億円)	金額 (億円)	対売上比	金額 (億円)	対売上比	金額 (億円)	対売上比
商品及び製品	140.6	7.8%	na	-	na	-
仕掛品	na	-	na		na	
原材料及び貯蔵品	221.8	12.3%	na		na	
棚卸資産合計	362.4	20.1%	514.2	15.8%	98.9	3.9%
棚卸資産回転日数(日)[*2]	73.5		57.7		14.2	

*2　棚卸資産額を 1 日当たり売上高で割って算出
（出所：各社の 2017 年度財務諸表より筆者作成）

ことが伺える。では、A社がB社並みの棚卸資産回転日数になったらどれくらいのキャッシュが創出されるか計算してみる。

A社の1日当たりの売上高は、1,802.2億円÷365日で4.9億円となる。これに「棚卸資産回転日数」の差、73.5日－57.7日＝15.8日を掛けると、理論値ではあるがキャッシュの創出額が計算でき、4.9億円×15.8日で77.4億円となる。これほどのキャッシュが生まれるのである。しかし、これを知ったA社は全社一丸となってロジスティクスの改善に取り組み、実際にはさらに目覚ましい成果を挙げたのである。

表13-5に2016年度から2020年度までの業績の推移を示した。2017年度が取り組みを開始した年である。売上高はほとんど変わっていないか若干減少したが、「総資産利益率」は2017年3月の2.0％から2020年には3.5％に改善、「棚卸資産回転日数」は73.4日から58.9日に改善し、見事にB社並みになったのである。

さらに、下の欄にある現預金と借入金の推移をみると、2017年には長期短期合わせて約210億円の借入金があったのが、2020年には短期借入金がすっかりなくなり、長期借入金が79.4億円から63.4億円に減少、現預金は56.3億円から84.2億円に増加している。これらを足し上げると、何と175億円のキャッシュフロー改善である。

13.1.4　管理会計としての物流費管理

物流コストの削減は、もちろん経営コストの増減に直接貢献する。売上高物流費は、業種あるいは企業ごとに異なるが、日本ロジスティクスシステム協会（JILS）が毎年行っている調査によると平均値は5％前後となっている。企業の損益に大きなインパクトがあるが、正しく把握することは決して簡単なことではない。なぜならすでに述べたように財務諸表を作成するための「財務会計」ではおおまかな発生費用の把握はできても分析可能なデータにはなっていないからである。物流コストを分析するためには、まずロジスティクス過程のコストを明確にすることが必要である。

つまり、どこにどのようなコストが発生しているかを見極め、管理会計として物流コストの集計、分析をすることが求められる。図13-3は、サプライチェーンでどういった費用が発生するかを示している。これを筆者は「物流フローマップ」とよんでいるが、まず、これを作成することが重要である。この図で、調

表 13-5　A社の改善の軌跡

(単位：億円)

	2016/3	2017/3	2018/3	2019/3	2020/3
売上高	1,873.2	1,802.2	1,833.6	1,867.7	1,781.9
営業利益	46.0	54.6	40.0	56.6	66.6
経常利益	53.6	58.3	51.3	63.2	73.0
純利益	29.7	32.6	41.4	47.6	52.1
総資産	1,536.4	1,649.2	1,536.4	1,476.8	1,475.4
総資産利益率	1.9%	2.0%	2.7%	3.2%	3.5%
商品及び製品	141.0	140.6	145.4	131.5	129.5
原材料・貯蔵品	192.1	221.8	199.1	156.1	158.0
棚卸資産合計	333.1	362.4	344.5	287.6	287.5
棚卸資産回転日数	64.9	73.4	68.6	56.2	58.9
現金及び預金	60.3	56.3	28.5	24.2	84.2
短期借入金	65.5	130.5	109.5	26.0	0.0
長期借入金	85.4	79.4	69.4	67.4	63.4

(出所：A社の該当年度の財務諸表から計算し筆者作成)

達運賃が発生するか否かは、購入価格に物流費が含まれているかで変わる。また輸出関係の諸費用も輸入者と費用負担をどう決めるかで変わってくる。

次に発生する物流費を財務会計に反映させるため、仕分けが必要になる。発生した物流費にどのような費目名を付け、財務会計上、どの勘定科目に計上するかということである。このルール決めをしっかりやらないといけないし、ルールどおりに正しく入力作業が行われないとコストの把握も分析もできない。

図13-4（上）に示した仕分けの例は、ほんの一例で実際にはもっとたくさんの費用が発生するが、発生費用の「費目」は多ければよいというわけではない。筆者がかつて物流コストの解析ができないということで改善コンサルした案件は、この費目が10,000にものぼり、分析不能に陥っていた。実務担当が自分勝手に「費目」を分けていたためである。逆に「輸送費」と「保管費」のように2つ程度の「費目」しかもたず、やはり分析できない、というケースもあった。

次に図13-4（下）のように各費目に財務会計上の「勘定科目コード」を付番する。この場合、上2桁で売上原価に含まれる「製造変動費」として計上するものと、「販売費及び一般管理費」として計上するものを区別している。これで、たとえば同じ保管料でも製造の過程で発生した保管料と販売の過程で発生した保管料が区別できる。そして、これらに費用が発生した「出荷基地コー

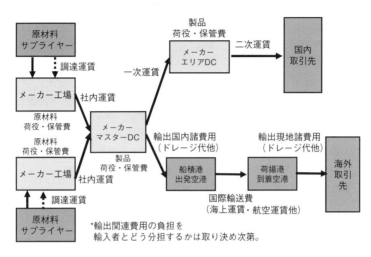

図13-3　物流フローマップの例
(出所：筆者作成)

ド」や「工場コード」を付ける、さらに桁数が多くなるが、商品コードを付けることによって、基幹システム（ERP：Enterprise Resource Planning）[3]のデータから勘定科目コードを使ってロジスティクス関連費用を抽出し、分析が可能になる。基幹システムで細かな物流費データを管理するのではなく物流費は「物流費管理システム」のような外付けのシステムで管理し、基幹システムには大まかなデータを流すというやり方もある。

　物流費は、販売が伸びれば比例して伸びるいわゆる変動費なので、絶対額だけ追いかけていてはいけない。売上高物流費比率、また、発生物流費を販売数量や重量で割り、kg当たり単価、ケース当たり単価を算出し、時系列的に管理することが重要である。ただ、これを他社と比較するのはよくない。

　たとえば「我が社の物流費比率は5％、競合のA社は有価証券報告書によると4％だ」、と社長が物流部門を叱責するというのはよく聞くが、そもそも物流費の定義は企業によってバラバラであるのと、自社倉庫を多く所有している企業は保管料が安く済むので売上高物流費比率は低くなる、したがって単純な他社との比較は意味がないのである。

---

[3] 企業のなかで生産・販売・会計といった、分散しがちな基幹業務を統合的に管理するシステム。

```
┌─────────────────────────────────────────────────────────────┐
│ ① 調達運賃： 製造変動費                                      │
│   *運賃が購入単価に含まれている場合は発生しない。            │
│ ② 原材料荷役・保管費：製造変動費                             │
│ ③ 工場内作業費： 製造変動費        **②③は工場の            │
│                                    従業員が行う場合は製造固定費 │
│ ④ 社内運賃： 製造変動費             となる。                 │
│ ─────────────────────────────────────────                    │
│ ⑤ 一次運賃（在庫移動運賃）： 販売費及び一般管理費            │
│ ⑥ 製品 荷役・保管費： 販売費及び一般管理費                   │
│ ⑦ 二次運賃（地場配送運賃）： 販売費及び一般管理費            │
│ ⑧ 輸出国内諸費用： 販売費及び一般管理費                      │
│ ⑨ 国際輸送費： 販売費及び一般管理費                          │
│ ⑩ 輸出現地諸費用： 販売費及び一般管理費                      │
└─────────────────────────────────────────────────────────────┘

┌─────────────────────────────────────────────────────────────┐
│ ◇ 各費目の定義を明確にし、**勘定科目コードを付番** し、正しく入力することが重要。 │
│                                                             │
│  【例】  調達運賃：8231          *82で始まる番号は「製造変動費」│
│         原材料保管料：8232        のカテゴリー               │
│         原材料荷役料：8233                                   │
│         社内運賃：8234                                       │
│  ─────────────────────────────                               │
│         一次運賃：8310           *83で始まる番号は「販売費及び│
│         製品荷役料：8311          一般管理費」のカテゴリー   │
│         製品保管料：8312                                     │
│         二次運賃：8313                                       │
│         輸出国内諸費用：8314                                 │
│         国際輸送費：8315                                     │
│         輸出現地諸費用：8316                                 │
└─────────────────────────────────────────────────────────────┘
```

図 13-4　物流費の「財務会計」上の仕分け（上）と勘定科目コードの附番（下）
(出所：いずれも筆者作成)

13.2　在庫管理のポイント

13.2.1　在庫拠点数と在庫量

　日本にサプライチェーンマネジメントが導入された1990年代、企業は競うように拠点を集約した。ひとつの在庫拠点からの輸送距離はどんどん長くなり、関東から青森県への翌日配送も行われていた。しかし、最近ではドライバーの拘束時間規制の強化もあり、1日で走行できる距離が短くなっている。
　また事業継続計画（BCP：Business Continuity Plan）の観点から、拠点数を減らしたり、1か所の拠点に在庫も機能も集中させたりするのは好ましくないという傾向になり、拠点数は増加の傾向になっていると思われる。ただ、在庫

拠点が増えると間違いなく需給管理が煩雑になり、在庫は増える。極力、在庫拠点は少なくした方がよい。

13.2.2　在庫の発注方式（補充方式）

発注方式は、発注時期と発注量によって、次の4つの方式がある（図13-5）。品目ごとの荷動きの特性に合わせて使い分ける。

① 定期定量発注方式：定期的にあらかじめ決められた量（定量）を発注する方式。需要量の波動が少ない品目に向いている。

② 不定期定量発注方式：在庫があらかじめ決められた基準値を下回ったときに（不定期）定量を発注する方式。「発注点方式」ともよばれ、さまざまな品目に使われる。

③ 定期不定量発注方式：定期的に在庫を確認し、そのときに必要な量（不定量）を発注する方式。少量で出荷パターンが安定している品目に向いている。

④ 不定期不定量発注方式：発注間隔（補充頻度）を決めずに必要なときに必要な量を発注する方式。新製品など出荷パターンが読みにくい品目に使われる。

13.2.3　在庫の挙動

図 13-6 に示しているのは在庫管理の考え方の基本である。実線の矢印は在庫量の動きを示している。在庫の補充や生産は、商品が売れ、在庫が減るとそれを補充する形で行われるが当然そのパターンは商品によって異なる。

ある商品は i のように非常にコンスタントに安定して売れる、あるいは ii のように出荷のパターンが不安定なものもある。まず理解されたいのが、在庫は、販売に必要なものを補充していくことによって生じる「サイクル在庫」と出荷予測が外れても欠品を起こさせないためのクッション在庫である「安全在庫」によって構成されるということである。大事なのは「安全在庫」は欠品を防ぐためのクッション在庫であるということである。この点をしっかり押さえないと在庫水準の適正化は望めない。

したがって i のような商品は理論的には「安全在庫」はゼロでもいいし、ii のような出荷が不安定な商品は安全在庫を厚めにしなくてはならない。これを最小管理単位（SKU：Stock Keeping Unit）＝品種単位で、きめ細かく管理をすることが重要である。意外に、このカテゴリーは在庫を1週間分もつとか1

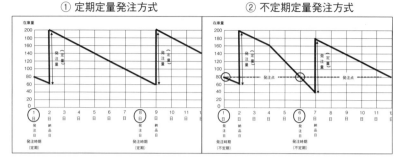
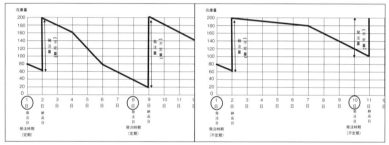

図 13-5　発注時期と発注量からみた 4 つの発注方式
(出所：苦瀬博仁　編著（2017）『サプライチェーンマネジメント概論』白桃書房、p.115 を参照し筆者作成)

か月分もつとか大雑把に決めているケースが多く見受けられる。また、その在庫水準を「安全在庫」とよんでいる方々が多いが、根本的に間違っている。

ちなみに補充量の決め方だが、「日次出荷予測量×補充間隔日数＋安全在庫」が満たされるように補充をかける。「補充間隔日数」というのはなじみのない用語かと思うが、次の補充がかかるまでの日数である。毎日補充をできる商品は「補充間隔日数」は 1 で補充する単位は小さくてよいが、1 週間や 1 か月となると日次で予想される出荷量に「補充間隔日数」を掛けた量を補充しないと欠品のリスクが高まる。

13.2.4　適正在庫を導くための要素

次に在庫をどうやって適正化するか、何が重要な要素なのかを説明する。
「安全在庫」は、出荷実績が出荷予定を大きく上回っても欠品を回避するた

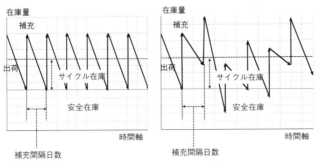

図 13-6　在庫の挙動
(出所：筆者作成)

めのクッション在庫である。過去の「出荷予測量」と「出荷実績」の差（予実差）が小さなものは低く、大きなものは高く設定することが重要である。では、どのように算出するのか、次の 2 通りの方法がある。

①　安全係数＋標準偏差法

$$安全在庫 = k（安全係数）\times \sigma（標準偏差）\times \sqrt{L}（補充間隔日数）$$

で求める。安全係数は、サービス率（欠品率）から計算される係数で欠品率が 10％まで許容する場合の安全係数は 1.28、5％であれば 1.64、2.5％であれば 1.96 などとなる。

標準偏差は、ある期間のデータについて「平均値からのバラツキ具合」を表すもので、標準偏差が大きいほどバラツキが大きくなる。エクセルの「STDEV」という関数を使うと簡単に計算できる。これが最も一般的な「安全在庫」の求め方であるといわれているが、筆者は、これはロジックが難しく、いわば機械的に計算しがちになるという懸念をもっている。次の方法の方がお勧めである。

②　実績値適用法

過去半年間または 1 年間の「補充間隔日数」で発生したプラスの「予実差」（実績－予測値）の最大値を目安に設定する。出荷予測量がない場合は、過去実績の平均出荷実績値を「予測値」として使い、実績値との差を予実差にみなす。

過去実績の「補充間隔日数」、つまり 1 週間おきの補充であれば 1 週間、2

週間ごとであれば2週間をひとかたまりにしてプラスの「予実差」のみを足し上げていき、6か月、1年、2年など一定期間での最大値を「安全在庫」とする方法である。期間を長く取る方が安全であるが計算負荷が大きくなる。

　プラスの「予実差」のみを足し上げるのはエクセルの関数SUMIF（A○：A○,">0"）を使えば簡単に計算できる。「予実差」はプラスとマイナスがあるが両方使うと相殺されるのでプラスだけを足し上げるのがポイントである。プラスとマイナス両方を使うやり方もあるが、するとプラスとマイナスが相殺され「予実差」の最大値は小さくなり欠品のリスクが高くなる。プラスだけ使うとよほどのことが起きなければ欠品は生じない。

　SCMプランニングソフトを導入していない場合、過去の「予測値」がないことが多い。その場合は実績値の平均を「予測値」として使う。乱暴に聞こえるかもしれないが十分機能する。設定した「安全在庫」は半年ごとくらいをめどに見直しをかけるとよい。

　一般論として、売れ筋品は、出荷ボリュームは大きいが、出荷量は安定していて予実差が小さいので、このロジックを使えば「安全在庫」を驚くほど小さくできる。したがって、在庫削減に取り組む場合、筆者がお勧めするのはまず「パレート分析」を行うことである。そうすると、おおむね上位20％のSKUでトータルボリュームの80％を占めることがわかる。もっと極端な企業も多い。そして、その20％のSKUの安全在庫を上記説明したロジックを使って設定すると、あっという間に在庫は減る。

　「実績値適用法」を使った安全在庫のシミュレーションを表13-6に示した。

　「補充間隔日数」が2日の場合、3日の場合、4日の場合の3通りでシミュレーションを行っている。日数は短いが、説明したように「補充間隔日数」をひとかたまりにしてプラスの予実差のみを足して、計算している。

　「補充間隔日数」が2日の場合の最大値は220であり、3日の場合は230、4日の場合は270となった。これはかなり出荷が振れるパターンである。「日別出荷実績」の平均は90なので、それでも「安全在庫」はせいぜい3日程度ということがわかる。

　「サイクル在庫」はというと、「補充間隔日数」で変わるが、「補充間隔日数」が4日の場合、補充単位は「日次出荷予測60×補充間隔日数4＝240」となる。ただし、サイクル在庫は補充間隔日数の間で減っていくので実際には平均のサイクル在庫の水準はこの半分程度の120である。安全在庫は270なので、「サ

表13-6 安全在庫シミュレーション（予実精度が悪いパターン）

単位：ケース	D1	D2	D3	D4	D5	D6	D7	D8	D9	D10	D11	D12	D13	D14	D15	D16	D17	D18	D19	D20	D21	D22	D23	D24	平均
日次出荷予測	60	60	60	60	60	60	60	60	60	60	60	60	60	60	60	60	60	60	60	60	60	60	60	60	60
日次出荷実績	150	0	200	0	100	30	140	115	10	60	50	0	220	100	40	130	80	100	120	80	35	200	140	50	90
予実差（実績-予測）	90	-60	140	-60	40	-30	80	55	-50	0	-10	-60	160	40	-20	70	20	40	60	20	-25	140	80	-10	30
i. 予実差：プラスのみ2日計		90	140	140	40	40	80	135	55	0	0	0	160	200	40	70	90	60	100	80	20	140	220	80	
ii. 予実差：プラスのみ3日計			230	140	180	40	120	135	135	55	0	0	160	200	200	110	90	130	120	120	80	160	220	220	
iii. 予実差：プラスのみ4日計				230	180	180	140	175	135	135	55	0	160	200	200	270	130	130	190	140	120	220	240	220	

◇ 毎日補充がかかる場合の安全在庫はⅰのパターンでよい。隔日パターンだとⅱ、さらに頻度が低い場合にはⅲとなる。
（出所：筆者作成）

イクル在庫」＋「安全在庫」は、120＋270＝390となる。日次出荷予測量である60の6.5日分である。これがこの場合の、「適正在庫水準」である。どうだろうか、意外に低いと感じるのではないだろうか。在庫管理の実務に携わっている方々は、是非、この「実績値適用法」を試してみてほしい。

13.3 原材料調達管理手法

最後に原材料調達について述べる。原材料調達は、非常に重要な業務である。しかし、多くの企業では営業のような得意先に「売る」仕事に比べ「買う」仕事は楽で簡単な業務であるとみなし、「値決め」だけさせる、やたらと厳しい購買ルールの策定と維持管理だけが業務になってしまっているケースが見受けられる。原材料調達の業務がいかに重要かをこのパートでは述べる。

13.3.1 調達管理の基本

まず、理解しなければいけないのはメーカーの調達額は売上高の30％から50％、またはそれ以上ととても大きな割合になるということである。1兆円企業であれば、世界での調達額は少なくとも3,000億円ということである。調達で仕損じると「半端じゃない」金額を失いかねない。

コスト管理はもちろん重要だが、一方で、安定供給やBCPの視点も重要である。特に東日本大震災以降、安定供給がクローズアップされるようになった。また、昨今、ESG・SDGs観点での調達管理も重要である。強制労働、人権侵害、児童労働、森林の違法伐採等に、サプライヤーが直接、または間接的にでも絡んでいないか見極めることが必要である。現在では、ロシア企業との取引もかなりマイナスになる。

調達組織の業務内容は簡単に書くと下記のようになる。
① 需給管理：原材料・中間品在庫管理、発注業務・納期管理
② コスト管理：購入単価予実差管理[4]、コストダウン施策策定・実行
③ サプライヤー管理：既存サプライヤー評価・監査、新規サプライヤー探索

どれも重要だが、注目してほしいのが、③「サプライヤー管理」である。特に現地でのサプライヤー監査をきちんと定期的に実行できる体制にすることが重要である。ただ海外サプライヤーの現地監査は費用も労力もかかるので、これはリスクに応じて年1回、隔年、3年に1回、書類のみ等メリハリを付けるとよい。サプライヤー監査を受け付けないサプライヤーもいる。そういったサプライヤーは何かやましいところがあると思った方がよい。買う側からすると安定供給もESG・SDGsリスクも担保できないので、当然、取引すべきでない。

13.3.2 原材料調達リスク評価のポイント

「調達リスク評価の手順」を説明する。第9章で、サプライヤーリスクの評価について述べたが、ここでは原材料ごとのリスク評価について説明する。

(1) 品目ごとの情報の整理

原材料調達リスクの評価には、まず、「品目ごとの情報の整理」が必要である。これが意外と、担当者の頭に止まっていて共有できていない、属人化してしまっていることがよくある。「ナレッジマネジメント」が非常に重要である。少し細かくなるがどのような情報を整理し、共有する必要があるか下記に列記した。
① 調達実績（調達額、品質およびサービス、トラブル）、発注先別割合（シェア）、代替品の有無

---

[4] この「予実差」は、期初に設定した購入品目ごとの「予算単価」あるいは「標準原価」と実際の購入単価の差のこと。

②　原材料のサプライチェーン上の規制、調達可能時期・収穫時期（天然物の場合）等の制約
③　購入単価履歴、推定コスト構造、製造フロー
④　原材料のマーケット情報の入手方法
⑤　これまでの調達改善取組み（サプライヤー集約、コストダウン施策等）
⑥　市場環境、サプライヤー動向
⑦　サプライヤー調査票、サプライヤー監査報告書

（２）事業影響評価

　次は「事業影響評価」である。文字どおり、事業に対する影響の大きな原材料を特定しておくことが重要で下記の①から③の観点で整理するのが基本である。調達額が大きいものはもちろんだが、調達額が小さくても利益貢献度の高い重要な商品に使われている、または重要な顧客の重要な製品向けに使用されている原材料等、これらもしっかり特定しておくことが必要である。

①　年間調達額が大きい原材料
②　売上利益貢献度の高い商品に使用されている原材料
③　重要顧客の重要製品向けに使用されている原材料

（３）調達リスク評価

　実際の「調達リスク評価」について、下記の12の項目について原材料ごとに5段階でリスク評価する。

①　単独サプライヤーリスク：単独サプライヤーからの調達であるか。
②　サプライヤー競争環境リスク：サプライヤー同士の競争が激しいか。
③　サプライヤーの原材料調達リスク：Tier2サプライヤーが単独かどうか。
④　生産地集中リスク：サプライヤーの立地が特定エリア・国に限定されているか。
⑤　代替品リスク：他の原材料で容易に代替できない原材料であるか。
⑥　品質リスク：サプライヤーが品質改善の取組みに熱心か。
⑦　ESG・SDGs調達リスク：サプライヤーがグローバル・コンパクトの10原則（人権擁護、強制労働排除、児童労働廃止、環境保護等）を遵守しているか。
⑧　供給量リスク：市場の伸びに対して供給量が増えているか。

⑨　需要量リスク：供給が間に合わないほど需要が伸びていないか。
⑩　保護政策リスク：輸出国側に国内産業を保護するためのさまざまな保護政策がないか。
⑪　投機市場リスク：投機による価格の急上昇が起こり得るか。
⑫　輸入リスク：為替の変動や関税率の変更が起こり得るか。

各原材料をこれらの項目について、表13-7の「調達リスク評価シート」において5段階で評価する。その合計点によって、図13-7の「調達リスクマップ」上の「i. Critical（重要）」「ii. Bottle Neck（障害）」「iii. Leverage（てこ）」「iv. Routine（定型）」などの象限にプロットして、よりリスクの低い象限に移せるように努力する、というやり方である。

「調達リスクマップ」では、横軸が調達額または事業インパクトで縦軸が調達リスクの程度である。「i. Critical」は調達額が大きい、あるいは事業に対する影響が大きく、調達リスクが高いものなので、まずは取り組んでみて、「iii. Leverage」にもってくる努力をする。

次に「ii. Bottle Neck」を「iv. Routine」にもってくる。iii は調達金額が大きく、調達リスクが少ないので最もコストダウンのチャンスが多いということになる。この作業を毎年実施するなど、とにかくルーチン化することである。1度やれば既存原材料はアップデートだけなので、さほど手間はかからない。

新規原材料についてもリスク評価作業をもれなく実施していくことと形骸化しないように管理者は目を光らせる必要がある。

それでは、リスクを低減し、象限を移すための調達戦略はどのようなことが考えられるのか、4点ほど説明する。

やはり最も重要なのは「サプライヤーとの関係強化」で、そのためにはサプライヤー監査、特に実際に現地に赴く「実地監査」（On-Site Audit）を行うことである。現地に赴き、実際に工場や品質管理室（ラボ）等を見て、製造工程や品質検査の方法が取り決められたとおりになされているかを確認することは非常に重要である。また、社長や工場長、品質管理室長と面談し、相互理解を深めることで関係強化につながり、いざというときに優先供給してくれるのである。一方でサプライヤー監査はESG・SDGs調達の点においても重要である。

2つ目は「新たな調達スキームの導入」である。調達組織は事業部門や開発部門が決めた原材料をただ安穏と購入しているだけではいけない。担当する原材料のグローバルマーケットについて熟知し、常にコスト、安定供給、ESG・

SDGs の観点で、よりよい調達スキームを作ることができないか目を光らせる戦略部門でなくてはならない。

　そこで重要なのは、「グループ共同調達」の検討である。同じような商品を製造している国内関係会社や海外法人をもつ企業でも意外にグループ会社がそれぞれバラバラで調達している場合が多い。調達額が大きい方がサプライヤーに対する影響力が大きいので「グループ共同調達」は、筆者は必須と考えている。ただ、行うのは決して簡単ではない。本社 SCM 部門のリーダーシップが重要である。最近ではグループ会社にとどまらず、同業数社で共同調達を行うケースもみられる。また「先物取引」や「為替予約」など、リスクヘッジスキームを適切に活用することも大事である。ただし、投機的な動きを防ぐために、会社としての運用ルールをきちんと整える必要がある。

　3つ目は、「開発部門・工場との連携」である。この観点で重要なのは、可能な限り仕様を緩める、あるいは特注原料を減らして調達リスクを下げることである。ただ開発部門の担当者は概して調達リスクを考慮しないのでしっかりと説得する必要がある。

　4つ目は「ESG・SDGs への貢献」である。サプライヤーが人権侵害や環境破壊に絡んでいないか見張るのはもちろんだが、基本的なことであるものの「発注権限規定、購買倫理規定の整備」を心掛けてほしい。日本では当然整備されていると思うが筆者の経験からすると海外法人では少々心もとない。たとえば物流業者への発注は物流部門、業務請負業者への発注は総務部門、原材料や部品の発注は調達部門等発注権限を明確にしておくことである。これはガバナンスの基本である。これがおろそかだと工場の担当者が適当に部品や消耗品をサプライヤーに発注して、入荷したら転売して小遣いにするということが起きる。

13.4　管理会計の重要性

　以上、「グローバル・ロジスティクス」と「管理会計」が大いに関係があるということが理解いただけたと思う。国内のロジスティクスにしても同様だがロジスティクスのアクティビティをいかに可視化し、コストを詳らかにしていくかというのはロジスティシャンの腕の見せどころである。ロジスティクス＝物流ではない。原材料の調達、生産、在庫管理、物流、販売、これだけのプロセスがあり、それぞれでコストが発生している。

　また、昨今、サプライチェーンの分断のリスクに直面している。上述のプロ

セスをいかに有機的につなぎ、同期化し、ムダをなくしていくがロジスティシャンに求められる能力である。

この章では、財務面、在庫管理視点、そして調達について述べた。財務面で

表13-7 「調達リスク評価シート」の抜粋

リスクの種類	リスク評価点	スコアの理由	リスクの内容と評価
1) 単独サプライヤーリスク			単独サプライヤーからの調達を続けている。 高 5　単独サプライヤーであり、供給納期、品質、サービスなどに課題をもっている、あるいは経営状態に不安を抱える。 　　　　当面の課題はないが、単独サプライヤーである。 　　　　複数サプライヤーをもつが、取引実績等が理由で、実質単独サプライヤーになっている。 　　　　単独サプライヤーであるが、サプライヤーにとって当社は大切な顧客であり、サプライヤーからの優先的な対応を期待できる。 低 0　安定調達できる複数のサプライヤーをもっている。
2) 代替リスク			他の原材料で容易に代替できない原材料である。当社仕様の原材料、あるいは共同開発した原材料（特注品）もこれにあたる。 さらに、契約栽培、指定農場、産地指定、あるいは原産国指定した原料もこれにあたり、単独サプライヤーからの調達になっていることが多い。 高 5　代替原材料がない。 　　　　生産性低下、あるいは品質変更（代替製品の扱い）とセットで代替できる。 　　　　部分的に代替できる原包材をもっている。 　　　　生産性、あるいは品質に影響するが、影響がさほど大きくない代替原包材をもっている。 低 0　問題なく代替できる原材料をもっている。
3) ESG調達リスク			グローバル・コンパクトの10原則（人権擁護、強制労働排除、児童労働廃止、差別撤廃、環境保護、腐敗防止など）に配慮したESG調達を行う。 高 5　農場、工場などで働いている人に対して、人権を侵害するようなことが行われている疑いがあると、人権擁護団体などから訴えられている。 　　　　生物多様性の確保に影響を及ぼすような原料確保が行われている疑いがあると、環境保護団体などから訴えられている。 　　　　サプライヤーの原料調達に、熱帯雨林の伐採規制などが影響を及ぼし始めている。 　　　　環境に負荷を与えるリスクを、サプライチェーンのなかで低減する取り組みを行っている。 低 0　環境に負荷を与えない調達、社会規範に則った調達を実施している。

（出所：筆者作成）

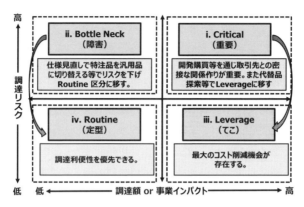

図 13-7　調達リスクマップ
（出所：筆者作成）

の管理や調達管理は実務に携わっている方々も普段はあまり考えたことはなかったかもしれない。しかし、それらは、ロジスティクスやSCMの管理では非常に重要である。紹介した管理手法は筆者が自分の実務経験から作り上げてきたもので絶対的な理論ではない。ただ、是非、参考にしていただいて、読者の皆さんがさらに時代に合わせてブラッシュアップしてくださると幸いである。

【参考文献】
1) 上村肇 監修（1996）『確認ドリルで覚える貸借対照表・損益計算書』成美堂出版
2) 滝日徹・石田信一・永川顕司（1999）『連結決算のことがわかる本』明日香出版社
3) 芝田稔子（2023）『手にとるようにわかる在庫管理入門』かんき出版
4) 苦瀬博仁 編著（2017）『サプライチェーン・マネジメント概論』白桃書房

第14章　産業別グローバル・ロジスティクス

14.1　食品産業

　食品は、いわゆる地産地消型の代表的な産業であり、日本の食品製造業のグローバル展開は、味の素やキユーピー、キッコーマンなどの企業に代表される現地生産型である。しかし、製品の輸出は比較的少ないが、原材料の輸入は行われており、特に日本の工場では意外に原材料の輸入依存度が高い。中国からのタマネギ、ニンニク、米国からの大豆、じゃがいもなどである。したがって食品製造業でもグローバルサプライチェーンが構築され、グローバルにロジスティクスが展開されている。

　食品のサプライチェーンの構造は他の産業と基本的には同じである。原材料である農水産物が加工食品の工場に持ち込まれ、加工されて商品になり、卸や小売りといった中間流通を経て消費者に渡り消費される。ただ、食品製造業においても菓子大手のシャトレーゼのように中間流通を通さず、しかも、小売りも自前という「製造小売り」の業態（他産業ではユニクロやニトリが有名）が登場している。

　一方、食品のロジスティクスにおいて、他産業と大きく異なるのは温湿度管理が必要なものがあるという点である。したがって食品のグローバルロジスティクスではそれを支えるインフラである低温物流（コールドチェーン）が非常に重要な役割を果たしている。コールドチェーンのインフラとしては冷凍冷蔵倉庫、冷凍冷蔵トラック、輸出入に使用される温度管理可能なコンテナである「リーファーコンテナ」などである。他に、数には限りがあるがコンテナ内の酸素と窒素濃度を調節してコンテナ内の農産物の鮮度を保持する「CAコンテナ」という特殊なコンテナも活躍している[1]。

　航空輸送でも温度管理可能なコンテナは活用されており、「エアーリーファー」とよばれる。これには、温度調節機能が備わっている「アクティブタイプ」と温度調節機能は備わっておらずドライアイスや保冷剤等を使って対象貨物の温度条件に適合させる「パッシブタイプ」の2つのタイプがある。「パッ

---

[1] CA：Controlled Atmosphere の略。

シブタイプ」の技術的進歩によって、極めて厳格な温度管理が要求される医薬品でも「パッシブタイプ」が主流となっている。

ところで食品製造業にとって、最も重要なのは、いかに消費者の「安心・安全」を担保するか、である。ひとつ間違えると重篤な健康被害につながり、企業のブランドを大きく毀損させかねない。当然ながらそれはロジスティクスにも求められる。本節では食品のサプライチェーンやロジスティクスの特徴、また、それらを支えるコールドチェーンの重要性等について述べる。

14.1.1 食品サプライチェーンの基本構造

図14-1は、食品のサプライチェーンをまとめたものである。農水産物が消費者の手に渡るまでには、大きく分けて2つのルートがある。

ひとつは、農水産品が加工食品の原料として使われ、加工食品として消費者に消費されるもので、もうひとつは、直接、市場やスーパー等の小売店に並び

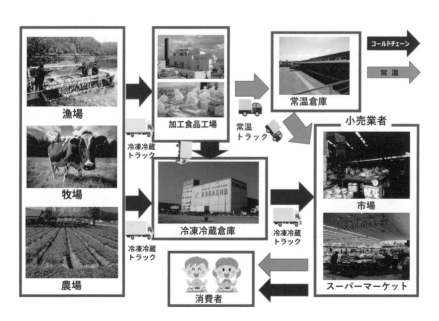

図14-1　食品のサプライチェーンモデル
(出所：各種資料を引用し筆者作成)

消費者に届くルートである。図では、矢印で「常温」[2]とコールドチェーンと輸送方法を温度帯別に2通りで示している。

農水産物がそのまま消費者の手に渡る場合は、国内の産地からは、冷凍冷蔵トラック等で、海外からの場合は、「リーファーコンテナ」や「エアーリーファー」で、国内の冷凍冷蔵倉庫に一旦保管され、市場やスーパーマーケットに運ばれるという流れになるが、これらすべての段階においてもコールドチェーンによって継ぎ目なく「シームレス」につながれなくてはいけない。温度だけでなく必要に応じて湿度の管理もシームレスに厳格に行われなくてはいけない。

一方で、農水産物が加工食品の原料として使われる場合は、農水産物が工場に運ばれ、加工され商品になった後、商品の管理温度帯は商品特性によって「常温」と、0℃〜10℃の「チルド」、−20℃以下の「冷凍」等コールドチェーンで運ばれるものに分類され、卸や市場、スーパー等の流通に乗って、最終的に消費者に届けられる。いうまでもなくコールドチェーンで運ばれるものは、市場やスーパーに届くまで厳密にシームレスに温度管理がなされなくてはいけない。

ところで、水産品はそうはいかないが、農産物の生産場所から冷凍冷蔵倉庫までが近い場合は、ものによっては冷凍冷蔵トラックではなく「常温」で運ばれても問題がない場合もある。逆にいうと冷凍冷蔵トラックで運ぶ、つまりコールドチェーンを使うと、より遠くまで美味しい状態で農産物を輸送できるということである。いわば市場が広がるのである。輸出という形で国外までも市場を広げられる可能性もある。この点は極めて重要である。

図14-2は、筆者がラオス中部のサバナケットの市場で撮影した写真である。トラックの中に破損して売り物にならない野菜が大量に放置されていた。常温トラックで野菜を長時間輸送するとこうなる。野菜の流通過程での廃棄ロス

図14-2　輸送中に発生するフードロス
(出所：筆者撮影)

---

[2] 英語では、ambient あるいは room temperature と表現する。

は日本を含め多くの国で大きな課題である。

14.1.2 食品の温度管理とコールドチェーンの重要性

図14-3は、どのような食品をどれくらいの温度帯で管理しなくてはいけないかを示したものである。ここには5つの温度帯が示されているが、実際にはもっと多い。ただ、0℃〜10℃のチルド、-20℃以下の冷凍が食品では最も需要の多い温度帯である。食品は対象となる商品の特性に応じて管理温度や湿度を設定する必要がある。繰り返しになるが、出発地から目的地までの温度管理は、継ぎ目なくシームレスに行われなくてはいけない。

一方、シームレスなコールドチェーン構築は簡単ではない。最も重要なのは、冷凍冷蔵トラックと冷凍冷蔵倉庫の継ぎ目の部分の管理・運用と温度管理記録である。継ぎ目にあたる冷凍冷蔵倉庫では、倉庫とトラックの冷気が外に逃げないように密閉する「ドックシェルター」という設備が必要である。これがないと商品を倉庫に格納する際に外気に曝す瞬間が発生し、商品温度（品温）の上昇リスクが発生する。温度管理は、倉庫ではもちろん輸送中も温度変化の記録を取り続けなくてはいけない。トラックやコンテナの温度計に記録機能がついた温度ロガーが備わっているものもあるし、ない場合は外付けの温度ロガー

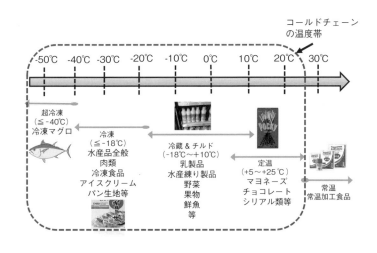

図14-3 食品の管理温度帯
(出所：筆者作成)

を据え付ける。コールドチェーンを担う輸送業者、倉庫業者はこれらを厳格に運用できなくてはいけない。トラックドライバーや倉庫作業員への教育は非常に重要である。

図14-4にドックシェルターと温湿度ロガーの例を示した。グローバルロジスティクスの場合は、当然、シームレスコールドチェーンのハードルは上がるので、経験豊富な業者に委託することが重要である。

14.1.3　食品サプライチェーンの安心・安全のための取組み
（1）トレーサビリティ

少し別な視点から食品のグローバルロジスティクスに特有な要求事項のうちで特に重要なものを2点程述べる。

まず、「トレーサビリティ」である。農水産物も含め現在では生産および流通の過程で何か問題が起きた場合、たとえば加工食品であれば速やかに原因を突き止め、問題のあった商品の特定のロットのものを回収するというアクションを取れなくてはいけない。すでに述べたように、温度管理の必要な冷凍冷蔵品では温度管理の履歴が輸送の段階でも追跡できなければならない。

加工食品のロジスティクスでは、原材料の搬入・投入から加工、保管、そして小売業や外食店への配送と階層が多くトレーサビリティデータも膨大になるので、しっかりとしたシステム構築が重要である。

ドックシェルターの例

温湿度ロガーの例

図14-4　ドックシェルターと温湿度ロガー
（出所：上 ジャロック、下 日置電機）

一方、食品製造業や外食産業が原料として農産物を調達する場合、品質やトレーサビリティをより確かなものにするために「契約栽培」といって、農家や農業法人と契約して栽培することも行われている。数量や品質、農薬や肥料の使い方まで細かく取り決め、委託する側は、専門知識をもつ担当者が土壌調査、残留農薬の検査、収穫前の検査等を農家側と協働して行う。食品製造業や大手外食産業は、高品質で品質レベルが均一なものを大量に調達しなくてはいけないので、こういったサプライヤーの管理は非常に重要である。

（2）フードディフェンス（食品防御）
　食品は常に悪意の第三者に異物を混入されるなどのリスクにさらされている。それによって、健康被害が発生したり、最悪、亡くなる方が発生したりすると、ブランドの毀損、ひいては会社の存続も危うくなるという事態になりかねない。したがって、製造現場には、監視カメラ（CCTV）が随所に設置され、現場や作業員の行動を監視している。食品工場の作業員の制服にはポケットがないのが普通である。製造現場に変なものを持ち込めないようにとの工夫のひとつである。
　日本では冷凍食品の工場で意図的に従業員が異物を混入させ、消費者に健康被害が出た例が何件か発生し、工程の管理がどんどん厳しくなっている。CCTVによる監視は食品を扱う物流現場にまで求められるようになっている。
　フードディフェンスの取組みではオペレーターへの教育や研修が非常に重要で、また「継続的改善」のためのミーティングや内部監査等も重要なプログラムである。これは生産だけでなく、食品の輸送を担うコールドチェーンにおいても同様である。食品のグローバルロジスティクスでは輸送の部分も含めてHACCP、ISO22000、FSSC22000等の国際的な品質基準で管理されることが求められるようになっている。
　HACCPは食品の安全性を担保するために食品製造の各工程において、どこで異物混入や微生物汚染などの危害が発生するかを予測・分析して未然に防ぐ手法である。ISO22000は食品安全マネジメントシステムで、品質マネジメントシステムのISO9001とHACCPの考え方を合わせたものであるが、対象は幅広く、製造過程にとどまらず上流の農業や漁業、また下流の小売業にも及び、食品の流通全体を通じた安全管理のマネジメントを目的とした規格となっている。

FSSC22000 は、世界の大手食品製造業や小売業で構成する国際食品安全イニシアチブ（GFSI）が認めた国際認証で、ISO22000、適正製造規範（GMP）、HACCP 等の要求事項がすべて盛り込まれている。具体的には食品製造のみならず食品の容器包装にも適用され、製品のリコール（回収）の手順や食品防御・バイオテロリズムなどの項目、つまりはフードディフェンスの概念がすべて組み込まれている。

日本の食品系の荷主が物流事業者に FSSC22000 の取得を促すことは聞いたことはないが、欧米系の荷主からは要求されることは多い。日本の食品系物流事業者はまず ISO22000 の取得を目指すべきである。

14.1.4　ハラル対応について

最後にハラル（Halal）について簡単に述べる。今や食品のグローバルサプライチェーンを考えるうえでハラルは欠かすことができない。ハラルとはアラビア語で「許されたもの、合法である」という意味で、イスラム教徒が使用すること、食することを許されたものを意味する。反対の概念がハラム（Haram）で、豚肉、豚脂、アルコール飲料、みりん等が該当する。ただし、イスラムの作法に則らずに屠畜した牛や鶏、羊等もハラムとなる。「ハラル」であっても、一旦「ハラム」なものと直接接触したものは「ハラム」となる。ハラルと認められるにはバリューチェーン全体でハラルであることが求められる。

現在、世界のムスリム人口は約20億人にも達し、世界の人口の25％にのぼり、また、その約半分はアジアが占めている。ハラル関連の市場の対象は、食品のみならず医薬品、生活用品、化粧品、装飾品、ホテル、レストラン、金融、物流サービスまで多岐にわたり、幅広く巨大なマーケットである。その市場規模は日本円で推定 300 兆円といわれ、2030 年までには 1,000 兆円に達するとの予測もある。そのなかで、食品関連のマーケットは約20％といわれており[3]、つまり、現在の約60兆円の規模から、2030年には約200兆円まで拡大する可能性を秘めているのである。グローバルに展開する食品関連企業は絶対にこの市場を見逃してはいけない。

そこでムスリム人口の多い国でハラル市場に食い込むのに必要なのがハラル認証の取得である。ハラル認証は、製品の原材料の管理、加工工程や製造工程、保管等すべてのプロセスで、ハラル性を担保していることが各認証機関に認められることで取得できる。ただ、世界中には、ハラル認証機関は図 14-5 に示

すように無数にあり、どの国でも通用するハラル認証はない。

しかし、輸出先国の認証機関に「公認」された認証機関からハラル認証を取得した食品を輸出すれば、輸出先国でも認証のあるハラル食品として認知される。世界で最も権威のあるハラル認証と筆者が認識しているのはマレーシアとインドネシアの認証である。

マレーシアの認証機関は、政府機関であり、同国唯一の公式ハラル認証機関であるマレーシア・イスラム開発庁（ジャキム、JAKIM：Jabatan Kemajuan Islam Malaysia）である。

インドネシアの認証機関は、かつては、宗教団体でインドネシアのイスラム事業に関する最高の権威であるインドネシア ウラマー評議会（LPPOM-MUI）だったが、「ハラル製品保証法」の施行に伴い、政府が管理するハラル製品保証実施機関である BPJPH（Badan Penyelenggara Jaminan Produk）に移行している。この2つのどちらかを取得しておけば輸出の際に輸出相手国からの「公認」は比較的受けやすいはずである。認証取得は決して簡単ではないが、いわばムスリム市場への「パスポート」なので、多くの日本のグローバル食品関連企業がチャレンジすることを期待している。

図 14-5　世界のハラル認証マーク
(出所：ハラル・ジャパン協会ウェブサイト[3])

14.2 衣料品（アパレル）産業

わが国の衣料品（アパレル）産業の特徴は、商社主導による委託加工貿易に基づく国際水平分業によるバリューチェーンが構築されていることである。ところで、衣料品産業とは、通常繊維産業の川下の縫製作業の領域のことである。

ちなみに、繊維産業は、①川上の合成糸（ステープル・ファイバーやフィラメント等）の製造業、綿や原毛などを紡ぐ紡績業、織布・ニットなどの織・編立業、②川中の染色（浸染または捺染）・整理加工業、③川下の縫製・刺繍業から構成されており、川上、川中の領域は装置型、川下は労働集約型産業である。

このうち、川上の紡績、織・編立、川中の染色・整理加工の素材（原材料）にかかる領域をテキスタイル、川下の縫製にかかる領域は縫製品（衣料品またはアパレル）産業と称している。

ところで、衣料品産業は、①労働集約度が高く、技術習熟度および投資コストが比較的低いこと、②雇用を生み出しやすく、その結果、貧困層の削減が容易であること、③外貨を稼ぎやすいこと、などの理由から、人件費が安く、豊富な労働力を有する開発途上国が工業化によってグローバル経済の発展を図る際の第一歩となる産業になっている。

また、衣料品は素材やカテゴリーによって、次のように分類される。

① 素材による分類：布帛製品[3]とニット製品[4]

② カテゴリー別による分類：

1) ファッション衣料（流行に追随している産業）
   ・コストよりも時間を重視。多品種少量発注。
   ・QR（Quick Response）が可能な地域（中国等）で生産。

2) カジュアル衣料（企業が流行を創っている産業）
   ・時間よりもコストを重視。少品種大量発注。

---

[3] 布帛製品とは、生地の薄さや厚さは関係なく、織物生地を使用した製品全般（衣料品、寝具関係、住居関連等）である。ちなみに、衣料品とは、シャツ、ブラウス、スーツ、コート、ジャケット、作業服等である。

[4] ニット製品とは、撚った糸をループ目の連鎖で編み上げたものの呼び名で、手編みでも、機械編みでも組織がループ目になっていれば、糸の種類が毛糸（ウール）、コットン、アルパカ、カシミア、アクリル、紙に関係なくニット製品である。また、ニット生地は、①横編み（手編み、機械編み：セーター、手袋等）、②縦編み（縦編み機によって生産された生地：婦人インナー、スポーツウェア等）、③丸編み（丸編み機によって生産された生地：肌着、Tシャツ、ポロシャツ等）の3種類に分類される。

・ベトナム、カンボジア、ミャンマー、バングラデシュ、中国等で生産。
3）定番衣料
・スーツ、作業服、学生服、ユニフォーム類等で、コストを重視。
・ミャンマー、バングラデシュ等で生産。

14.2.1 わが国の衣料品の輸入相手国

2022年のわが国の衣料品の輸入総額は3兆3,821億1,200万円、数量ベースで100億6,248万枚である。また、2013年96.9％であった輸入浸透率[5]は年々上昇し2022年は98.7％である。

さらに、数量ベースでみた輸入相手国は年々減少傾向にあるとはいえ、依然中国が55.6％と多く、続いて、カジュアル衣料や定番衣料を中心に、ベトナム、バングラデシュ、カンボジア、ミャンマーの順である。近年、中国が減り、ベトナムやバングラデシュなどが増えている理由は、①中国の人件費の高騰、②米中貿易戦争、③中国政府による労働集約型産業からハイテック産業への政策転換等のためである。

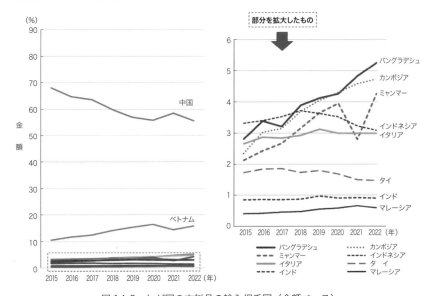

図14-6　わが国の衣料品の輸入相手国（金額ベース）
（出所：日本繊維輸入組合『日本のアパレル市場と輸入品概況2022』）

---

[5] 輸入浸透率とは、輸入量÷（輸入量＋国内生産量－輸出量）×100で計算される。

図 14-7　バングラデシュのアパレル工場
（出所：筆者撮影）

14.2.2　衣料品業界をとりまく環境

昨今の衣料品業界は、以下のとおり厳しい状況下にある。

① インターネットやスマートフォン等の普及、新型コロナウイルス感染症（以下、新型コロナ）の流行による外出規制等もあり、購買形態が変わったこと（ネット通販の増加）。
② 市場の成熟化と需要の多様化と個性化が進み、プロダクトライフサイクルが短小化していること。
③ アパレル業界は競争が激しいオープンマーケットであること。
④ 百貨店との取引は今でも「委託販売」の形態で行われていること。
⑤ 量販店や百貨店での売上が減少し、SPA（Specialty store retailer of Private label Apparel、製造小売業）型企業や専門店の台頭、ネット販売取引が増加していること。
⑥ 消費者は個性化を求めており、安さだけでは売れなくなっていること。
⑦ 少子高齢化と長引くデフレによって販売価格が下落していること[6]。
⑧ 到来するシーズンの需要を予測（数量・色・デザイン・天候・消費者需要等）して、通常市場投入の4～6か月前に発注しなければならないが、最近は天候不順等によりその予測が外れ、市場で過剰在庫になっていること。

---

[6] 日本繊維輸入組合『日本のアパレル市場と輸入品概況2016』、p.13

以上のような環境下にある衣料品業界では、生産・販売原価を下げるために、安い人件費を求めて、産地移動を繰り返している。

14.2.3 商社とバリューチェーン
(1) 商社と委託加工貿易

わが国の衣料品産業の特徴は、日本独特の業種である商社主導による国際水平分業に基づくCMP (Cutting、Making、Packing) と称する委託加工貿易形態による生産体制が構築されていることである。

ちなみに、委託加工貿易とは、「委託者が原材料（部品を含む）や副資材などを海外にいる加工者（受託者）に無償で提供して、現地の安い人件費を活用して生産した製品を委託者に戻し、委託者は加工者に加工賃のみを支払う形態のこと」である。

日本では、1970年代後半以降、関税暫定措置法第8条（通称「暫8」）を活用して、日本から生地や副資材を中国・華東地区（上海地区）の加工業者（当時は国営企業）に送り、衣料品やヌイグルミなどを生産する委託加工貿易が商社主導で盛んに行われていた。

さらに、1990年代になると、日系紡績業者が中国南通等に工場を建設したことで、中国国内での生地の調達が可能となり、日本から送付する必要性が減少し、中国の衣料品産業はますます盛んになった。

ところが、2000年代に入ると、中国沿海部の人件費の高騰と西部大開発に伴う人手不足、尖閣諸島国有化問題に起因した頻発する反日暴動やストライキ、米中貿易戦争、中国政府の労働集約型産業からハイテック産業（EV車等）重視への政策転換等もあり、中国の縫製産業は「チャイナ・プラスワン」と称して、現在ベトナム・カンボジア・ミャンマーなどに縫製工場が移転されている。この際の特徴は、日系企業ではなく、中国企業が縫製工場を移転させていることである。

そこで、現在の加工貿易は商社が手配した中国で生産された生地をベトナム・カンボジア・ミャンマーなどに送り、安い人件費を活用して縫製加工する形態（CMP）で行われている。

なお、新型コロナが拡大した2020年に中国からの生地の輸出が停止されたときには、川下のカンボジアやミャンマーの縫製工場の操業が停止し、失業者が出ている。

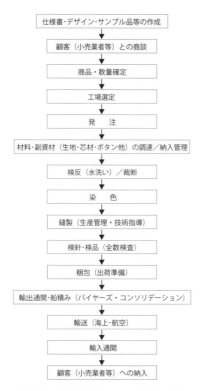

図14-8 衣料品産業における業務の流れ

（2）商社とバリューチェーン

わが国の衣料品産業は、企画立案から工場選定、材料の手配・調達、縫製（生産）、製品の船積み、輸入、納入までのプロセス全体を商社が「バリューチェーン」(VC)を構築し、一貫した責任を担っている。

ちなみに、商社が提唱するバリューチェーンとは、「連鎖（SC、サプライチェーン）の過程ごとに経済的価値が付加される「価値の供給連鎖」のこと」である。

具体的な流れとしては図14-8のとおりである。

また、商社は生産管理・技術指導・輸出検査等を行うために、社員を駐在させる一方、クレーム処理、ファイナンスの供与（機械・ミシン貸与等）なども商社の責任になっている。

図14-9 衣料品の検針・検品風景
（出所：筆者撮影）

そこでの商社のセールス・イントは、「顧客ニーズに沿って、いかに安く、かつ短時間で、最適製品を納入すること」である。

さらに、日本向けの特徴は、欧米向けと違って、発注数量が極端に少ない[7]割に、仕様が複雑で、品質・検査、納期が厳しいことである。顧客のこれらの要望に応え、きめ細かいサービスを提供しているのが商社である。

欧米向けでは、商社機能を有する企業がないので、バイヤー自らがバイヤーズ・コンソリデーションを通して、生産・納期管理を行う一方、出荷前検査も抜き取りで行われている（日本向けは、原則全数検品・検針検査が必要）。

ところで、2000年代初頭まで一世を風靡したGMS（量販店）のアパレル部門がSPA産業（ユニクロ等）やアパレル専門店であるセレクトショップ等に押されて苦しんでいるが、これは、企画・開発・発注・生産等をすべて商社に依存したために独自色（差別化）を失ってしまった結果であるといえよう。

したがって、復活を期すためには独自の「ブランド力」や「デザイン力」などを育てていく必要があろう。その一方で、中小のアパレル専門店のなかには、コスト削減と独自色を図るために、直接貿易を試みている企業もあるが、工場・船積み・品質管理ができないため、改めて商社に生産・納期管理委託（商社経由の間接輸入）するケースも増えているようである。

また、最近では、繊維専門商社の再編も始まっている。

14.2.4　衣料品の生産拠点の将来（チャイナ・プラスワンはどこか）
(1) 生産拠点の選定基準

企業が衣料品の生産拠点（縫製工場）を選定する際の基準要件は下記のとおりである。

① 国土、人口および人口密度
② その国の繊維産業が占める割合
③ 縫製工場数、当該工場の従業員数
④ 人件費とインフレ率
⑤ 輸出入通関等の利便性（輸入材料に対する優遇税制度の有無を含む）
⑥ 川上・川中・川下産業の整備状況（材料の調達の利便性等）
⑦ 縫製技術力のレベルと生産効率

---

[7] 米国からの発注は最低でも1型5,000枚、多ければ100万枚単位であるが、日本からの発注は一部の大手SPA企業を除いて、多くても3,000枚、少ない場合は数100枚単位である。

⑧　受注可能な最低ロット数
⑨　発注から納入までのリードタイム
⑩　生産管理体制
⑪　受注価格（競争力）
⑫　為替動向
⑬　1人当たりGDP
⑭　失業率
⑮　治安・安全性
⑯　強制保険と任意保険制度等
⑰　ロジスティクス
⑱　社会的インフラ整備状況とその料金（水光熱・港湾他）
⑲　EPA・FTA・特恵関税の適用可否

である。特に原材料の調達や製品の出荷、通関、コスト、リードタイム等も注意が必要である。

（2）ファッション衣料の今後の生産拠点

　流行を追随しているファッション衣料の産地選定時のキーワードはQRである。すなわち、発注から納入までの短時間での納入を考えると、以下の理由から、今後は中国内陸部（たとえば、安徽省・東北部等）が最適生産拠点地となろう。

① 人件費が沿海部と比べて20～30％安いこと（船積港までの輸送距離は延びるが、最近は道路も整備され、課題も解消している）。
② 繊維産業関連の川上・川中・川下の産業がすべて中国内に揃っているため、材料および副資材の調達から縫製まで同一国内でできること。
③ 多品種少量発注に対して、QRでの対応が可能であること（受注後製品納入まで最短3～4週間で可）。
④ RCEP（東アジア地域包括的経済連携協定）が発効していること。
⑤ 中国では、委託加工貿易に関する輸入材料等に対する免税制度（進料加工と来料加工制度）が整備されていること。
⑥ 日本までの船便・航空便の数が多い上に、輸送日数も3～5日と短く、利便性に富んでいること。
⑦ 日本語での商談が可能であること。

表14-1　アジア主要国の月額基本人件費一覧

国　名	作業員 2022	作業員 2021	作業員 2020	作業員 2019	マネージャー 2022	マネージャー 2021	マネージャー 2020	マネージャー 2019
シンガポール	1,905	1,929	1,907	1,924	4,195	4,605	4,306	4,460
中国	607	651	531	493	1,567	1,704	1,439	1,369
マレーシア	430	492	431	414	1,649	1,772	1,650	1,657
タイ	385	433	447	446	1,884	1,570	1,629	1,685
インドネシア	374	384	360	348	1,122	1,197	1,085	1,059
インド	330	316	265	278	1,320	1,415	1,373	1,473
フィリピン	248	269	272	236	978	1,099	1,092	1,046
ベトナム	277	265	250	236	1,114	1,065	1,013	1,008
カンボジア	246	215	222	196	885	1,293	1,003	974
ミャンマー	92	164	181	159	475	722	836	985
パキスタン	174	163	158	129	756	881	1,202	1,123
ラオス	97	115	115	160	611	1,300	771	973
バングラデシュ	127	105	115	104	765	668	704	787

（注）上記料金は日系製造企業の月額基本料金で、単位は US ドルである。
（出所：JETRO「2021，2020，2019 年度　海外進出日系企業実態調査」より筆者作成）

⑧　駐在員等の生活がしやすいこと（食事・住居など）。

（3）カジュアル・定番衣料の今後の生産拠点

　少品種大量発注によって時間よりもコストを重視している（「よいモノを安く」）カジュアル・定番衣料（以下、カジュアル衣料）の生産拠点は、人件費、原材料調達の利便性および輸送日数等を考えると、今後も当面は、ベトナム、バングラデシュ、カンボジア、ミャンマーであろう。

　ただし、ミャンマーのネックは政治的不安定さと港が河川港であること、カンボジアは欧米志向（少品種大量生産）が強いうえに、中国寄りの政治体制が強いことである。また、新たな生産拠点として、エチオピアやフィリピンを模索する動きもあるが、エチオピアにおける材料の調達と日本までの輸送時間が約 1.5〜2 か月かかること、フィリピンは慢性的に港湾混雑がひどく、納期がまったく読めないことから、二の足を踏んでいる企業が多い。

　したがって、日本向け拠点としては、①政治的に安定していること、②中国からの材料などの調達の利便性、③労働者の勤勉性、④人件費と生産効率、⑤日本までの輸送の利便性等を考慮すると、ベトナムとバングラデシュが中心ということになろう。

現在、ミャンマー・カンボジア・バングラデシュなどでは中国等から生地や副資材を輸入して、安い人件費を活用した縫製加工を行っているが、人件費が上がり続けている現状をみると、いつまでこの輸出競争力を維持できるかは疑問が残る。

そこで、今後はベトナムのように、川上の紡績工場や染色工場などを誘致していくことが重要となろう。

14.2.5 衣料品産業の今後

最近の円安（2024年5月20日 US$1＝¥156.24）を受けて、衣料品産業の国内回帰を促す声が高まっているが、①国内の人件費が高いこと、②縫製技術者がいないこと、③国内の電力供給が不安定なこと、④輸入浸透率が98.7％（2022年）と高いこと、⑤衣料品に対する需要が停滞していること等を考慮すると、典型的労働集約型産業である衣料品を国内回帰させても、グローバルな競争力は生まれてこないように思われる。

そこで、今後衣料品産業が生き残るためには、「独自のブランド力やデザイン力の強化」、「新たな需要の掘り起こし（市場開拓）」を図ることが重要となろう。

14.3 PC・家電業界のサプライチェーン

14.3.1 日本集中生産と貿易摩擦

戦後の日本は原料を輸入し加工品を輸出するという加工貿易を得意とし、高度経済成長の波に乗って大きく産業発展してきた。その中心はやはり製造業であり、日本国内での生産工場を基盤とし、当時の円安メリットを最大限に活かして欧米のマーケット中心に安価な製品を供給してきた日本集中生産の時代だったといえる。

日本の産業全体にとっても円安による大幅な貿易黒字を創出し、それが対日本では大きな貿易赤字を抱えていた欧米各国、特に米国との貿易摩擦を生み出してきたことになる。

しかし、日本の円安による貿易黒字を是正させようとする欧米各国との合意で、1985年のプラザ合意が発せられ、急激に円高が進むようになった。それでもしばらくはバブル経済が続き、日本メーカーは高収益を創出し続けており、円高進行下でも国内生産も輸出高も拡大し、貿易黒字はさらに増大していった

時代があった。

当時の電機メーカーにとってはまさに円安なら製品が安く輸出できるし、円高になれば部材が安く買えるという状況だったと思われる。高品質低価格の「Made in Japan」、すなわち日本製のテレビ・ビデオを中心とした家電製品やメモリーなどの半導体製品が米国からのダンピングという批判を浴び、さらには東芝機械事件（1987年）のような問題も発生した。

この東芝機械事件（東芝機械ココム違反事件）は、東芝機械がココム（対共産圏輸出統制委員会）に違反して、旧ソ連に同時9軸制御工作機械などを輸出した事件であるが、単なるココム問題を超えて日米摩擦に発展した。米国は、東芝機械により不正輸出された工作機械で、旧ソ連が低騒音の潜水艦用スクリューを作り、結果的に西側の安全保障が脅かされたと主張。これにより東芝機械は1年間の対共産圏輸出禁止処分とされ、さらには親会社である東芝の会長・社長も辞任した。

なお、日本の各電機メーカーは1980年代前半までは、ほとんどの製品を日本国内工場にて生産、主に欧米・アジアに輸出しており、海外販売現法を中心に海外進出を展開していた。

その後、映像製品（TV・ビデオ等）や音響製品（ラジカセ・ステレオ等）を主製品とした海外工場を米国や欧州に設立したが、これは、特に米国を中心とした貿易摩擦の解決策のひとつとして現地で生産するためで、Made in JapanからMade in USAへの切り替えである。この後、さまざまな理由で生産の海外移転がどんどん拡大し、現在に至る日本での空洞化が始まることになる。

14.3.2　市場立地型工場とローコスト集中生産工場

(1) 市場立地型工場

1980年代後半になると家電製品や半導体等の貿易摩擦を回避するため、欧米の市場に近いところ、または市場内部に工場を設立しMade in Japanではなく、Made in USA（Europe）という形で各国の輸入制限や高額な関税を回避しようとしてきた。また市場のある地域での雇用拡大による好感度向上やきめ細かいアフターサービスによる市場での顧客満足度向上、総じてブランドイメージ向上もその目的であった。

日本の工場ですべての製品を生産していたときは、製品のフルラインナップを揃える必要があったが、市場に近いところで生産すると各地域の市場で望ま

れている製品にだけ特化して生産することができるようになった。

その後のPC生産などでいわれてきたBTO生産[8]やCTO生産[9]などである。また、製品の基幹部品・ユニットをSKD[10]やCKD[11]という形態で日本の親工場から輸送して市場に立地した工場で最終組み立てを行う生産方式も拡大した。

(2) ローコスト集中生産工場

1980年代後半の家電業界では、貿易摩擦回避のための市場立地型工場とはまた別の海外進出の動きも起きだしていた。

1985年のプラザ合意以降の急激な円高もあり、やはり国内では製造原価に占める人件費等のコストが高騰してきた。海外生産を拡大し生産コストを抑えようという動きが起こり、まずはじめに生産をシフトしたのが、当時新興工業経済地域（NIEs：Newly Industrializing Economies）とよばれていた韓国・台湾・香港・シンガポールなどである。

特にオーディオ製品や白物家電に顕著であった。その後さらに人件費の安い生産拠点を求めて東南アジア（ASEAN）での生産が拡大されるようになってきた。これをローコスト集中生産型工場（ローコスト型工場）とよんでいる。

1980年代後半は、タイなどの東南アジアに工業団地が次々と設立され、まさにローコスト集中生産型工場の進出ラッシュが起きていた。日本では少しでもコストの安い外注会社に製造させていたプラスチック成形品やプレス部品まで工場内に取り入れて内製化していた工場が多い。これも人件費等が安く多少の設備投資をしても元が取れたからである。

また、PCおよびその周辺機器（ハードディスクドライブ・光ディスクドライブ）などのIT機器も海外製造を開始したが、白物家電と違い内製化が難しい部品（半導体や液晶など）が多く、サプライチェーン的には日本や韓国からの輸入が多かったがそれでも人件費の安さは魅力だったと思われる。ほとんどが輸出加工区に立地した保税工場で100％輸出を前提としており、その国の市場で販売するためには複雑な手続きが必要であった。中国が安い人件費を武器

---

[8]　BTO（Built to Order）：顧客の注文を受けてから部品を選び標準製品を製造する生産方式。

[9]　CTO（Configure to Order）：BTO以上に細かい顧客の注文に応じて製造出荷する生産方式。

[10]　SKD（Semi knock down）：製品の比較的おおきな構成部品はあらかじめ組立済のノックダウンキット。

[11]　CKD（Complete knock down）：製品の構成部品が全て部品レベルになっているノックダウンキット。

に「世界の工場」とよばれるようになる少し前のことである。

人件費やローカル部品などのコストの安い東南アジアの工場（ローコスト型工場）からSKDで製品をキット出荷し、商品マーケットに近いところ（市場立地型工場）で最終組み立てやカスタマイズするというやり方もテレビやビデオ等では普通になってきた。いわゆる円圏離脱である。

14.3.3 関税と地域経済圏

テレビや白物家電（冷蔵庫や洗濯機等）には、また少し違う生産の海外シフトの理由も存在する。欧米はもちろんだが、東南アジアの主要国にも、その国のメーカーや技術援助契約を結んだ電機メーカーが存在する場合が多い。それらの国のマーケットに対しては、いくらローコスト型工場で生産したとしても、自国産業を守るための高額な関税がかけられ販売価格を引き上げられてしまうことが多い。これを回避してその国のメーカーと同じ土俵で戦うためにはやはりその国その地域で生産することが不可欠となってくる。

たとえば米国のマーケットに対しては、米国あるいはNAFTA（USMCA）域内のメキシコなどで、少なくとも最終組み立てを行い、米国・メキシコ・カナダのマーケットで販売するということである。テレビやビデオに典型的にみられる生産の海外進出方法である。

東南アジアのマーケットに対してはASEAN加盟国のタイ・マレーシアなどで生産して、ASEAN域内のマーケットで販売することによって高額な関税を回避しようとしてきた。白物家電に多いパターンである。

またトルコがEU（当時はEC）に加盟申請した時期には、欧州市場に近く人件費の安いトルコに進出した家電メーカーもあった。

某日本メーカーの場合、白物家電はタイ・中国、テレビに至っては米国・英国・ポーランド・メキシコ・ブラジル・エジプト・シンガポール・タイ・インドネシア・ベトナム・中国と、ブラウン管から液晶テレビへの移行期ということもあったが、相当数の国に自前工場を設立してきた。同じ自由経済圏内で生産すれば高額な関税から逃れられるということからである。

しかし、サプライチェーン的にみるとこれは実はかなり複雑で、実際そのメーカーのテレビ事業では少しでもコストを安く、かつ販売の機会損失を避けるために、2010年頃には世界6か国の自前工場とさらには10か国以上の製造請負会社（後述するODM工場）を管理していた。特にエマージングカントリー（新

興国）と呼ばれていた BRICS（ブラジル・ロシア・インド・中国）のマーケットは拡大し続けており、東南アジアのローコスト集中生産型工場で部品を調達し SKD や CKD という形態で欧米はじめそれらの国々の市場立地型工場（最終組み立て工場）へ供給するのである。もちろん東南アジアや中国市場へはそのまま販売することになるが、いずれにしてもかなり複雑なロジスティクスチャートになっている。関税対策とはいえ原価に占める物流コストが膨れていったことも事実である。

これに対して PC 等の IT 機器の場合は、ほぼ中国一極生産で、ほとんどの地域で関税がかなり低率なため、完成品で世界中の市場に出荷することが可能である。関税対策というよりマーケット対応のためにカスタマイズ（BTO／CTO）のみを市場の近くで行う場合もあるが、いずれにしてもかなりシンプルなロジスティクスチャートになる。

14.3.4　垂直統合型生産と水平分業型生産

生産のスタイルは垂直統合型と水平分業型に大きく分けられるという見方もある。日本の電機メーカーは、もともとほとんどの製品を日本国内で生産していた。「商品企画 → 開発設計 → 部品調達 → 製造 → 販売 → アフターサービス」、すべて自社で行っていたのである。キーユニットを含めてすべて自前の工場で生産し完成品にして、国内販売または輸出するというスタイルであった。サプライチェーンそのものが日本国内にあり、素材や部品も日本国内で調達し、ロジスティクス的にも比較的近場に多くの部品外注先を抱えていて、在庫をミニマイズさせながらカンバン方式などで効率的な生産を行ってきた。

生産のグローバル化とともに部品調達の効率化と製造コストの低減化を図り、部品製造・製品製造の水平分業化が進んでくる。それも国境を越えたグローバルな形での水平分業化である。商品企画や開発設計はブランドメーカーの日本の本社、部品調達と製造は自社の海外工場または製造委託先工場、品質管理や出荷先等は日本のマザーファクトリー（親工場）が指示、ブランドメーカーが販売するという形が進んできた。当然サプライチェーンも海外に広がってくるし、そのためロジスティクスのリードタイムも伸びてくるが、人件費等の製造コストはその方がかなり安い。

電機メーカーにとって、垂直統合型生産と水平分業型生産のどちらのメリットが多いかは議論が分かれるところだが、昨今は再び技術のブラックボックス

化（機密性確保）を図るために垂直統合型生産が見直されてきている。

シャープが生産していた液晶テレビ（アクオス）の「亀山モデル」は、開発も含めて垂直統合型生産の典型かと思われる。開発・生産・販売の上流から下流までのプロセスがすべてシャープ1社で統合されていた。それに対して、AppleのPCやスマートフォンは商品企画（デザイン）や開発設計を米国で、キーデバイスは日本の部品メーカー、製造に関しては後に述べる中国に拠点をもつEMSで行うという水平分業型生産である。

製品の核となるデザイン・開発・販売は自社で行い、それ以外は外部委託するというビジネスモデルで成功した代表例である。

垂直統合型の場合は、生産のみならず製品の開発から販売という上流から下流までのプロセスをすべて自社で行うビジネスモデルのためコストはかかるが、技術のブラックボックス化やノウハウの蓄積、情報の機密保持などもできることになる。

日本の家電メーカー（ソニー・パナソニック・東芝・日立など）がかつて世界を席巻した時代はまさにこの垂直統合型生産といえる。この時代の日本のモノづくりが世界最高水準になり、まさにJapan as No.1といわれた時代があった（実際には前述した円安によるメリットがかなり大きい）。

一方、水平分業型は製品の核となる部分の開発設計や製造・販売は自社で行うが、それ以外の部分は外部に委託するというビジネスモデルである。垂直統合型に比較すると効率性が高い。自社のリソース（人・金・物流資産）をより得意な分野もしくは新規の分野に注力させられるという点が大きい。

特に製造に関しては、自社工場に設備投資・人材投資をするよりもファブレス[12]を志向し、製造のプロであるEMS[13]へ委託することにより製造原価を下げられる傾向が非常に強い。

世界のPCメーカーはまさに垂直統合型から水平分業型へ移行してきた。

「商品企画→開発設計→部品調達→製造→販売→アフターサービス」のプロセスをすべて1社で行っていたものが、まずはユニット部品（PCB基板等）を一般的にEMSとよばれる受託生産を行うメーカーに製造委託することから始まり、OEM[14]という形で製造すべてを委託する方法に移り、現在では開発設

---

[12] ファブレス：工場を持たないメーカー（企業）のこと。

[13] EMS（Electronics Manufacturing Service）：電子機器の設計や製造を受託。

[14] OEM（Original Equipment Manufacturing）：相手先ブランドで製造を受託。

計や部品調達を含む生産全体を会社に委託する ODM[15] という方法が普通になっている。

　ここで少し家電業界の OEM と ODM の違いを紹介したい。OEM 生産というのは食品・衣料・白物家電業界等で、委託者（ブランドメーカー）から製造のみを受託し、委託者から詳細設計や組み立て図面等の支給を受け、場合によっては製造技術の指導も受けて製造するメーカーである。

　これによってブランドメーカーは生産能力不足をカバーでき、設備投資の極小化ができることになり、また OEM メーカー側は生産余力を活用し量産効果を最大限に享受できることになる。ただし、ブランドメーカーは生産による利益は取り込めなくなる。ブランドメーカーが流通業の場合はプライベートブランド（PB）ともよばれている。

　ODM 生産というのは OEM 生産が進化した形と考えられ、台湾や中国の企業に多くみられるが、IT 業界ではかなり一般的になっている。開発設計・部品調達・製造・出荷までをすべて 1 社の ODM が請負い、PC のブランドメーカーは基本的なデザインや商品のコンセプトのみを提示することになる。

　ODM 生産の場合、ブランドメーカーはブランド力の構築やその向上とマーケティング・販売拡大に専念できるが、設計・製造のノウハウが自社には残らないことになる。また製品コストや品質のコントロールも自社生産に比較すると難しい。

　実際の実務の現場では EMS・OEM・ODM という言葉の違いを厳密には定義されずに使われていることが多いため注意が必要である。ただ最近の傾向としてはブランドをもって企画・販売に特化する会社と、ODM・OEM を専業とするメーカーとの組み合わせによるビジネスモデルが急拡大してきていることも事実である。

　PC メーカーが自前工場で生産する場合と ODM に委託する場合の違いは、図 14-11 のようになる。マーケティングや販売、アフターサービスについてはもちろんブランドメーカーの責任であるが、ODM 生産委託の場合は製品の基本仕様のみを提示し設計・製造を行わせることになる。販売に合わせた生産計画はブランドメーカーから提示される。また一部のキー部品についてはブランドメーカーが調達して支給するがそれ以外の部品はすべて ODM が調達するの

---

[15] ODM（Original Design Manufacturing）：相手先ブランドで製品開発から設計、製造を受託。

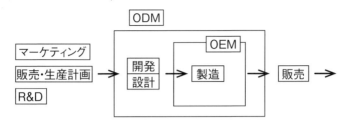

図 14-10　水平分業型（ODM・OEM）
（出所：筆者作成）

が一般的である。

　PCの場合、ブランドメーカーであるHP・デル・レノボなどがODMメーカーである台湾のコンパル・クアンタ・ウィストロン・ペガトロン・インベンテック・ホンハイに発注しており、おおむね同じような仕組みである。ただしAppleの場合はODMというよりOEMとして、ODMメーカーに製造委託しているようだ。

14.3.5　グローバルスタンダードとコモディティ化

　なぜ電機業界、とりわけ家電業界やIT業界でこれまで述べたEMS・OEM・ODMを活用した水平分業化がここまで進んできたのだろうか。

　グローバリゼーションが進むことによって、さまざまな規格や技術、さらにはモノづくりそのものもグローバルスタンダード化してきた。進んだデジタル化やモジュール化によって製品そのものが世界標準化し、コモディティ化が進むことになった。最先端の技術や差異化された技術もすぐにコモディティ化されていったのである。

　家電（IT）業界では比較的早い時期に米国PCメーカーが自前工場をもたずに台湾系のOEM・ODMに製造委託する形態が進んできた。OEM（EMS）に対する製造委託による製造コスト低減から、さらに一歩進んでODMへの開発設計と製造の委託へと進み、自らはマーケティングや販売チャネル構築に専念することでシェアを拡大していったのである。なぜ情報家電の横綱とまでいわれたPCが他業界よりも先んじてODM生産化へ踏み切っていけたのだろうか。それはまさに製品のグローバルスタンダード化、コモディティ化によるものと考えられる。

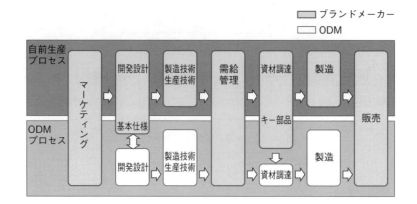

図 14-11　PC の自前生産と ODM のプロセス
(出所：筆者作成)

　PC は他の家電製品などと違い地域差による製品の差異化は非常に少ない。これによって世界戦略機種などとよばれる世界共通機種なども商品化されやすいのである。特に汎用 PC については PC メーカーごとの差異化・差別化等も以前と比べると非常に難しくなってきている。部品やキーユニットがどんどんモジュール化されて共通化されてきたことにより、極端にいえば汎用 PC については誰が作っても似たようなもの、誰でも作れる PC になってきたのである。
　当然この分野では製品の ODM 生産への流れが拡大し、製造コストを抑え、低価格で販売シーズンに一気に立ち上げて売り切るということが当たり前のようになっている。差異化は価格のみである。
　ただし、以前はそれでも差異化差別化をされた最先端の技術・部品を搭載した製品はやはり、各社とも自前の工場で生産してきた。差異化差別化を狙った上位機種は親工場で生産されてきたのである。しかし先端技術や新規部品もあっという間にコモディティ化してしまい、そのスピードもどんどん速くなってくる。
　結果、ODM 企業の技術力の進歩とともに差異化差別化を狙った上位機種ですら初めから ODM 生産に切り替えられていくことになった。最終的には、差別化できるのは価格のみということになる。
　生産のグローバリゼーション、世界標準の進化により、家電業界の生産の空洞化はどんどん進んでいき現在に至っている。

14.4　自動車産業のロジスティクス

14.4.1　自動車産業のロジスティクスの特徴

　高度成長期、自動車産業は電機産業とともに日本経済をけん引してきた。その当時の自動車産業の生産システムは系列による垂直統合型である。トヨタなどの自動車メーカーがヒエラルキーの頂点にあり、それらに部品を供給するTier1（一次部品供給企業）、Tier1に部品を供給するTier2（二次部品供給企業）など、幾重にも重なったピラミッド構造となっていた。

　さらにそれぞれの階層を跨いで長期取引が行われており、その構造を補完するために、株式を持ち合ったり、研究開発を共同で行ったり、効率性を高めるため、JITで在庫をもたないシステムを構築していった。

　そのなかで、サプライチェーンは、ピラミッド中の国内中心の部品物流と、国内にとどまらず海外にも及ぶ完成車物流で構成されていた。そのサプライチェーンが2つの事象により大きく変わっていった。

14.4.2　貿易摩擦等による構造変化とロジスティクス

　日本の自動車メーカーは、高度成長期に頭角を現し、自動車は競争力のある輸出財となった。当時、大型車を主に生産していた米国では、高性能で燃費のいい日本の小型車が好評となり、輸出が急激に増えていった。

　その結果、米国の国内雇用に影響を与え、1970年代以降、貿易摩擦が顕在化していったのである。その処方箋となったのが、完成車輸出から現地生産への移行であった。いわゆる地産地消だ。そのようにすれば、米国内で雇用が生まれ、Win-Winの関係が成り立つからである。

　当初はノックダウン生産だったが、ローカルコンテンツを高めるべきとの求めに応じて、Tier1以降も米国に進出する動きが顕在化していった。またその際に、米国では系列が薄れ、系列を超えた部品取引が行われるようになり、それと同時に、現地企業からも部品調達を行うようになった。これら一連の動きが米国のみならず、欧州、アジアに広まっていったのである（図14-12）。なお、2023年の海外生産比率を見ると、ホンダは82.8％、日産は79.1％、トヨタは66.4％となっており、地産地消が一般化したことが伺える。

　日本国内の供給体制は、国内の需要増以上に海外での需要増が顕著となったため、ピラミッド構造の生産システムは若干スリム化するようになっていった。

14.4.3　EVによる構造変化とロジスティクス
（1）EVによる構造変化

近年、CASE（「C：コネクテッド（つながる車）」「A：オートノマス（自動運転）」「S：シェアリング（共有）」「E：エレクトリック（電動化）」）の進展を背景に、自動車産業は100年に1度の変革期を迎えているといわれている。特に、各国政府がEV等の電動車に購入補助金を付与していることなどから、CASEの中のE（電動化）の動きが急となり、テスラ等の新興企業も出てきた（図14-13）。

2023年のEV、PHVの販売台数をみると（IEA）、中国では810万台、欧州では320万台、若干遅れているといわれている米国でも140万台となっており、日本の14万台との差は大きい。これらの数値と今後のEV需要、および現在の日本の自動車メーカーのEV競争力のなさは、海外販売で利益を得ている日本の自動車メーカーが、海外の市場を失いつつあることを示唆している。

他方、EVの製造となると、部品はもちろんのこと製造工程も大幅に変えなければならない。たとえば、ガソリンエンジン車で必要不可欠なエンジン、トランスミッションなどが不必要となり、新たにモーターなどのアクスルや車載電池などが必要となる。系列内の企業ですべての部品を調達できない自動車メーカーは、必然的に系列外部から調達するようになる。その事象は徐々に「水平分業」に移行しつつあるといえる。

また、EVを作るための部品は1万点程度とガソリン車の3万点と比較して

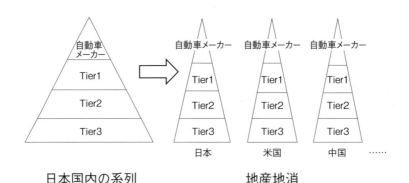

図14-12　経済摩擦等による構造変化
（出所：筆者作成）

大幅に減ることに加え、ガソリン車では重要部品であるが、EVでは使わない部品も多い。今後、EV化の進展とともに、Tier1、Tier2、Tier3の中には淘汰される企業も出てくると思われる。

一方で、Tier1のなかでEVの必要不可欠な部品を作っている企業は、Tier1の地位に甘んじず、自動車メーカーの「水平分業」の主導的な役割を果たす企業も出てくる可能性が高い。たとえば、コンチネンタルやボッシュなどドイツ系の企業がその例として挙げられる。

図14-13　テスラのサイバートラック
（出所：筆者作成）

以上の結果、自動車メーカー中心の系列の規模が縮小し、系列外部から部品を調達ようになることから、結果的に「垂直統合・水平分業混合型」への移行が想定される（図14-14）。

(2) EVにおける車載電池の位置付け

ガソリン車の基本性能を決めるのはエンジンであるが、EVのエンジンに匹敵するコアモジュールは、航続距離、パワー（出力）などのEVの基本性能を左右し、価格の3～4割を占めるといわれている車載電池である。EV車載電池は開発・企画・設計だけではなく、製造場所も含めサプライチェーン全体で考えるのが一般的になっている。つまり車載電池を「どこで」「どのように」製造するかが重要となっている。

車載電池の製造は、車の生産と同様に、消費地に量産工場を作る地産地消が基本となりつつある。その理由としては、第一に自国の車載電池産業を育成し、国内の雇用を確保することが挙げられる。次に、経済安全保障上、EV生産に必要不可欠な重要部品を自国内で作ることにより、サプライチェーンの分断を生じさせない措置とも考えられる。最後にプロダクトライフサイクル全体の環境負荷を問題視する動きが強まっており、重く、発火しやすい車載電池について、輸送時間を最短にして、できる限り二酸化炭素（CO_2）を発生させないことも地産地消に重きを置く理由と考えられる。

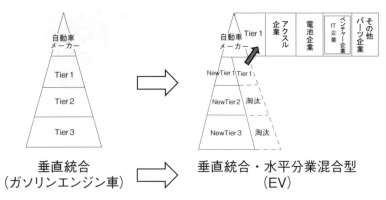

図 14-14　EV による構造変化
（出所：筆者作成）

(3) 各国の EV、車載電池の状況

① EU の EV、車載電池の状況

　EU は、2023 年 9 月、中国製 EV の輸出急増の背景には同国政府の補助金に原因があると判断し、ダンピング調査を行い、2024 年 7 月から、中国製 EV に最大 38.1％の追加関税を課している。また、「国境炭素調整措置」（CBAM）が 2026 年から本格導入される予定である。当初は鉄鋼やセメントなどが対象であるが、今後、対象に EV や車載電池が加えられることが想定される。さらにフランス政府は、車両の製造・輸送時の CO_2 の排出量を EV 購入時の補助金支給の条件に含める方針を決めている。今後、EU で販売される多くの EV は、EU 域内で生産しなければ、競争上優位に立てないことを示唆している。

　また、EU は海外電池メーカーの域内への誘致を積極的に行っている。加えて、車載電池に使用されているリチウム、コバルトなどのレアメタルに関して、リサイクルしたものを一定量使用する規則の策定を検討している。ちなみに、2023 年 8 月に施行したバッテリー規則では、2031 年に電池製造時に一定以上のリサイクル材の使用義務を課すこととしている。これは、環境保全の観点やレアメタルの有効再利用という観点もあるが、レアメタル産地やレアメタルの権益を保有している国からの影響力をできる限り弱める意味合いもある。以上から、EU で販売される多くの車載電池も、EU 域内で生産される蓋然性が高い。

② 米国の EV、車載電池の状況

　2022 年 8 月に成立したインフレ抑制法（IRA）では、EV 等の購入者が最大 7,500

ドルの税額控除を受ける要件のひとつとして、車両の最終組み立てが北米（米国、カナダ、メキシコ）で行われていることが必須となっている。また、2024年8月から米国政府は中国製EVに100％の制裁関税を課している。これらを踏まえ、トヨタ、日産、ホンダなども含め、世界の自動車メーカーがEV工場の立地を表明しており、米国でのEVの地産地消が進みつつある。

米国では、テスラが早い時期からEVの販売シェアを高めてきたが、車載電池に関しては、パナソニックがテスラとともにネバダ州で電池工場を運営しているほか、2024年度にカンザス州にも電池工場を稼働させる予定となっている。さらに、テスラ以外の自動車メーカーへの供給も視野に入れて、積極的な投資を進めている。

インフレ抑制法（IRA）は、EV購入時の税制優遇の条件のひとつに、電池部品の5割以上を北米で製造することを定めているため、北米産の車載電池を求める日本をはじめ各国の自動車メーカーの需要が一段と高まっている。一方で、米中対立を背景に米政府はCATL（寧徳時代新能源科技）やBYD（比亜迪）など、世界シェアの高い中国メーカーの米国立地が難しいため、パナソニック等の自動車メーカーとLGES（LGエナジーソリューション）、SKオン、サムスンSDIなどの韓国メーカーの米国立地競争の様相を呈している。

③　中国のEV、車載電池の状況

EVなどの新エネルギー車を対象とした購入補助金などにより、中国国内のEVの新車登録台数が増え、数々のEVメーカーが誕生した。その後、2022年末にその購入補助金も終了し、EVの需要も一息つくのではないかと考えられていた。しかし、需要喚起を狙ってテスラが2023年1月に値下げをすると各社が追随し、現在、中国国内のEVは過当競争の状況が見受けられている。後から中国のEV市場に参入した日本の自動車メーカーは、その競争に勝ち目はなく、さらに、競争力があったガソリン車も、新車販売台数が減少し、ハイブリッド車はある程度売れているものの、全体としてみれば中国における日本車のシェアが減り続けている。

また、車載電池に関しては、テスラがEVの生産拠点「上海ギガファクトリー」を設立した際、車載電池の供給サプライヤーとしてCATL、LGES、BYDを選び、パナソニックは選定されなかった過去がある。さらに中国市場は、量産効果によりコストを下げようとするCATLなど、中国国内企業が車載電池で大量生産を行い、供給過多となりつつある。日本の車載電池を供給するメーカーや自動

車メーカーはリチウムイオン電池やそれを用いた EV の勢力拡大余地はほとんどないのが現状である。全固体電池や次世代電池の萌芽を期待して、10 年後、20 年後の市場に望みをつながざるを得ない状況となっている。

④ 東南アジアの EV、車載電池の状況

2023 年のインドネシアの日本車シェアは 9 割強で、タイも約 7 割である。インドの日本車のシェアは 5 割を超えている。いずれの国も、現在、他の米欧中の自動車と比較して日本車の競争力が突出して高く優位な市場となっている。

これらの国は、まだガソリン車主体で、EV の導入が遅れているが、今後、着実に EV 化戦略を進め、自国の自動車産業の育成に力を入れていく意図が見え始めている。

たとえば、インドネシアは、2025 年までに四輪車の生産台数の 20% を EV にするという目標を掲げている。同時に、リチウムイオン電池に使用されるニッケルの世界最大の埋蔵量という権益を有効に活用するため、未加工のニッケルの輸出を禁止している。それに呼応して、中国の CATL は工場の新設を計画し、韓国の LGES も現代自動車と車載電池の合弁工場を建設している。さらに、現代自動車、上汽通用五菱汽車も EV 工場を新設し、生産を開始している。

日本企業は、インドネシアで電池工場も EV 工場もいまだ建設していない。日本の自動車メーカーはインドネシアの EV の普及には時間がかかると考えているようだが、想定よりも早く EV 化が進む可能性が高いと思われる。そのようななか、中韓の自動車メーカーは EV へのゲームチェンジを機に積極果敢にインドネシア市場のシェア拡大に動いている。

一方、タイでも EV に対する関心が高い。ちなみにタイ政府は 2050 年までにカーボンニュートラルを、2030 年までに国産車の 3 割を EV などのゼロエミッション車（ZEV）にする目標を掲げている。現在、タイは東南アジアにおけるガソリン車の生産の中心的な役割を果たしているが、EV でも同様な役割を果たそうと EV 工場の誘致に余念がない。

こうしたなかで、2024 年、中国の BYD はタイに EV 工場を稼働した。また、上海汽車や長城汽車は、タイでの EV 販売を加速化するとともに、工場立地を検討し始めている。さらに、タイ石油公社（PTT）は鴻海精密工業と組んで EV の受託生産工場の建設を進めている。

タイでは、インドネシアと同様に中国、韓国が EV で存在感を高めているなか、日本の自動車メーカーの EV の生産・販売の動きは鈍い。2022 年にトヨ

タが「bZ4X」の輸出販売を始め、ホンダが 2023 年に EV を生産し始めているという話が、日本企業の数少ないタイでの EV の動きになっている。

14.4.4　今後の自動車産業のロジスティクス

　従来から貿易摩擦等を背景に、自動車産業には地産地消の動きがあったが、昨今、新型コロナウイルス感染症の蔓延により、中国をはじめとする都市がロックアウトし、製造に必要な部品や製品が入手できなくなったり、地震や火災などで重要部品が搬入されなくなったりする事態に直面し、サプライチェーンの重要性が再認識されている。

　また、近年、米国と中国の新冷戦が始まり、経済安全保障の意識の高まりから、日本産業に不可欠な重要パーツのサプライチェーンを国内および友好国の国内にとどめる動きが加速化している。その典型例が EV および EV に不可欠な車載電池である。地産地消をさらに進めるとともに、サプライチェーンをできる限り短縮化させ、フェイルセーフのためリダンダンシーを設けるなどの工夫をし始めている。

　さらに、EV はガソリン車よりも 1.5 倍ほど重くなり、従来と同じ方法で同じ台数の完成車が運べなくなってしまうため、効率化のため、地産地消が求められる。また、電池は発火の恐れがあり、危険物対応となるため、電池工場も完成車の組み立て工場のより近くに作るインセンティブが増してくる。

　以上のことから、今後、EV 化に伴い、自動車産業のロジスティクスは、輸出入による完成車物流が少なくなり、各国・地域内の需要地で作られた完成車工場から搬出される完成車物流が幅を利かせることになると考える。また、車載電池をはじめとした部品物流も完成車工場の周りに集約され、短距離の物流が増えてくると思われる。同時に、特に海外の自動車市場に関しては、日本の自動車メーカーの EV の競争力減退とともに、それらの海外の完成車物流や部品物流が減り、日本の物流事業者の果たす役割も限られたものになってしまうかもしれない。

【参考文献】
1) 田中則仁 編著（2021）『アジアのグローバル経済とビジネス』文眞堂
2) 小川洋（2020）『ISO22000:2018　食品安全マネジメントシステム徹底解説』技報堂出版
3) ハラル・ジャパン協会, https://jhba.jp/halal/　（2024 年 7 月 10 日確認）

第15章 FTA・EPAとグローバルロジスティクス

15.1 FTA・EPAとは何か

15.1.1 FTA・EPAの意義

　自由貿易協定（FTA：Free Trade Agreement）は、特定の国や地域の間で、物品の関税やサービス貿易の障壁等を削減・撤廃することを目的とする協定である。また、経済連携協定（EPA：Economic Partnership Agreement）は、貿易の自由化[1]に加え、投資、人の移動、知的財産の保護や競争政策におけるルールづくりや、さまざまな分野での協力の要素などを含む、幅広い経済関係の強化を目的とする協定である[1)]。そのうえで、外務省は、「日本は当初から、より幅広い分野を含むEPAを推進してきた。近年世界で締結されているFTAの中には、日本のEPA同様、関税撤廃・削減やサービス貿易の自由化にとどまらない、さまざまな新しい分野を含むものも見受けられる」としている。

　また、財務省によれば、EPAとは、「2以上の国（または地域）の間で、FTAの要素（物品およびサービス貿易の自由化）に加え、貿易以外の分野、たとえば人の移動や投資、政府調達、二国間協力等を含めて締結される包括的な協定」と説明している[2)]。

　なお、物品貿易にかかる自由貿易協定については、世界貿易機関（WTO：World Trade Organization）の「関税及び貿易に関する一般協定」（GATT）の第24条においてその要件が定められており、①構成国間の実質上すべての貿易[2]について妥当な期間内[3]に関税等を廃止すること、②域外国に対する関税を引き上げないこと、というふたつの要件を満たす場合に限り、最恵国待遇（すべての加盟国に対し無差別待遇）を基本とするWTOの例外として認められてい

---

[1] 「貿易の自由化」とは、従来は、物品の外国貿易が制限されていた物品に対しその制限が解除されることを指していたが、現在は、当該制限をなくすことのほか、輸入時に課されている関税率を撤廃ないしは引き下げることにより、当該物品が輸入しやすくなることも含めて貿易の自由化と称している。また物品の貿易のほか、映画、技術移転などさまざまなサービスの国際間の取引をサービス貿易と称している。

[2] GATT第24条第8項の「自由貿易地域」に関する定義として規定されており、FTA/EPAに関しても多くの国が域内貿易の90%以上の関税撤廃と、主要分野を除外しないことが必要との一般的な理解のもとに交渉を行っているとされているが、合意された解釈として確立しているわけではない。

[3] 「妥当な期間」については合意された解釈了解として原則10年以内とされている。

る。

　いずれにしても、EPA は、2 以上の国または地域間における物品の貿易に関して可能な限り関税を撤廃することなどを中心とした貿易の自由化およびサービス貿易の自由化を目的とした FTA に加えて、投資の促進、知的財産や競争政策等、さまざまな分野での制度の調和および協力等を包含した包括的な協定ということができる。

15.1.2　FTA・EPA のメリット

　外務省によると、EPA の締結によるメリットは、経済上のメリットと政治・外交上のメリットに分けて考えることができるとしており、以下のように説明している。

① 　経済上のメリット
1) WTO より進んだ貿易の自由化や WTO では扱われない分野でのルールづくりを進める。
2) 貿易や投資の自由化を進め、日本企業が海外に進出するための環境を整備し、両国の経済を活性化する。
3) 資源、エネルギー、食料等の安定的輸入の確保や輸入先の多角化につながる。

② 　政治・外交上のメリット
1) 経済的な関係を深めることで政治的な関係も強化される。
2) さまざまな国・地域との関係を強化することで世界のなかで日本が活動しやすい環境を作る。

　なお、WTO はすべての加盟国との間で自由にモノ・サービスなどの貿易ができるようするためのルールを決める国際機関であり、一方、FTA・EPA は特定の国や地域の間だけで一層の貿易を自由にする協定のことである。WTO のルールにおいて例外的に認められているものであることから、日本は、WTO を中心としながらこれを補完するものとして、FTA・EPA も積極的に推進しているとされている。

　物品貿易に関していえば、FTA・EPA 締結相手国から直接輸入される同締約国の原産品である貨物（後述 15.4.3 の原産地基準を満たす物品）については、当該協定による約束に従って関税が軽減され、協定締約国間の貿易の一層の進展が図られることに尽きるといえよう。

15.1.3 世界の趨勢

WTOによる自由貿易体制は多角的な貿易自由化を目指すものであるが、WTO発足後取り組んできた「ドーハ開発アジェンダ」における貿易交渉は、関係国のさまざまな工夫や懸命な努力にもかかわらず、2014年12月に合意した貿易円滑化協定を除いては、目立った成果が得られていない[4]。

こうしたなか、通商交渉においては、2国間や多国間で貿易協定を締結し、貿易の自由化や地域統合を目指す動きが活発化してきた。これらは、自由貿易地域（Free Trade Area）や関税同盟（Customs Union）など多岐にわたるが、そのなかでも近年特に目立つのがFTA・EPAである。これらを含めて、WTOでは地域貿易協定（Regional Trade Agreement）と呼称している。

WTOへの通報ベースでは、2023年11月6日現在、物品貿易に関する発効済み地域貿易協定のWTO事務局へ通報された件数は361件と報告されている[3]（図15-1）。

15.2 わが国のFTA・EPAの締結状況

15.2.1 日本の取組み

わが国のFTA・EPA等への取組みについては、2002年11月に発効した「日

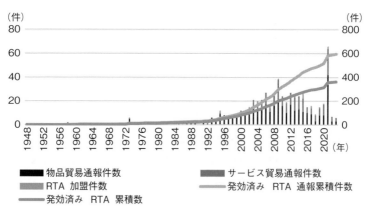

図15-1 世界の地域貿易協定（1948～2023年、2023年11月6日現在）
（出所：WTO「Regional trade agreements」より筆者作成）

---

[4] このほか2015年12月15日に妥結したITA拡大交渉（関税引下げ）等のほかは、その他の分野での関税引下げ交渉では、先進国と開発途上国・新興国等との意見が対立し妥協に至っていない。

シンガポール経済連携協定」をはじめ、図15-2に示すとおり、2022年1月に発効した「地域的な包括的経済連携（RCEP）協定」まで含め24か国・地域と21の経済連携協定等[5]が発効・署名済みとなっており、これらのEPA等相手国との貿易が貿易総額に占める割合は77.7%とされている。また、このほか、現在交渉中のもの、延期中または中断中のEPA相手国との貿易を含めると、その貿易総額に占める割合は85.8%と試算されている（なお、2013年10月現在でGCC[6]とは2024年度中の交渉再開が合意されている）。

15.2.2　FTA・EPAの内容

2021年に合意・署名され、2022年1月1日から日本をはじめ各国について順次発効しているRCEP協定について、外務省作成資料を参考に、その概要を述べておく。

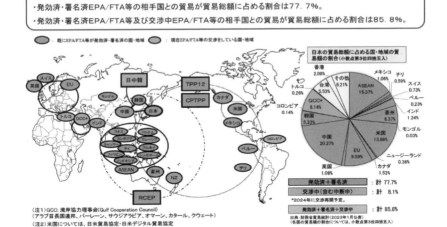

図15-2　わが国の経済連携協定等の取組み
(出所：外務省作成資料)

---

[5] 2020年1月1日に発効した、いわゆる日米貿易協定は、「日本国とアメリカ合衆国との間の貿易協定（物品の自由貿易協定）」と「デジタル貿易に関する日本国とアメリカ合衆国との間の協定」をまとめた呼称で、EPAとは内容が異なる。

[6] サウジアラビア、アラブ首長国連邦（UAE）、バーレーン、オマーン、カタール、クウェートによって設立。本部（事務局）はサウジアラビアの首都リヤド。正式名称は、「Cooperation Council for the Arab States of the Gulf」であるが、Gulf Cooperation Council（GCC）という略称が用いられることが多い。

① 経　　緯

2012年11月RCEP交渉立上げを宣言、2020年11月第4回RCEP首脳会議の機会に署名、2022年1月1日に日本、ブルネイ、カンボジア、ラオス、シンガポール、タイ、ベトナム、オーストラリア、中国、ニュージーランドの10か国で発効、2022年2月1日に韓国、同年3月18日にマレーシア、2023年1月2日にインドネシア、同年6月2日にフィリピンについてそれぞれ発効した。

② 意　　義

世界のGDP、貿易総額および人口のいずれも約3割、わが国の貿易総額のうち約5割を占める地域の経済連携協定である。地域の貿易・投資の促進およびサプライチェーンの効率化に向けて、市場アクセスを改善し、発展段階や制度の異なる多様な国の間で知的財産、電子商取引等の幅広い分野のルールを整備するものとされている。

③ 参加国等

ブルネイ、カンボジア、インドネシア、ラオス、マレーシア、ミャンマー、フィリピン、シンガポール、タイ、ベトナムのASEAN10か国および日本、中国、韓国、オーストラリア、ニュージーランドの計15か国が参加している。

参加国の総人口は22.7億人（2019年）、GDPは25.8兆米ドル（2019年）、貿易総額（輸出）は5.5兆米ドル（2019年）となっている。

④ 物品の貿易（関税の撤廃等、協定国間の市場アクセス分野）

日本産品のRCEP協定締約国市場へのアクセス(対日関税撤廃率(品目数ベース))は、交渉の結果、ASEAN・オーストラリア・ニュージーランドでは86〜100％、中国では86％、韓国では83％となっており、工業製品では14か国全体で約92％の品目の関税が撤廃される。また、中国および韓国における無税品目の割合が、中国においては8％が86％に、韓国では19％が92％に増加するとされている。

なお、最終的な関税撤廃品目の例として、次のようなものがある。

1) 中国：電気自動車用の重要部品（モーターの一部、リチウムイオン蓄電池の電極・素材の一部）、ガソリン車用の重要部品（エンジン部品の一部、エンジン用ポンプの一部）、鉄鋼製品（熱延鋼板の一部、合金鋼の一部）、繊維製品（合成繊維織物の一部、不織布）

2) 韓国：自動車部品（カムシャフト、エアバッグ、電子系部品）、化学製品（液

晶保護フィルムの原料)、繊維製品（合成繊維織物・綿織物の一部）

3) インドネシア：鉄鋼製品（ばねの一部、貯蔵タンク）

4) タイ：ディーゼルエンジン部品の一部

また、農林水産品等に関しては、中国等との間でわが国の輸出関心品目について関税が撤廃されている。最終的な関税撤廃品目の例としては、次のようなものが挙げられている。

1) 中国：パックご飯等、米菓、ほたて貝、さけ、ぶり、切り花、ソース混合調味料、清酒

2) 韓国：菓子（キャンディー、板チョコレート）、清酒

3) インドネシア：牛肉、醬油

他方、RCEP協定締約国産品の日本市場へのアクセス（日本の関税撤廃率（品目数ベース））は、対ASEAN・オーストラリア・ニュージーランドの産品に対しては88％、対中国の産品に対しては86％、対韓国の産品に対しては81％となるとされている。

また、工業製品に関しては化学工業製品、繊維・繊維製品等について、関税を即時または段階的に撤廃する一方、農林水産品等に関しては重要5品目（米、麦、牛肉・豚肉、乳製品、甘味資源作物）は関税削減・撤廃から除外されている。このほか、中国に対しては、鶏肉調製品や野菜等（たまねぎ、ねぎ、にんじん、しいたけ、冷凍さといも、冷凍ブロッコリー、うなぎ調製品等）を関税削減・撤廃の対象としていない。

① 対象分野（ルール分野）

RCEP協定は、全20章の本文とこれに関連する附属書（Ⅰ～Ⅳ）で構成されている。その全体の主な内容・分野像は以下のとおりである。

1) 物品の貿易：内国民待遇義務のほか、非関税措置に関する協議要請への対応義務や輸入許可手続の変更の際の通報義務等を規定。

2) 原産地規則：本協定に基づく関税の撤廃または削減の対象となる原産品の認定要件および証明手続等について規定。他の締約国の原産材料を自国の原産材料とみなすこと（「累積」）ができる旨を規定。第三者証明および認定輸出者制度を採用し、一定期間以内に生産者・輸出者自己申告も導入する旨を規定。これらに加え、わが国は発効時から輸入者自己申告を導入するなどがある。なお、証明方法等に関しては、15.4で述べる。

3) 税関手続および貿易円滑化：関税法令の予見可能性、一貫性および透明

性のある適用を確保するとともに、事前教示制度や通関手続に数値目標を設定する等、通関の迅速化や税関手続の簡素化に資するルールを規定。
4）衛生植物検疫措置：衛生植物検疫措置の適用の透明性の確保および締約国間の協力の強化について規定。
5）任意規格、強制規格および適合性評価手続：産品の生産方法等に関する要件およびそれらに適合するかどうかを評価するための手続が貿易の不必要な障害とならないようにするための手続や透明性の確保にかかる義務等を規定。
6）貿易上の救済：セーフガード措置、ダンピング防止税および相殺関税等について、透明性の確保や手続等を規定。
7）サービスの貿易：サービスの貿易に関する内国民待遇義務、市場アクセス義務、最恵国待遇義務、規制・措置の透明性の確保等を規定。金融サービス、電気通信サービスおよび自由職業サービスに関する追加的なルール等も規定。
8）自然人の一時的な移動：物品の貿易、サービスの提供または投資の遂行に従事する自然人の一時的な入国、滞在の許可および手続等を行う際のルールを規定。
9）投資：内国民待遇義務、最恵国待遇義務および特定措置の履行要求（技術移転要求やロイヤリティ規制を含む）の禁止（これらの義務に適合しない各締約国の措置は、留保表に記載）、投資財産に対する公正かつ衡平な待遇ならびに十分な保護および保障を与える義務や、正当な補償等を伴わない収用の禁止等について規定。
10）知的財産：著作権および関連する権利、商標、地理的表示、意匠、特許等を対象に、知的財産権の取得や行使について規定。周知商標や部分意匠の保護、悪意の商標出願の拒絶・取消の権限、職権による輸入差止め手続の確保に関する義務等を規定。
11）電子商取引：電子商取引の促進のため、電子的送信に対する関税の不賦課、コンピュータ関連設備の設置要求の禁止、情報の電子的な手段による越境移転（データ・フリーフロー）、電子署名、消費者保護等について規定。
12）競争：反競争的行為を禁止するための法令の制定・維持および執行、企業の所有形態を問わない競争法令の適用、競争当局間の協力の推進等について規定。

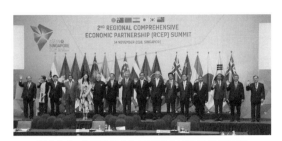

図 15-3　2018 年 11 月開催の RCEP 首脳会議
（出所：外務省ウェブサイト）

13) 中小企業・経済協力および技術協力：中小企業の能力向上のための協力や経済協力および技術協力に関する活動の推進等について規定。

14) 政府調達：中央政府機関が行う政府調達に関する法令および手続の透明性の確保等について規定。

15) 紛争解決：本協定の解釈または適用に関する締約国間の紛争を解決する際の協議、パネル手続等について規定。

15.3　FTA・EPA の特恵関税

15.3.1　関税の概要

関税とは、一般に輸入貨物[7]に対して課される租税である。わが国の場合、関税定率法により「関税は、輸入貨物の価格又は数量を課税標準として課するものとし、その税率は別表による」と定めている。この別表は、物品の品目ごとに関税率を定めたもので、関税率表という。

関税の種類としては、その態様によりさまざまな分け方があるが、根拠となる法律（協定を含む）に基づけば、次のものがある。

① 基本税率：関税定率法の別表（関税率表）に定められている税率ですべての品目について定められている。

② 暫定税率：関税税暫定措置法により、特定の品目に対し、必要な関税の暫定的措置のために定められている。

③ 特恵税率（一般特恵税率、GSP 特恵税率）：関税暫定措置法により、経済の発展途上にある国・地域から輸入される特定の品目に対して定められている。

④ WTO 協定税率[8]：WTO 加盟国・地域に対して一定率を超える関税を課さ

---

[7] わが国の関税法第 3 条に、「輸入貨物にはこの法律、関税定率法その他関税に関する法律により関税を課する。ただし、条約中に関税について特別の規定があるときは、当該規定による。」と定める。なお、国によっては一部の輸出貨物に対しても関税を課する場合もある。

[8] 「1994 年の関税及び貿易に関する一般協定の譲許表第 38 表」（日本国の譲許表）に定められた譲許税率

ないことを約束（譲許）している税率。

⑤ FTA・EPA 特恵税率：FTA または EPA により当該締約国原産品に対して特定の品目について譲許を約束した税率[9]。

上記のそれぞれの関税率を、利用しやすくするために表にまとめたものを、実行関税率表という（表 15-1）。

15.3.2　FTA・EPA の特恵関税

FTA・EPA 特恵税率は、協定交渉において、基準年（交渉当時の特定年）における実行税率をベースにして、協定が発効すると即時に関税率が撤廃（関税率 0％とすること）、または引き下げられる品目、一定期間ごとに段階的に引き下げられる品目（譲許品目）が定められている。こうした品目表（譲許表）に記載がない品目は、引下げの対象としない品目（FTA・EPA の譲許対象外）

表 15-1　実行関税率表（抜粋）

第 1 部動物（生きているものに限る。）及び動物性生産品　第 2 類　肉及び食用のくず肉　（2023 年 4 月 1 日現在版（抜粋））

統計品目番号 番号 HS code		品名 Description	関税率 Tariff rate					関税率（経済連携協定）			
			基本	暫定	WTO協定	特恵 (GSP)	特別特恵 (LDC)	シンガポール	メキシコ	マレーシア	豪州	（その他省略）
02.01		牛の肉(生鮮のもの及び冷蔵したものに限る。)									
0201.10	000	枝肉及び半丸枝肉	(50%)	38.5%	(50%)	無税					26.4%
0201.20	000	その他の骨付き枝肉	(50%)	38.5%	(50%)	無税		(注1)			
0201.30		骨付きでない肉	(50%)	38.5%	(50%)	無税					
	010	ーロインのもの						(注2)			26.4%
	020	ーかた、うで及びもものもの						同上			26.4%
	030	ーばらのもの						同上			26.4%
	090	ーその他のもの						同上			26.4%
02.02	000	牛の肉（冷凍のものに限る。）									
0202.10	000	枝肉及び半丸枝肉	(50%)	38.5%	(50%)	無税	無税				25.6%
0202.20	000	その他の骨付き肉	(50%)	38.5%	(50%)	無税	無税	同上			25.6%
0202.30		骨付きでない肉	(50%)	38.5%	(50%)	無税	無税				
	010	ーロインのもの						同上			25.6%
	020	ーかた、うで及びもものもの						同上			25.6%
	030	ーばらのもの						同上			25.6%
	090	ーその他のもの						同上			25.6%
02.03		豚の肉(生鮮のもの及び冷蔵し又は冷凍したものに限る。)									
		生鮮のもの及び冷蔵したもの									
0203.11		枝肉及び半丸枝肉									
	010	1、いのししのもの	無税		(無税)			無税	無税	無税	無税	無税
		2、その他のもの	(5%)				無税				
（以下省略）		（以下省略）				（以下省略）			（以下省略）		

（注 1）四分体以外のもので、関税割当数量以内のもの　34.6％
（注 2）関税割当数量以内のもの　30.8％
（出所：税関「実行関税率表」より筆者作成）

---

[9] 各協定において、附属書として定められている。たとえば、日タイ協定では、同協定の本体に「第 18 条関税の撤廃」について規定され、同協定附属書 1「第 18 条に関する表」として譲許表が定められている。

となる。締約国からの輸入品で譲許品目に該当するものに対し、実行税率より低い税率であるのでFTA・EPA特恵関税率という。

FTA・EPAの協定相手国ごとに定めたEPA特恵税率が、実行税率（基本税率、暫定税率があれば暫定税率が優先適用される）とWTO協定税率のいずれか低い方の税率より低ければEPA特恵税率が適用される[10]。

また、FTA・EPA締約国が一般特恵対象国（インドネシア、フィリピンなど）である場合、EPA特恵税率がGSP特恵税率を上回れば、一般にGSP特恵税率の適用が可能である（EPA特恵税率がGSP特恵税率と同率かそれ以下であれば、適用要件がより厳しいGSP特恵税率を適用する必要はない）。

15.3.3　FTA・EPA特恵関税の便益を受けるための要件

輸入貨物に対し、EPA特恵関税を適用するには、次の要件を満たすものであることが必要である。

① 当該輸入貨物が、EPA特恵関税率が設定されている品目に該当するものであること
② 輸入貨物が、当該FTA・EPA締約国の原産品であること
③ 締約国から輸入締約国に直接輸送約国にされること
④ 締約国の原産品であることが証明されていること

上記のうち、①は、関税の譲許に関する附属書に譲許対象物品として定められている。②～④はいわゆる原産地規則として、協定本文中に基本的な共通事項が規定されている。

特に、②の原産地基準については、協定本文中の基本的な事項のほか、さらに個別品目ごとに原産地基準が別表または附属書の形で定められている。これらの基準を満たすものが、当該貨物の輸出締約国の原産品と認められる。

③は、いわゆる直送条件とよばれるもので、貨物は輸出締約国から締約輸入国に直接送られなければならないとする規定である。たとえば、第三国経由で輸入された貨物の場合は、輸入締約国あてのB/L等により、単なる積替えのための経由であり、積送貨物に何ら加工等がなされていないものであることが証明されなければならない。

⑤は、後述のとおり、当該輸入貨物について、輸出締約国の原産品であるこ

---

[10] EPA等特恵税率が一定期間ごとに順次引き下げられる物品については、途中何らかの理由で暫定税率、WTO協定税率が引き下げられEPA特恵税率より低くなる場合がある。

との証明等がされなければならないとする規定である。

15.4 輸入通関と原産地証明

15.4.1 輸入通関手続

わが国の関税法第67条において、貨物を輸出し、または輸入しようとする者は、政令で定めるところにより、当該貨物の品名、数量、価格（輸入貨物については、課税標準となるべき数量または価格）その他必要な事項を税関長に申告し、貨物につき必要な検査を経て、その許可を受けなければならないと規定されている。また、同法第7条では、申告納税方式[11]が適用される貨物を輸入しようとする者は、税関長に対し、当該貨物にかかる関税の納付に関する申告をしなければならないと定めている。そして、この申告（納税申告）は、第67条の規定に基づく輸入申告書に、同条の規定により記載すべきとされている当該貨物にかかる課税標準その他の事項のほか、その税額その他の必要時事項を記載してこれを税関長に提出することによって行うものとすると定めている。すなわち、貨物を輸入する場合には、輸入者は、輸入申告書と同時に納税申告書（「輸入（納税）申告書」とひとつの様式になっている）を税関に提出し、輸入の許可を受けなければならない。

輸入（納税）申告に当たっては、当該輸入する物品が上記15.3.3のFTA・EPA特恵関税適用要件を満たすもので、当該EPA特恵関税の適用を受けようとするときは、原則として当該輸入貨物にかかるFTA・EPA特恵原産地証明書を提出するなど、所定の手続きが必要である。

すなわち、輸入（納税）申告書、仕入書、パッキングリスト、船荷証券（B/L）などの「輸入申告関係書類」に加えて、原産地証明書などの必要書類を添えて申告することとなる。

15.4.2 FTA・EPA締約国原産品であることの証明等

原産地証明に関する手続規則としては、輸入申告時に締約国原産地証明書によるものをはじめとして、現在、主として次のものがある。これらは、各FTA・EPAによって定められていて、必ずしも同じ手続とは限らない。

---

[11] 郵便物や携帯して輸入される貨物等は税関長による賦課課税方式によって納付すべき関税が確定するが、これら以外の一般の貿易貨物は輸入者による納税の申告によって、納付すべき関税の額が確定するとされており、申告納税方式という。

（1）権限ある発給機関により発給される原産地証明書（第三者証明制度）

輸出者、生産者またはこれらの者の代理人が輸出締約国の発給機関に申請して取得した原産地証明書を、輸入者が輸入締約国の税関当局に提出することで、原産品であることを証明する制度である。

わが国が現在締結している FTA・EPA 協定のうち、ほとんどの協定で採用されているが、日 EU 協定、日英協定および日米貿易協定では採用されていない。また、環太平洋パートナーシップに関する包括的及び先進的な協定（TPP）11（CPTPP）についても同様であるが、当分の間最長 10 年間は第三者証明も認めることとされている。

原産地証明書の必要的記載事項等は各協定で、また発給機関は締約国において定められている[12]。

原産地証明書の記載事項の主な内容としては、輸出者、輸入者、生産者の名手、所在地、輸入者、輸出者などのほか、運送の手段及び経路（わかる範囲で）、運送の手段、出発日、貨物情報（品名、記号、数量等）、HS 番号、使用した原産地基準、原産国、価格（原則輸出 FOB 価格）、日本への輸入に用いられるインボイス番号、発給日、輸入締約国名、申請者関係（申請の場所、日付、申請者名および署名）、発給関係（発給場所、日付、発給機関、署名または証明印）等がある。また、輸出締約国の原産地証明書の発給機関[13]としては、たとえば、日シンガポール協定ではシンガポール税関当局、日メキシコ協定ではメキシコ財務省となっている。日本から締約国に輸出する場合で輸出先締約国から原産地証明書が求められる場合は、日本の輸出者は日本商工会議所に対し発給申請をして原産地証明書の発給を受け、輸出相手国に送付することとなる。

なお、EPA 原産地証明書による輸入申告手続に必要な書類は、輸入申告関係書類のほかは、基本的に原産地証明書のみでよい。

（2）輸入者による原産地申告（輸入者自己申告制度）

輸入者自らが作成した原産品申告書を輸入締約国の税関当局に提出することで原産品であることを証明する制度である。現在、日豪協定、CPTPP、日 EU

---

[12] たとえば RCEP 協定では附属書 3B の「1 原産地証明書」に規定されている。また同協定の原産地証明書の中国の発給機関は、中国税関および中国国際貿易促進委員会とされている。(JETRO ウェブサイトより)

[13] 詳しくは、税関ウェブサイト「原産地証明手続」(https://www.customs.go.jp/roo/procedure/index.htm) 参照のこと。

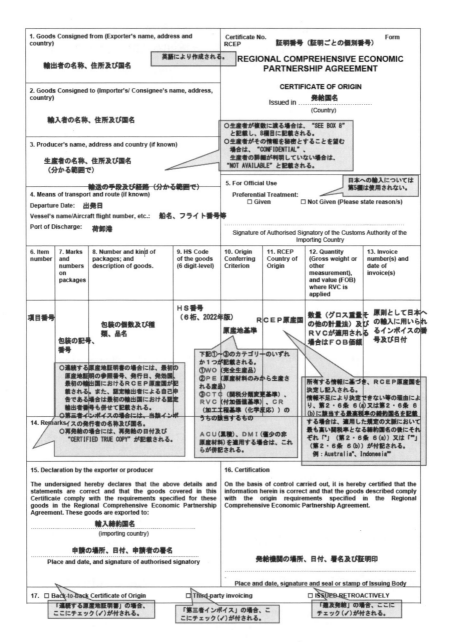

図15-3 RCEP原産地証明書および記載要領
(出所:税関, https://www.customs.go.jp/roo/origin/rcep.html)

協定、日米貿易協定、日英協定、RCEPで採用可能である。RCEP協定では輸入者自己申告制度は日本への輸入においてのみ利用可能で、日本からの輸出については相手国においてはこの方法はまだ利用できない。

　また、日米貿易協定では輸入者自己申告のみが採用されている。輸入者自己申告では、輸入者が、日本に輸入する貨物が原産品であることについて証明する十分な情報を有している場合に限り原産品申告書を作成することができる（同申告書は、RCEP協定附属書3Bの「2　原産地申告」に規定する必要的記載事項が含まれていれば様式は任意でよいが、英語によることが必要である）。

　また、日本で輸入通関手続上、輸入申告関係書類のほか、原産品申告書に加えて、産品が原産品であることを明らかにする書類（原産品申告明細書および当該明細書に記載された内容を確認できる契約書、価格表、総部品表、製造工程表等の関係書類（以下「追加的な説明（資料）」という）の提出が必要とされている。

（3）輸出者または生産者による原産地申告（輸出者自己申告制度）

　輸出者または生産者自らが作成した原産品申告書を輸入者が輸入締約国の税関当局に提出することで原産品であることを証明する制度である。この制度を利用できるのは、輸出締約国および輸入締約国の双方において当該申告制度を採用している場合に限られる。

　輸出者自己申告においては、輸出者または生産者が、産品が原産品であることを証明するための十分な情報を有している場合に限り、原産品申告書を作成することが可能である。協定の「原産地申告」に規定する必要的記載事項が含まれていれば任意の様式で作成が可能であるが、英語にて作成する必要がある。

　この方式は、日豪協定、TPP11、日EU協定、日米貿易協定、日英協定、RCEPにおいて採用されている。ただし、RCEP協定では2024年6月現在、日本、オーストラリア、ニュージーランドのみ実施可能。

（4）認定された輸出者による原産地申告（認定輸出者制度）

　各締約国の権限ある当局による認定を受けた輸出者自らが作成した原産地申告を輸入者が輸入締約国の税関当局に提出することで原産品であることを証明する制度である。日スイスEPA、日ペルーEPA、日メキシコEPA、RCEP協定において採用されている。

たとえば、RCEP協定における原産地申告の必要的記載事項は協定附属書3Bの「2　原産地申告」に規定されている。(3)で述べたとおり様式に定めはなく、必要な事項が英文で記載されていればよい。

また、認定輸出者制度を利用する場合、日本税関への輸入申告において、提出が必要な書類は、通常の輸入申告書類に加えて原産地申告のみであり、追加的な説明（資料）の提出は必要ない。ただし、認定輸出者制度を利用する場合でも、輸入者自身で貨物が原産品であることを確認しなければならないので注意が必要である。

(5) 提出の省略
① 「原産品申告書」「認定輸出者による原産地申告」「原産地証明書」の提出省略。前記 (1) ～ (4) のいずれの証明方法であっても、課税価格の総額が20万円以下の場合には、原産品申告書、認定輸出者による原産地申告および原産地証明書の提出の省略が可能。
② 「追加的な説明（資料）」の提出省略。以下の場合には、追加的な説明（資料）の提出を省略することが可能。
1) 上記①により原産品申告書の提出を省略することができる場合。
2) 原産地にかかる事前教示（文書によるもの）を取得している場合であって、輸入（納税）申告書に当該事前教示登録番号を記載している場合。
3) 完全生産品であることがインボイス等の通関関係書類より確認できる場合。

15.4.3　原産地規則

最後に、原産地規則、特に原産地の認定基準についてごく簡単に触れておく。

これまで述べてきたように、輸入国締約国において、輸入貨物が当該FTA・EPAにより他の国からの輸入品よりも低いEPA特恵関税率を適用して輸入するためには、その貨物が当該締約国の原産品と認められるか否かにかかっている。その認定するためのルールを一般に原産地基準とよんでいる。このルールの内容は主に次のような基準となっている。

① 完全生産品（WO）
ひとつの締約国において完全に得られ、または生産された産品であること。たとえば、表15-1の実行関税率表の02.01「牛の肉（生鮮のもの及び冷蔵した

ものに限る。）」に該当するものについては、ひとつの締約国内で育てた雌牛から生まれ育成された牛から得られたものは、その国での完全生産品といえる[14]。

② 原産材料のみから生産される産品

産品がひとつの締約国において 1 または 2 以上の締約国からの原産材料のみから生産された産品であるもの。他の国から輸入された物品を使ってひとつの締約国で製造した物品について、その製品の製造に直接使われた原材料のすべてが、品目別規則等原産基準を満たすものである場合は、当該生産品をその国の原産品と認めるとするもの（そのためには、用いられた原材料が原産基準を満たすものであることを確認、証明する必要がある）。

③ 品目別規則を満たす産品

原産地基準の考え方は、他の国から輸入された原材料を用いて当該締約国で製造して得た産品が、輸入原材料に対して、実質的な変更をもたらすような加工・製造をして得たものである場合、その産品は当該締約国の原産品と認めるというものである。これは、原産地基準の根本的考え方である。

その具体的方法として、①関税分類番号変更基準（輸入した原材料の関税分類番号[15]に対してそれから得た産品の関税分類番号が異なることとなる場合を判断基準とする考え方）、②輸入原材料に対して行った加工・製造行為などによる付加価値が協定で定めた一定基準より高い場合には原産品とする考え方（付加価値基準）、さらに③輸入原産材料から産品への製造工程に着目した加工工程基準、がある。これらは物品によってそれぞれ実質的変更の程度の違いがあるため、品目ごとにその基準を定め、これらを別表としてまとめていることから、品目別規則（PSR：Product Specific Rule）とよばれている。

15.5　円滑な国際物流のために

以上 FTA・EPA について概説したとおり、今後の国際物流の一層の発展には、これらの協定をいかにうまく利用するかにかかっているともいえよう。原産地規則について詳しく述べる紙面はなかったが、モノの国際間の移動に関しては、

---

[14] たとえば、日本国の原産地規則及び原産地手続（附属書 I 第 C 節第 1 款、第 2 款）2(a)、(b)

[15] 関税分類番号（HS コード）は、表 14-1 実行関税率表の番号をいう。品目表の最初の 4 桁、たとえば 02.01 を項（Heading）といい、0201.10 の 6 桁を号（Sub-Heading）とよぶ。この番号とこれに対応する品名は、HS 品目表に基づくもので、世界（200 以上の国・地域）に共通して用いられているものである。関税分類番号変更基準を CTC ルール（Change in Tariff Classification Rule）といい、類（最初の 2 桁）、項または号の変更をもたらす必要があるものを、それぞれ、CC（Change in Chapter）、CTH（Change in Tariff Heading）、CTSH（Change in Tariff Sub-Heading）ルールという。

いかなる関税率が適用されるかにも深くかかわってくる。

　特に FTA・EPA の適用については、当該貨物ひとつひとつが、関税率表のいずれの関税分類番号の項に該当するかを見極めなければならない。原産品と認められるか否かの判定については、国際間の貨物の移動時だけでなく、いずれ輸出輸入に関わることとなる輸出製品の、輸入原材料から製造に至る（輸入貨物についてはその逆の）ロジスティクスの節目節目で、それぞれの貨物に関する情報のほか、当該貨物の関税分類番号の把握も、今後ますます重要な要素のひとつとなるといえよう。

【参考文献】
1) 外務省ホームページ,
　　https://www.mofa.go.jp/mofaj/gaiko/fta/index.html（2024 年 6 月 20 日確認）
　　https://www.mofa.go.jp/mofaj/gaiko/fta/j-eacepia/index.html（2024 年 6 月 20 日確認）
2) 財務省，経済連携協定（EPA）等,
　　https://www.mof.go.jp/policy/customs_tariff/trade/international/epa/index.htm（2024 年 7 月 10 日確認）
3) WTO, https://www.wto.org/english/tratop_e/region_e/region_e.htm（2024 年 6 月 20 日確認）
4) 日本関税協会（2023）『実行関税率表 2023 年度版』日本関税協会
5) 青木一郎（2018）『税関概説』日本関税協会, pp.372-373
6) 日本関税協会(2023)『関税六法　令和 5 年度版』日本関税協会
7) 外務省経済局国際機関第一課 編『解説 WTO 協定』日本国際問題研究所
8) 税関, https://www.customs.go.jp/kyotsu/kokusai/seido_tetsuduki/syomeisyo.htm（2024 年 6 月 20 日確認）
9) 税関原産地ポータル,
　　https://www.customs.go.jp/roo/text/index.htm
　　https://www.customs.go.jp/roo/procedure/riyou_eu.pdf
　　https://www.customs.go.jp/roo/text/tpp_roo.pdf
　　https://www.customs.go.jp/roo/procedure/riyou_rcep.pdf
　　https://www.customs.go.jp/roo/origin/pdf/j-uk_exp4.pdf
　　https://www.customs.go.jp/kyotsu/kokusai/jpus_Siryo.pdf
　　https://www.customs.go.jp/roo/origin/rcep3.html#:~:text=RCEP%（2024 年 6 月 20 日確認）
10) 中川淳司（2014）「ルールメーキングと日本の役割」日本国際問題研究所編『チャイナ・リスクと地域経済統合に向けた取組』日本国際問題研究所, p.73
11) 経済産業省「第 1 章ドーハ開発アジェンダの動向」,
　　https://www.meti.go.jp/shingikai/sankoshin/tsusho_boeki/fukosei_boeki/report_2019/pdf/2019_04_01.pdf　（2024 年 6 月 20 日確認）

索引

【数字】
2M アライアンス ……………………………… 20
3PL …………………………………… 33, 161, 182
4P 戦略：Product・Price・Place・Promotion
　………………………………… 24, 206, 211

【欧文】
AMS（24-Hour Advance Vessel Manifest
　Rule、24 時間ルール） ……………… 233
ANSI（American National Standards Institute）
　………………………………………………… 225
ASEAN（東南アジア諸国連合） ……… 9, 284
BPJPH（Badan Penyelenggara Jaminan Produk）
　………………………………………………… 273
BRICS ………………………………………… 286
BTO 生産 ……………………………………… 284
CA（Controlled Atmosphere）コンテナ
　…………………………………………… 38, 266
CASE …………………………………………… 292
CBTA（越境交通協定） ……………………… 129
CHIPS 法 ……………………………………… 187
CKD …………………………………………… 284
CLO（Chief Logistics Officer） ……… 40, 171
CMI 統一規則 ………………………………… 58
CMP（Cutting, Making, Packing） ……… 277
Commercial Zone …………………………… 151
CPFR（Collaborative Planning, Forecasting
　and Replenishment） ……………………… 225
CPTPP ………………………………………… 309
CRS（Computer Reservation System） …… 92
CTO 生産 ……………………………………… 284
Customization ……………………………… 219
CY to CY ……………………………………… 13
DLDS（Dutch Logistics Data Space） …… 228
DST …………………………………… 119, 154
EAN 協会（European Article Numbering
　Association） ……………………………… 225
e-Freight プロジェクト ……………………… 89
EMS …………………………………………… 287
ESG・SDGs（Sustainable Development
　Goals：持続可能な開発目標） ………… 188
EU ………………………………… 157, 285, 294
FILM …………………………………………… 26
For-Hire Carrier …………………………… 151
FSSC22000 …………………………………… 271
FTA・EPA 特恵税率 ………………………… 306
FTA・EPA のメリット ……………………… 299
FTA・EPA の締結状況 ……………………… 300
GAIA-X ……………………………………… 226
Gain Sharing ………………………………… 163
GMS ライセンス …………………………… 129
GMS（量販店） ……………………………… 279
GS1 …………………………………………… 225
GS1 UK ……………………………………… 228
GSP 特恵税率 ………………………………… 305
HACCP ……………………………………… 271
House B/L …………………………………… 111
IATA 貨物代理店 ……………………………… 77
IDS（International Data Spaces） ……… 227
IDSA（International Data Spaces Association）
　………………………………………………… 227
IDS コネクター ……………………………… 227
IPI（Interior Point Intermodal） …… 95, 120
ISO22000 …………………………………… 271
ISO9001 ……………………………………… 271
JIT（Just In Time） ……………… 13, 206, 291
LCL 貨物 ………………………………… 48, 103
LPI（Logistics Performance Index） …… 138
LTL（Less then Trailer Load） …………… 152
Master B/L …………………………………… 111
MBS（Micro Bridge Service） …………… 120
MLB（Mini Land Bridge） ………………… 95
Motor Carrier Act of 1980 ………… 150, 230
NACCS（輸出入・港湾関連情報処理システ
　ム） …………………………………………… 138
NAFTA（USMCA） ………………………… 285
NSA（NVOCC Service Arrangement） …… 232
NVOCC ……………………………………… 232
Ocean Freight Forwarder ………………… 234
ODM ………………………………………… 288
OEM ………………………………………… 288
Private Carrier ……………………………… 151
productDNA ………………………………… 228
PSI（Production・Sales・Inventory）
　…………………………………………… 30, 171

QR（Quick Response） …………… *274, 280*
RCEP：Regional Comprehensive Economic
　　Partnership ………………………… *140*
RCEP 協定 ……………………………… *301*
RORO 船 ………………………………… *45*
SaaS（Software as a Service） …………… *231*
SCM の寸断 ……………………………… *28*
SKD ……………………………………… *284*
Staggers Rail Act of 1980 …………… *148, 230*
SWOT 分析 ……………………………… *213*
Tariff Bureau …………………… *148, 230*
Terminal Area …………………………… *151*
TEU ……………………………………… *43*
TL（Trailer Load） ……………………… *152*
UCC（Uniform Code Council） ………… *225*
UCP600 ………………………………… *12*
VAT（付加価値税） ……………………… *157*
WTO ……………………………………… *299*
WTO 協定税率 ………………………… *306*

【あ行】
アジアシフト …………………………… *12*
安全係数＋標準偏差法 ………………… *257*
安全在庫 ………………………………… *255*
アンモニア ……………………………… *67*
アンモニアレディの船 …………………… *68*
委託加工貿易 ………………… *96, 274, 277*
一覧払手形（At Sight Bill） ……………… *3*
一帯一路（Belt And Road Initiative）
　 …………………………… *98, 123, 135, 140*
一般運送人（Common Carrier） ………… *152*
一般貨物（General Commodity） ……… *152*
一般特恵税率 …………………………… *305*
インコタームズ（Incoterms：International
　　Commercial Terms） ………………… *4*
インターモーダル輸送 ………………… *230*
インフレ抑制法（IRA） ………………… *295*
ウィーン売買条約 ………………………… *8*
ウルグアイ・ラウンド …………………… *8*
運河 ……………………………………… *41*
運送取扱事業 …………………………… *100*
エアーリーファー ……………………… *266*
エマージングカントリー ………………… *285*
円圏離脱 ………………………………… *285*

オーバーパナマックス ………………… *119*
オープンスカイ協定 ……………………… *93*
オープントップコンテナ ………………… *44*

【か行】
カーボンニュートラル ……………… *68, 296*
カーボンニュートラル化 ………………… *67*
海事法（Shipping Act of 1984） ………… *231*
海上運送状（SWB：Sea Waybill） … *12, 53, 58*
海上運送仲介事業者（OTI：Ocean Transport
　　Intermediary） ……………………… *232*
海上コンテナ輸送 ………………… *7, 12, 36*
加工工程基準 …………………………… *313*
加工貿易 ………………………… *14, 282*
火災免責 ………………………………… *56*
河川港 …………………………………… *137*
片荷構造 ………………………… *17, 177*
貨物運送取扱業 ………………………… *98*
貨物運送取扱事業法 ……… *28, 98, 163, 208*
貨物自動車運送事業法 …………… *28, 163*
貨物の運送引受 ………………………… *87*
貨物利用運送事業者 …………………… *76*
為替手形（Documentary Bill of Exchange） …*3*
為替予約 ………………………………… *263*
関税 ……………………………………… *305*
関税及び貿易に関する一般協定（GATT：
　　General Agreement on Tariffs and Trad）
　 ………………………………………… *8, 298*
完成車物流 ……………………………… *291*
関税の種類 ……………………………… *305*
関税分類番号変更基準 ………… *192, 314*
完全生産品（WO） ……………………… *312*
環太平洋パートナーシップ協定（TPP：
　　Trans-Pacific Partnership agreement）
　 ……………………………………… *10, 309*
環太平洋パートナーシップに関する
　　包括的及び先進的な協定（CPTPP：
　　Comprehensive and Progressive TPP）
　 …………………………………… *10, 191, 309*
基幹システム（ERP：Enterprise Resource
　　Planning） …………………………… *253*
期限付手形（Usance Bill） ………………… *3*
危険負担 ………………………………… *4*
規制外（Exempt）輸送 ………………… *151*

基本税率 ……………………………… 305
キャッシュコンバージョンサイクル（CCC：
　Cash Conversion Cycle）……………… 248
キャッシュドレイン …………………… 244
共同海損 ………………………………… 59
近海船 …………………………………… 46
グループ共同調達 ……………………… 263
グローバルスタンダード化 …………… 289
グローバルデータ同期ネットワーク（GDSN
　：Global Data Synchronization Network）
　…………………………………………… 225
経済安全保障 ……………………… 186, 293
経済特別区（SEZ：Special Economic Zone）
　…………………………………………… 133
経済連携協定（EPA：Economic Partnership
　Agreement）……………………………… 298
計算ワークシート ……………………… 192
契約栽培 …………………………… 264, 271
契約自由の原則 ………………………… 55
原産材料のみから生産される産品 …… 313
原産資格割合（RVC：Regional Value Content）
　…………………………………………… 195
原産地規則 ………………………… 196, 303, 312
原産地証明書（第三者証明制度）
　……………………………………… 102, 194, 309
原産地証明書の記載事項 ……………… 309
原産地申告（輸入者自己申告制度）…… 309
航海過失免責 …………………………… 57
航海上の過失（Navigational Risk）……… 113
航空運送状（AWB：Air Waybill）… 12, 77, 80
航空運送状の構成 ……………………… 81
航空運送人 ……………………………… 84
合成メタン ……………………………… 67
顧客（ニーズ）志向 …………………… 204
顧客満足（CS：Customer Satisfaction）
　……………………………… 28, 204, 226, 283
国際運送約款 …………………………… 82
国際海上コンテナ ………………… 13, 42
国際海上物品運送法 …………………… 115
国際航空運送協会（IATA：The International
　Air Transport Association）………… 71, 179
国際航空運送競争法 …………………… 92
国際航空運送協定 ……………………… 91
国際商業会議所（ICC：International Chamber

　of Commerce）………………………… 4
国際食品安全イニシアチブ（GFSI）…… 272
国際水平分業 …………………………… 274
国際戦略港湾 …………………………… 16
国際道路交通連合（IRU）……………… 146
国際標準化 ………………………… 35, 43
国際複合一貫輸送 ………………… 95, 110
国際複合運送証券（CT B/L：Combined
　Transport B/L）………………… 95, 110
国際物品売買契約に関する国際連合条約
　（CISG：United Nations Convention on
　Contracts for the International Sale of
　Goods）………………………………… 8
国際フレイトフォワーダーズ協会（JIFFA）
　…………………………………………… 94
国際民間航空機関（ICAO）……………… 90
国際民間航空条約（シカゴ条約）……… 90
小口貨物 ………………………………… 102
国連開発計画（UNDP）………………… 240
国連国際物品複合運送条約 …………… 110
国連貿易開発会議
　（UNCTAD：United Nations Conference on
　Trade and Development）……………… 1
ココム …………………………………… 283
コスト削減 ……………… 27, 40, 104, 165
国境炭素調整措置（CBAM）…………… 294
個品運送 ………………………………… 41
コモディティ化 ………………………… 289
コンソリデーション業務 ……………… 95
コンソリデーション輸送（混載輸送）… 94
コンテナターミナルオペレーター …… 59
コンテナターミナルの自動化 ………… 63
コンテナフレイトステーション（CFS）… 48
コンテナヤード（CY）………………… 48
コンテナリゼーション ………………… 34

【さ行】
サードパーティ・ロジスティクス（3PL：
　Third Party Logistics）………… 33, 161, 182
サービス契約（Service Contract）……… 231
サービスの貿易に関する一般協定（GATS：
　General Agreement on Trade in Services）
　…………………………………………… 1
サイクル在庫 …………………………… 255

索　引

最恵国待遇（MFN：Most Favoured Nation Treatment） …… 9, 298
最小管理単位（SKU：Stock Keeping Unit） …… 255
債務超過 …… 243
在来船 …… 42
先物取引 …… 51, 263
サプライチェーン（SC：Supply chain） …… 22, 291
サプライチェーンマネジメント（SCM：Supply chain Management） …… 8, 24, 176
サプライチェーン・ロジスティクス …… 25
サレンダード B/L（Surrendered B/L） …… 12
産業の空洞化 …… 28
暫定税率 …… 305
シーランド …… 13
シェンゲン協定 …… 157
事業継続計画（BCP：Business Continuity Plan） …… 254
自己資本比率 …… 243
自己申告制度 …… 194
自主業際商取引標準化協会（VICS：Voluntary Inter-industry Commerce Standards Association） …… 225
市場立地型工場 …… 283
実行関税率表 …… 306
実績値適用法 …… 257
実物運賃指標（インデックス） …… 51
自動搬送車 …… 62
自動ラバータイヤ・ガントリークレーン（ARTG） …… 62
シベリア・ランドブリッジ（SLB） …… 95, 122
ジャーナル・オブ・コマース …… 65
車載電池 …… 293
ジャストインケース（Just In Case） …… 13
ジャストインタイム（JIT：Just In Time） …… 13, 206, 291
ジャパンマックス …… 45
上海航運交易所 …… 51
州際（Interstate）輸送 …… 151
州際交通委員会（ICC：Interstate Commerce Commission） …… 163, 231
州内（Intrastate）輸送 …… 151
自由貿易協定（FTA：Free Trade Agreement） …… 9, 298
重要業績評価指標（KPI：Key Performance Indicator） …… 191
重量物船 …… 46
商業上の過失（Carrier's Risk） …… 113
譲許表 …… 196, 306
譲許品目 …… 307
商品貿易 …… 1
シングルウィンドウ化 SSI（Single stop inspection） …… 129
申告納税方式 …… 309
新シルクロード …… 140
深水港 …… 137
信用状（Letter of Credit） …… 3
垂直統合 …… 26, 291
垂直統合型生産 …… 286
垂直統合・水平分業混合型 …… 293
水平分業 …… 25, 286, 293
水平分業型生産 …… 286
生産 …… 192
生産志向 …… 202
生産の空洞化 …… 290
製品（プロダクト）志向 …… 203
西部大開発 …… 139
世界貿易機関（WTO：World Trade Organization） …… 1
積送基準 …… 196
責任限度額 …… 89
ゼネラル・コンソリデーション …… 102
先行投資型 …… 208
専用船 …… 42
総資産利益率（ROA：Return on Assets） …… 248
ソーシャル・マーケティング …… 201

【た行】

第一次総合物流施策大綱（1997 年度～2001 年度） …… 161
第一種貨物利用運送事業者 …… 77
第三者証明制度 …… 194
第七の自由 …… 146
第二種貨物利用運送事業者 …… 77
対比表 …… 192
タイ・プラスワン …… 134

索　引

大メコン圏開発プロジェクト（GMS 計画）
　　……………………………………… 128
代理・代弁 ……………………………… 100
棚卸資産回転日数（Inventory Turnover
　　Days）………………………………… 249
ダブルスタックトレイン ………… 119, 149, 230
ダブルライセンス ……………………… 127
タンクコンテナ …………………………… 44
地域的な包括的経済連携協定（RCEP：
　　Regional Comprehensive Economic
　　Partnership）………………………… 10
地産地消 ………………………………… 291
地産地消化 ……………………………… 21
知的財産 ………………………………… 304
チャーター ……………………………… 41
チャイナ・プラスワン ……………… 96, 277
チャイナ・ランドブリッジ（CLB）… 123, 142
着払料金 ………………………………… 84
中欧班列 …………………………… 125, 155
超大型化 ………………………………… 20
提案依頼書（RFP：Request For Proposal）
　　……………………………………… 184
低温物流（コールドチェーン）………… 266
定期船 …………………………………… 42
定期フレイター便 ……………………… 146
適正製造規範（GMP）………………… 272
デジタルフォワーダー ………………… 234
デポ（バンプール）……………………… 48
電気推進 ………………………………… 68
電子商取引 ……………………………… 304
電子データ交換（EDI：Electronic Data
　　Interchange）……………………… 225
電子船荷証券 …………………………… 54
ドア・トゥ・ドア一貫輸送 ………… 13, 34, 182
投下資本営業利益率（ROIC：Return on
　　Invested Capital）………………… 247
東西経済回廊（East-West Economic Corridor）
　　……………………………………… 128
東芝機械事件 …………………………… 283
通し船荷証券（Through B/L）………… 57
ドーハ開発アジェンダ ………………… 300
特殊貨物（Speciic Commodity）……… 152
特定原産地証明書 ……………………… 194
ドックシェルター ……………………… 269

特恵関税 ………………………………… 9
特恵税率 ………………………………… 305
飛島埠頭 ………………………………… 63
ドライコンテナ（Dry Container）…… 36, 43
トランシップ港 ………………………… 137
トリプルライセンス …………………… 129
ドレイ …………………………………… 155
トレーサビリティ ……………………… 270
ドレージ ………………………………… 2

【な行】
内国民待遇（National Treatment）…… 9
南部経済回廊（Southern Economic Corridor）
　　……………………………………… 133
南北経済回廊（North-South Economic
　　Corridor）………………………… 135
ニアショアリング ……………………… 187
荷主後追い型 …………………………… 208
日本海事センター ……………………… 64
日本抜港 ………………………………… 120
日本貿易振興機構（JETRO）……… 9, 180
日本マーケティング協会 ……………… 201
日本ロジスティクスシステム協会（JILS）
　　……………………………………… 251
認定輸出者制度 ………………………… 312
ネットワーク・システム ……………… 111

【は行】
バーコードスキャナー ………………… 222
バージ …………………………………… 153
ハーター法（Harter Act）……………… 113
バーミューダ協定 ……………………… 91
バイヤーズ・コンソリデーション … 103, 279
発航時の堪航担保（Warranty of
　　Seaworthiness）…………………… 113
バッテリー規則 ………………………… 294
バブル崩壊 …………………………… 27, 163
ハラム（Haram）……………………… 272
ハラル（Halal）………………………… 272
バリューチェーン（VC：Value Chain）
　　………………………………… 25, 278
パレート分析 …………………………… 258
パレット ………………………………… 219
バンコクマックス ……………………… 45

反スパイ法………………………… 187
バンニング………………………… 48
販売志向…………………………… 203
ハンブルグ・ルール …………… 56, 113, 116
東アジア諸国連合（ASEAN）………… 128
引受可能貨物……………………… 88
被規制（Regurated）輸送 ……… 151
ビジネス・ロジスティクス（Business Logistics）
　………………………………… 27
標準化（Standardization）……… 219
費用負担…………………………… 4
品目別規則（PSR：Product Specific Rule）
　………………………………… 313
品目別規則を満たす産品………… 313
ファブレス………………………… 287
フィーダー………………………… 153
フードディフェンス（食品防御）………… 271
フォースパーティロジスティクス（4PL）
　………………………………… 182
フォワーダー……………………… 153
付加価値基準……………………… 192, 313
複合運送証券……………………… 58
物流（Physical Distribution）……… 23
物流改善提案……………………… 169
物流サービス……………………… 201
物流二法…………………………… 28, 163
物流の発展過程…………………… 28
物流の六大構成要素……………… 23
物流費管理システム……………… 253
物流フローマップ………………… 251
船荷証券（B/L：Bill of Lading）……… 3, 51
船荷証券の危機…………………… 12
船の高速化………………………… 12
部品物流…………………………… 291
プライベートブランド（PB）…………… 288
プラザ合意………………… 14, 28, 96, 163, 282
フラットラックコンテナ………… 44
フレイト・フォワーダー…… 78, 94, 110, 161
フレンドショアリング…………… 187
プロダクトライフサイクル（PLC）……… 29, 276
ブロックトレイン………………… 149, 230
米国改正海事法（OSRA：Ocean Shipping Reform Act of 1998）………… 232
米国税関（CBP：Customs-Border Protection）

米国マーケティング協会（AMA：American Marketing Association）…………… 201
米国・メキシコ・カナダ協定（USMCA）… 9
ヘーグ・ヴィスビー・ルール ……… 56, 113
ヘーグ改正ワルソー条約………… 84
ヘーグ・ルール…………………… 55, 113
貿易上の救済……………………… 304
貿易の自由化……………………… 298
貿易摩擦…………………………… 282
北米自由貿易協定（NAFTA：North American Free Trade Agreement）……… 9
補充間隔日数……………………… 256
保税地域…………………………… 2
北極海航路………………………… 69
ボックスレート…………………… 148

【ま行】
マーケットアウト………………… 26
マーケティング・コンセプト ……… 202, 211
マーケティング（社会）志向………… 204
マーケティング3.0……………… 200, 204
マーフィートレーラー…………… 47
マイクロ・ブリッジ……………… 120
マクロ・マーケティング………… 200
マレーシア・イスラム開発庁（ジャキム、JAKIM：Jabatan Kemajuan Islam Malaysia）
　………………………………… 273
ミクロ・マーケティング………… 200
ミニ・ランドブリッジ（MLB：Mini Land Bridge Service）………………… 118
無形財……………………………… 200, 209
メタノール………………………… 67
モジュール化……………………… 289
モントリオール改正ワルソー条約……… 84

【や行】
有形財……………………………… 200
輸出者自己申告制度……………… 311
ユニットトレイン………………… 149
ユニットロード…………………… 222
ユニットロード化………………… 218
ユニットロード・デバイス……… 222
ユニフォーム・システム………… 111

輸入申告書················· *308*
輸入浸透率················· *275*
輸入通関手続··············· *308*
用船······················· *41*
ヨーク・アントワープ規則（YAR：the York-Antwerp Rule）············ *59*

【ら行】
ラストワンマイル配送········ *174*
ランプ····················· *50*
瀾湄蓉歐快線··············· *143*
リーファーコンテナ········ *44, 266*
リフタブルデッキ··········· *50*
流動比率··················· *244*
利用運送事業者（NVOCC）······· *95, 100, 110*
量販店（GMS：General Merchandise Store）
·························· *95, 206*

累積······················· *303*
冷凍コンテナ··············· *38*
連続する原産地証明書（Back to Back Certificate of Origin）········ *196*
連邦海事委員会（FMC：Federal Maritime Commission）············· *120, 231*
労働集約型産業············· *274*
ローコスト集中生産工場····· *284*
ロジスティクス（Logistics）··· *22*
ロジスティクス 3.0·········· *218*
ロジスティクス 4.0·········· *218*
ロジスティクス SaaS········· *235*
ロジスティクスマーケットプレイス······ *235*
ロッテルダム・ルール········ *57*

【わ行】
ワルソー条約··············· *84*

執筆者略歴

編著者略歴（五十音順・敬称略）

石原　伸志（いしはら　しんじ）　第2章　第7章　第8章1節　第11章

1949年群馬県前橋市生まれ。早稲田大学商学部卒業。三井倉庫(株)、東海大学海洋学部教授を経て、現在、神奈川大学アジア研究センター客員研究員。

主な著書：『コンテナ物流の理論と実際』（共著・成山堂書店、2010年）、『増補改訂貿易実務マニュアル』（成山堂書店、2015年）、『改訂新貿易取引』（共著・経済法令研究会、2019年）

石原　祐介（いしはら　ゆうすけ）　第2章　第6章　第9章　第11章　第14章2節

1980年東京生まれ。獨協大学法学部卒業。現在、サンキュウビジネスサービス(株)および日本大学大学院に在籍。

主な論文：「現場から見たCOVID-19がサプライチェーンに与えた影響についての一考察」（日本物流学会誌、2023年31号）

魚住　和宏（うおずみ　かずひろ）　第1章　第10章　第13章　第14章1節

1957年北海道生まれ。筑波大学第二学群比較文化学類卒業。味の素(株)勤務を経て、現在、SCMソリューションデザイン代表、神奈川大学経済学部非常勤講師、同アジア研究センター客員研究員。

主な著書：『ASEANの流通と貿易』（編著・成山堂書店、2016年）、『アジアのグローバル経済とビジネス』（共著・文眞堂、2021年）

合田　浩之（ごうだ　ひろゆき）　第3章　第4章

1967年茨城県生まれ。東京大学経済学部卒業、筑波大学博士課程修了。埼玉大学博士課程修了。博士（法学）・博士（経済学）。日本郵船(株)26年の勤務後、現在、東海大学海洋学部教授。

主な著書：『戦後日本海運における便宜置籍船制度の史的展開』（青山社、2013年）、『東アジアの港湾と物流』（共著・成山堂書店、2024年）

著者略歴（五十音順・敬称略）

恩田　登志夫　第5章

1958年東京都生まれ。東洋大学経営学部卒業、法政大学大学院公共政策学研究科博士課程修了。横浜商科大学特任教授。

主な著書：『国際物流の理論と実務』（成山堂書店、2017年）、『港湾知識のABC』（共著・成山堂書店、2023年）

桜井　正応　第8章4節

1967年東京都生まれ。1990年(株)日新入社、モスクワ勤務やNVOCC、ドレイ、CFS責任者などを歴任。現在、(株)日新欧州統轄としてドイツ勤務。

資格：1992年JIFFA国際複合輸送士、2002通関士試験合格

柴田　淳志　第14章3節

1957年秋田県生まれ。慶應義塾大学法学部政治学科卒業。東京芝浦電気(株)(現(株)東芝)入社、主に生産・調達・物流業務に従事。(株)東芝理事、東芝クライアントソリューション(株)常務取締役を経て、武蔵野大学グローバル学部非常勤講師を経験。

主な著書：『アジアのグローバル経済とビジネス』（共著・文眞堂、2021年）

田阪　幹雄　第8章3節　第12章

1955年東京都生まれ。1978年中央大学法学部政治学科卒業。1983年貿易研修センター卒業。日本通運(株)および米国日本通運(株)にて勤務後、2008年に(株)日通総合研究所入社、2018年に専務取締役退任後リサーチフェローに就任。

主な著書：『グローバルロジスティクスと貿易』（共著・ウェイツ、2017年）、『第11版　国際複合輸送業務の手引』（共著・一般社団法人国際フレイトフォワーダーズ協会、2023年）、『令和版　物流ガイドブック　概論編／フィジカル編／デジタル編』(NX総合研究所、Kindle版、2024年)

中村　吉明　第14章4節
なかむら　よしあき

1962年静岡県生まれ。早稲田大学理工学部卒業、スタンフォード大学修士課程修了、東京工業大学大学院博士課程修了、博士（学術）。国土交通省貨物流通システム高度化推進調整官、経済産業省立地環境整備課長等を経て、現在、専修大学経済学部教授。
主な著書：『AIが変えるクルマの未来』（NTT出版、2017年）

町田　一兵　第8章2節
まちだ　いっぺい

1970年上海市生まれ。城西国際大学経済情報学部卒業、明治大学商学研究科博士課程修了。(株)日通総合研究所（現(株)NX総合研究所）を経て、現在、明治大学教授。
主な著書・論文：『一帯一路の政治経済学』（共著・文眞堂、2019年）、「中国側からみたカスピ海国際輸送ルート」（LOGI-BIZ、2023年12月）、「中国の国際輸送インフラ整備の現状と課題」（LOGI-BIZ、2024年4月）

宮崎　千秋　第15章
みやざき　ちあき

1948年福岡県生まれ。北九州大学外国語学部卒業。大蔵省関税局輸入課長補佐、特殊関税調査官、国際協力専門官、横浜税関業務部長、同監視部長。日本関税協会調査研究部長、神奈川大学等の非常勤講師を経て、現在、GTRセンター代表。
主な著書・論文：『品目分類詳解I』、『同II』（日本関税協会、2018年）、「出港24時間前ルールと貿易円滑化の現状と課題（日本貿易学会誌、2014年51号）等

	グローバル・ロジスティクスの基礎	定価はカバーに表示してあります

2024年10月18日初版発行

編著者	魚住 和宏・石原 伸志・合田 浩之・石原 祐介
発行者	小川 啓人
印 刷	株式会社ディグ
製 本	東京美術紙工協業組合

発行所 株式会社 成山堂書店

〒160-0012 東京都新宿区南元町4番51 成山堂ビル
TEL：03(3357)5861　FAX：03(3357)5867
URL https://www.seizando.co.jp

落丁・乱丁本はお取り換えいたしますので、小社営業チーム宛にお送りください。

Ⓒ 2024　Kazuhiro Uozumi, Shinji Ishihara, Hiroyuki Goda, Yusuke Ishihara
Printed in Japan　　　　　　　　　　　　ISBN 978-4-425-93291-7

成山堂書店発行　港湾・海運・物流関係図書案内

書名	著者	仕様・価格
港湾で活躍する人材の育成	奥田美都子・柴原優治 共著	A5・208頁・3300円
東アジアの港湾と貿易	男澤智治・合田浩之 編著	A5・234頁・3300円
「みなと」のインフラ学 －PORT2030の実現に向けた処方箋－2030－	山縣宣彦・加藤一誠 編著	A5・256頁・3300円
クルーズポート読本【2024年版】	(一財)みなと総合研究財団 クルーズ総合研究所 編	B5・160頁・3080円
日本のコンテナ港湾政策	津守貴之 著	A5・288頁・3960円
港湾政策の新たなパラダイム － 欧州港湾との対比 －	篠原正人 著	A5・192頁・2970円
港湾知識のＡＢＣ【13訂版】	池田宗雄・恩田登志夫 共著	A5・272頁・3850円
ＡＳＥＡＮの流通と貿易 －AFC発足後のGMS産業地図と企業戦略－	石原伸志・魚住和宏 大泉啓一郎 編著	A5・256頁・3080円
港運実務の解説【6訂版】	田村郁夫 著	A5・300頁・4180円
新訂港運がわかる本	天田乙丙・恩田登志夫 共著	A5・256頁・4180円
新訂　図解　船舶・荷役の基礎用語	宮本榮 編著 (一社)新日本検定協会改訂	A5・400頁・4730円
傭船契約の実務的解説【3訂版】	谷本裕範・宮脇亮次 共著	A5・383頁・7700円
ばら積み船の運用実務	関根博 監修 酒井・亀田・山本 共著	B5・224頁・4620円
新訂外航海運概論【改訂版】	森隆行 編著	A5・356頁・4730円
内航海運概論	畑本郁彦・古莊雅生 共著	A5・272頁・3300円
新訂ビジュアルでわかる船と海運のはなし増補2訂版	拓海広志 著	A5・324頁・3520円
海上貨物輸送論	久保雅義 編著	A5・176頁・3080円
載貨と海上輸送【改訂版】	運航技術研究会 編	A5・394頁・4840円
貿易実務シリーズ① 貿易と保険実務マニュアル	石原・土屋・水落・吉永 共著	A5・372頁・4180円
貿易実務シリーズ② 輸出入通関実務マニュアル	石原伸志・松岡正仁 共著	A5・244頁・3630円
増補改訂 貿易物流実務マニュアル	石原伸志 著	B5・488頁・9680円
国際物流の理論と実務【6訂版】	鈴木暁 編著	A5・226頁・2860円
ココで差がつく！貿易・輸送・通関実務	春山利廣 著	A5・328頁・3300円
グローバル・ロジスティクス・ネットワーク	柴崎隆一 編 アジア物流研究会 著	A5・236頁・3080円

最新総合図書目録無料進呈　　　　　※定価は税込。最新の情報は弊社ホームページをご参照ください。